国际 商务礼仪

International Business Etiquette

主　编　陈薇薇　吴肇庆
副主编　魏旭辉　梁　剑
编　委　肖慈方　郑焕刚　李　艳
龙　欣　向俊红　郑晓曦
蒋月婷　薛　寰

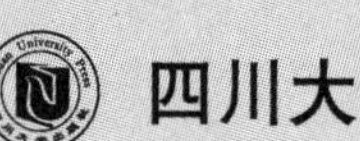

四川大学出版社

责任编辑:段悟吾
责任校对:宋　颖
封面设计:墨创文化
责任印制:王　炜

图书在版编目(CIP)数据

国际商务礼仪 / 陈薇薇，吴肇庆主编. 一成都：四川大学出版社，2016.3（2017.6 重印）
ISBN 978-7-5614-9329-8

Ⅰ. ①国… Ⅱ. ①陈… ②吴… Ⅲ. ①国际商务一礼仪 Ⅳ. ①F718

中国版本图书馆 CIP 数据核字（2016）第 046685 号

书名　**国际商务礼仪**
GUOJI SHANGWU LIYI

主　编　陈薇薇　吴肇庆
出　版　四川大学出版社
地　址　成都市一环路南一段 24 号 (610065)
发　行　四川大学出版社
书　号　ISBN 978-7-5614-9329-8
印　刷　郫县犀浦印刷厂
成品尺寸　185 mm×260 mm
印　张　14.25
字　数　345 千字
版　次　2016 年 3 月第 1 版
印　次　2021 年 7 月第 3 次印刷
定　价　42.00 元

◆读者邮购本书,请与本社发行科联系。
电话:(028)85408408/(028)85401670/
(028)85408023　邮政编码:610065
◆本社图书如有印装质量问题,请寄回出版社调换。
◆网址:http://press.scu.edu.cn

序

礼仪—商务礼仪—国际商务礼仪，是相关社会人士和专业工作岗位骨干应该具备的知识技能，更是经济学、管理学等专业的大学生应该学习和掌握的基本知识技能与行为规范。在当前经济全球化、世界文化多样化与中国国内外贸易、国际商务蓬勃发展的大形势下，礼仪—商务礼仪—国际商务礼仪需要与新形势、新情况的要求相适应。这就需要相关人士和有关岗位工作骨干，既要进一步学习有关交际行为规范理论，包括掌握新的礼仪实务知识，又要按照新形势、新情况的特点，结合具体情况灵活运用，从而达成工作目标。而如何紧跟时代的发展步伐学习运用新的国际商务礼仪知识，首先，要认识若干新形势、新情况的特征对国际商务礼仪的需求。同时，要学习如何能够根据新的要求，探索创新，把国际商务礼仪运用好、发挥好。

一、礼仪—商务礼仪—国际商务礼仪要结合经济全球化和世界文化多样化的特点推陈出新，适应现实的需要

礼仪，是人类社会发展到一定阶段，人们社会交往所需要的产物，是人类文明的一个重要组成部分。我国是举世闻名的礼仪之邦，早在三千多年前的西周，政治家周公就吸收了商朝礼制的若干内容，制定了“周礼”，使我国古代礼制基本成型。春秋时期的孔子，集当时“周礼”之大成并发扬光大，构建了一套影响至今的礼仪体系框架。我国古代礼仪有多种内涵，一是包括政治、经济、文化和军事制度在内的典章制度；二是为人的道德规范和行为准则；三是各种有关活动和仪式的礼仪。

在这种基础上产生的中国商务礼仪，具有历史悠久，适应面宽，在商务与经济活动中卓有成效等特点，从而在长时期的经济社会活动中发挥了不可或缺的作用。多少年来，中国商务礼仪以诚挚热情、周到大方、效果良好而有口皆碑。然而，随着时代的发展和国际商务活动的增多，情况发生了变化，中国古代商务礼仪应该结合新形势、新环境的要求推陈出新，对我国传统商务礼仪，特别是对外商务礼仪，加入国际通行的特点。比如在国际商务礼仪中，我们要做到以下几点：一要尊重个人和个性自由，绝不损害其个人尊严，注意维护其人格尊严；二是在相关交际场合，要做到女士优先，不仅要讲究男女平等，反对性别歧视，而且要做到尊重女士、帮助女士，在商务礼仪中体现文明程度；三是要吸取国际商务礼仪通行的务实特点和做法，既讲礼仪，又重沟通互动，不搞繁文缛节、不过分客套，同时要注重平等自尊，不自轻自贬，以达到礼仪的最佳效果。总之，要把我国传统商务礼仪与国际商务礼仪既发扬光大，又推陈出新，以更好地服务于当今国际经贸和商务活动。

二、我国经济和对外贸易必定会有新的、更大的发展，“引进来、走出去”战略要进一步实施，都需要加大对外经贸和商务活动，从而需要匹配适应的国际商务礼仪知识

自1978年改革开放以来，我国经济和对外经济贸易发展迅猛。其中，对外经贸和商务活动对我国经济增长的贡献十分突出。多年来，从事对外经贸和商务活动的人士为促进业务的成功，学习和掌握相关知识，恰当地发挥了国际商务礼仪的作用，在对外交流中功不可没。因此可以说，国际商务礼仪是伴随着我国经济的成长和对外经贸的发展而发展的。

在全球经济和对外贸易面临新发展、新竞争的今天，我们应该在国际商务礼仪方面具备新的认识和做好新的准备。一是从我国经济的总量看，从2010年起，我国经济总量位居全球第二，并在今后一段时期内，继续保持着这个地位。但要使我国经济总量既大又强，还需要多方面的努力，包括在国内外商务活动中发挥礼仪的作用。二是从国际贸易看，2013年我国对外贸易达到全球第一，成为世界第一贸易大国。在全球经济发展呈现疲弱的状态下，2014—2015年，中国继续保持了世界第一贸易大国的地位。而目前全球经济发展和经贸交流趋势显示，中国今后仍然能够在世界贸易大国中名列前茅。同时，与我们开展经贸与商务活动的国家会更多，其发展程度不同、风俗习惯各异、礼仪更多元化。对此，作为对外经贸和国际商务活动的礼仪，更应该适应需要，不断提升内涵。三是从适应经济全球化、从我国经济“引进来、走出去”的战略看，我国这个战略已实施多年，它充分利用国际和国内两个市场，成效巨大。在当前我国经济发展进入“新常态”的形势下，特别是当前全国实施“十三五规划”的大局，“引进来、走出去”战略继续大规模实施之际，国际商务活动必定大量增加，国际商务礼仪更会派上用场。此外，“走出去”战略应该不断为我国创造出优秀的品牌和产品，包括优秀的管理运行模式，国际商务礼仪也应该更有用武之地。

三、“一带一路”战略为我国对外经贸和国际商务的发展提供了新机遇和新要求，国际商务礼仪应该为这个战略的成功发挥应有作用

“一带一路”战略，即丝绸之路经济带和21世纪海上丝绸之路发展战略，是我国领导人根据当今国际、国内经济社会大局，站在中国和世界当前与未来发展的广阔视野下提出的发展战略构想。这个战略的实施，不仅会改变中国区域发展的现有格局，也会通过欧亚经济的再整合，重塑世界政治经济版图，这对中华民族的复兴至关重要，战略意义十分重大。

由于“一带一路”战略的实施是全方位的，涉及经济、政治、社会和宗教各个方面，实际也是更有广度和深度的新一轮改革开放，因而必然面临若干实际问题。就对外经贸和商务活动看，一是涉及的国家和地区高达60多个，人口数量、市场规模和发展潜力独一无二，与中国经济互补性强，与我们互利合作的项目数量很大。二是合作的项目类型多，包括从港口、高铁和公路等基础设施建设到若干制造业，如纺织服装、家电、汽车制造，再到金融和旅游等行业产业。三是涉及的国家地区广，民族部族复杂，

经济、文化和社会发展状况很不平衡，而这两条丝绸之路的汇合点就是中东地区。这些复杂的情况表明，我们不仅需要在经贸和商务活动中有针对性地开展工作，做到互惠互利，还需要有适应的国际商务礼仪来配合完成。从这些年来对外经贸和商务活动的运作中，特别是从“一带一路”战略实施中，我们可以看到国际商务礼仪大有用武之地，许多问题的解决，诚信和礼仪发挥了作用。这已成为大量项目合作成功的重要辅助方法和经验。因此在当前和今后我们的相关工作中，值得继续学习和运用国际商务礼仪，发挥它应有的作用。

四、当今世界文化多样化、经济发展不平衡和宗教、民族差异大等现实，需要我们既遵循通行的国际惯例，又灵活掌握国际商务礼仪

首先，我们应该处理好文化多样化与国际商务礼仪的关系。礼仪属于大文化的范畴，文化多样化是人类社会和文明发展的重要特征。目前，世界上有200多个国家和地区、2500多个民族、6000多种语言。不同的民族创造了各自独特的文化，同时各个国家和地区的人民，又共同创造了丰富多彩的世界文化，包括国际商务礼仪。总的来看，文化交流互鉴已成为世界文化发展的主流，国际商务礼仪已普遍为各方接受。但同时，各国在文化独特性、礼仪习俗方面又很有特色。我们要结合2005年联合国教科文组织通过的《保护和促进文化表现形式多样化公约》，尊重不同文明、不同文化，尊重有关国家的礼仪和商务礼仪。也只有这样，才能做到一注重普适性，二尊重独特性，把两者结合好，达到商务礼仪的效果。

其次，要认识到、处理好各国社会经济发展不平衡状态。社会经济的不平衡发展，是人类社会的规律，也是当今世界的现实。与我国有经贸合作的100多个国家和地区中，既有高度发达、社会管理法制化、规范化的，又有经济文化落后、社会管理滞后的，更有社会不稳定、矛盾突出，甚至有动乱的。在此情况下，我们要怎样从国际商务礼仪来促进经贸和商务活动的交流与合作？从相关经验看，一要结合该国、该地区的国情、社情和民情来灵活对待。先多沟通，做到按需而定，繁简得当，效果为主。二要客随主便、互利互惠。如有的合作方为达到广告效应，将礼仪搞得热烈高调，有的因经济等原因要求平实简单，这些我们都应该赞同，并注意尊重所属地区人的价值观、利益和文化传统。三要注意无论在哪里，商务礼仪都既不能违背当地的法律和某些习俗，也不能与我国的法律和道德相冲突，以达到相关国际商务礼仪双方满意，健康而实有成效。

再次，在国际商务礼仪中，正确认识和处理好民族、宗教关系。我国开展对外经贸和商务活动的国家和地区有100多个，在这些国家和地区中，有2000多个民族，我们需要直接面对的民族不在少数。民族是历史形成的、处于不同社会发展阶段的各种人的共同体，他们具有共同的经济生活以及表现于共同文化的共同心理素质。因此，我们在国际商务礼仪中，要重视相关民族的文化心理素质等情况，并在商务礼仪中体现出来。

同时，在国际商务礼仪中我们还必须正视和重视宗教问题。“一带一路”沿线国家和地区中，教派较多，所以我们开展国际商务礼仪时要考虑和重视宗教因素。历史和现实情况显示，民族和宗教问题往往是交织在一起的。有的宗教往往是一个或多个民族的信仰，有的民族全民信教并信仰某一宗教，于是往往表现出若干独特的民族、宗教现

象。因此，在国际商务礼仪中，需要我们既把握目标，又顺势而为，才能开展好工作。一要努力学习了解相关民族、宗教的知识，包括民族和宗教禁忌，学习国内外有关法律法规，为特定的商务活动和礼仪做好相应的知识储备。二要在商务礼仪中，遵循平等待人，尊重宗教信仰自由的原则，以诚相待，尊重民族风俗习惯和宗教信仰自由，注意不要在有关民族和宗教的问题上发生冲突，包括在细节上做好。三要在当前复杂的国际和地区形势下，尽可能回避有关矛盾，不介入、不卷入其民族和宗教纷争，尽量从商务包括礼仪上，保持与各民族和各宗教的中立与交往，做好我们自己的事情，以成功地开展我们的经贸和商务活动。

五、遵循和运用规律，从点滴做起，在国际商务礼仪中增添中国元素，更好地为中国对外经贸和商务活动服务

当前国际通行的礼仪和商务礼仪，是一定时期国家、民族交往的产物，是在一定时期的经济基础上，对外经贸和商务活动交往的产物，也是当时经济文化占主导地位的国家和民族所塑造的。可以说，从某种角度看，它们更多地体现着欧美国家的话语权。当然，目前国际通行的礼仪和商务礼仪，已普遍为多国、多方所接受，也基本适应和满足了国际经贸和商务活动的需要。

然而，当前国际通行的礼仪和商务礼仪有与时俱进的需要，也有改变若干内容与形式的要求。比如，一些西方国家的见面礼，除握手，还有拥抱和亲吻，这种略显热情奔放的做法，中国人就不太适应，而希望用作揖、点头、鞠躬等形式取而代之。文化多样性是人类文明进步的重要动力，在国际礼仪和商务礼仪中，因时因地制宜，修改或增加某些内容与形式后也是合情合理的。

同时我们还要看到，中国已成为世界经济的重要引擎，是全球第二大经济体和第一贸易大国。经国务院批准的我国公民出境旅游目的地国家和地区已达 150 个，2015 年出国出境旅游的人数全球第一，达 1.2 亿人次。2016 年 3 月 10 日联合国教科文组织发布的最新报告显示，中国 2013 年文化产品出口总值达 601 亿美元，高出排名第二的美国 279 亿美元一倍多，成为全球文化产品的最大出口国。这些数据表明，中国应该可以在对外经贸和国际商务及其礼仪规则的制定、修改中，起到引领作用，发出自己的声音，增添中国元素。

中国把自己的发展寓于世界各国的共同发展之中，是国际体系的参与者、建设者和贡献者。因此在对外经贸和商务活动及其礼仪规则的修改完善中，一要高度重视，积极参与，把它作为增强中国对外经济活动能力、提高中国文化软实力的一个行动。二要看到国际商务礼仪是为国际经贸和商务活动服务的，在当前应该注意新兴市场国家、其他发展中国家的特点和诉求，以推动增加符合其时代的进步的和适用的新内容。三要在规则、礼仪的修改中不搞霸权，不搞强行加增，而是以中国高度的文明、礼仪，以“礼”服人、以理服人，用中国文化软实力更好地为对外经贸和商务活动的成功贡献力量。

如果从学科来划分，礼仪—商务礼仪—国际商务礼仪的理论和实务知识则既是一门人文应用类学科，又是一门综合性学科。在对其的学习和运用中，我们可以得到多方面的收获：一是从学习内容看，它不仅能让我们掌握国际商务礼仪，为今后的相关工作打

好基础，同时它吸纳了相关学科的成果，包括民俗学、传播学、美学、伦理学、心理学、社会学和公共管理学等，我们可以在学习中获取多学科的知识；二是从其应用性、实践性很强的特点看，它与人的思想道德品质和日常行为联系紧密，可以帮助我们完善交际艺术和品德修养，塑造出良好的内涵和社会形象；三是从其所涉及的国内外礼仪和要求看，它可以开阔我们的视野，活跃我们的思维，为我们事业的成功打好又一个基础。

学习好礼仪—商务礼仪—国际商务礼仪的收益会很多，我希望同学们和其他读者在学习与运用中能有更多的收获，获得学业和事业的双双成功。

四川大学锦城学院金融系党总支书记兼副系主任

吴肇庆

目　录

第一章　国际商务礼仪概论

国尚礼则国昌，家尚礼则家大，身有礼则身正，心有礼则心泰。

——颜元

没有良好的礼仪，其余一切都会被人看成骄傲、自负、无用和愚蠢。

——约翰·洛克

在现代社会，礼仪是一个人乃至一个民族文明程度高低的体现，它是人类社会发展过程中逐渐形成并积淀下来的一种文化，渗透在各种社会关系中。在当今社会的各个领域，特别是在商务活动中，礼仪发挥着重要的作用，它使我们的工作更加顺利、生活更加有序、人与人之间的关系更加和谐，商务礼仪正逐渐发展成为一门学科、一种文化。

第一节　礼仪的含义和起源

一、礼仪的含义

礼者，尊重也；仪者，规范也。礼仪，即人际交往的基本行为规范。

在我国，礼和仪有时是分开使用的，各有其意。《辞海》中对“礼”的解释主要有三种：一为敬神，引申为对别人表示敬意；二为表达敬意或为表示隆重而举行的仪式；三为规范，泛指奴隶社会或封建社会贵族等级的社会规范和道德规范。“仪”在《辞海》中有礼节、仪式、法度、法则、容貌、举止等含义。

礼仪通常包括四方面的内涵：一是泛指统治者在政治、军事、文化、经济制度等方面为区分等级差异而设立的各种典章制度，俗称礼制；二是指为人处世的行为道德规范，包括礼貌和礼节——礼貌是言语、动作的文明表现，而礼节则是人们相互之间表示尊重和友善的习惯形式；三是指个人和社会必须遵守的行为准则，包括诚信、正义、友善、自尊和博爱等，既包括人外在的仪容、仪表和仪态，也包括人内心的品性和践行的理念等；四是泛指各种正式的礼仪、典礼和习俗规范，如宗教礼仪、民俗礼仪、外交礼仪等。

礼仪不是空洞无物的概念，它通过各种体现差别的物品和仪容动作来反映某种意思或表示特定含义，如不同的服饰、车马、器皿、跪拜、敬礼等可能体现某种职业等级差异，而表情、手势、姿势、动作、顺序等则往往表达某种自身素养和性格特点、情绪等的意义。这些无声的语言一旦达成共识，就成了人际交往中必须遵守的行为规范。

综上所述，礼仪是由一系列表现礼貌的礼节构成的，礼貌是礼仪的基础，礼节是礼仪的重要表现形式。对个体而言，礼仪是我们商务生活和人际交往中不可缺少的通行证。对社会而言，礼仪则是精神文明建设的重要组成部分，是一个社会文明程度、道德风尚和生活习惯的反映。

二、礼仪的起源

关于礼的起源，说法不一。归纳起来有五种起源说：一是天神生礼仪；二是礼为天地人的统一体；三是礼产生于人的自然本性；四是礼为人性和环境矛盾的产物；五是礼生于理，起源于俗。

（一）从理论上说，礼的产生是人类协调主客观矛盾的需要

礼的产生是维护自然的“人伦秩序”的需要。人类为了生存和发展，必须与大自然抗争，不得不以群居的形式相互依存，人类的群居性使得人与人之间相互依赖又相互制约。在群体生活中，男女有别、老少有异，礼既是一种天然的人伦秩序，又是一种需要被所有成员共同认定、保证和维护的社会秩序。人类面临着的内部关系必须妥善处理，因此，人们逐步积累和自然约定出一系列“人伦秩序”，就是最初的礼。

（二）从具体的仪式上看，礼产生于原始宗教的祭祀活动

原始宗教的祭祀活动是最早，也是最简单的以祭天、敬神为主要内容的“礼”。这些祭祀活动在历史发展中逐步完善了相应的规范和制度，成为祭祀礼仪。随着人类对自然与社会各种关系认识的逐步深入，仅以祭祀天地、鬼神、祖先为礼，已经不能满足人类日益发展的精神需要和调节日益复杂的现实关系的需要。于是，人们将祀神祈福活动中的一系列行为，从内容和形式扩展到了各种人际交往活动，从最初的祭祀之礼扩展为社会领域各种各样的礼仪。

我国礼仪的沿革是伴随着人类社会的发展而发展的，经历了一个从无到有、由低级向高级不断变革演化的漫长历史时期。由于历史阶段不同，各个时期的礼仪有着十分显著的特征。

1. 原始社会的礼仪

人类处于蒙昧状态，生产水平低下，人际关系十分简单，礼仪也非常简朴。由于人类没有同大自然抗争的力量，科学文化水平低下，对大自然的崇拜、图腾，祭天敬神成为原始社会礼仪的主要内容。同时，由于原始社会没有阶级，如老与幼、首领与成员等，社会成员之间是平等、民主的，这个时期的礼仪也反映了民主、平等的观念。原始社会的礼仪对于教育社会成员、维护社会秩序、规范生产和生活起到了相当于法律的作用。可以说没有礼仪，原始社会就不可能存在和发展。

2. 奴隶社会的礼仪

随着社会生产力的发展，原始社会逐步解体，人类进入了奴隶社会，利益也被打上了阶级的烙印。奴隶主为了维护其统治，将原始的祭祀仪式发展成为符合奴隶制社会需要的伦理道德规范，礼仪成为维护奴隶主尊严和权威、调整统治阶级内部关系、麻醉和统治人民的工具。如周代的“三礼”，即《周礼》《礼仪》和《礼记》，全面系统地反映

了周代的礼仪制度，标志着周礼已经达到系统、完备的阶段，并由原先祭祀天地祖先的形式跨入了全面制约人类行为的领域。奴隶社会的尊君思想成为礼仪的核心，奴隶和奴隶主之间没有平等可言，妇女更是得不到起码的尊重。奴隶主通过礼仪制度不断地强化人们的尊卑意识，以维护统治阶级的利益，巩固其统治地位。在这个时期，中国出现了孔子、孟子、荀子等一大批礼学家，形成了一整套完整的礼仪制度，提出了许多重要的礼仪概念和规范，确定了我国崇古重礼的文化传统。"三礼"等珍贵的典籍和文献，是我国礼仪的经典之作，对我国后世的礼仪建设起到了不可估量的作用。

3. 封建社会的礼仪

在奴隶社会礼仪的基础上，顺应封建社会政治统治的需要，礼仪得到进一步深化和发展。封建礼制在最大限度地运用于社会和政治统治的同时，再通过一系列的教化，使礼制的规范和要求，不仅运用于社会生活的一切领域，而且内化为人们的思想意识，指导和规范人们的言行，成为人们思想和行为的准则。奴隶社会的尊君观念在封建社会发展为"君权神授"的理论体系，即皇权是神给的，所以"天不变，道亦不变"。"道"指的就是著名的"三纲五常"，"三纲"即君为臣纲，父为子纲，夫为妻纲。"五常"即仁、义、礼、智、信。"三纲五常"形成了完整的封建礼仪道德规范。到了宋代，封建礼制有了进一步发展，诞生了完整的封建理学理论，并把道德和行为规范作为封建礼制的中心，"三从""四德"使人的个性受到了极大的压抑，限制了人们之间的平等交往。封建礼仪集政治、法律、道德于一身，是统治阶级最重要的统治工具，但也为调整封建社会人们的相互关系，为中华民族形成具有特色的伦理道德准则提供了标准，在历史上发挥了一定的积极作用。

4. 半殖民地半封建社会的礼仪

19 世纪 40 年代，伴随着西方侵略者的坚船利炮，中国被迫打开了闭关锁国的大门，进入了半殖民地半封建社会。西方侵略者进入中国的同时，西方的政治、经济、文化、思想以及资本主义的道德和礼仪也一同进入中国。西方文明和文化的冲击，导致了中国传统政治秩序的瓦解和崩溃，也导致了中国传统伦理道德的瓦解。在礼仪制度和规范上，一方面，中国封建礼制面临着"礼崩乐坏"的危机；另一方面，由于中国传统文化博大精深，资本主义礼仪规范只能部分地为中国国民所接受。所以在这一时期，中国传统礼仪和资本主义礼仪相互碰撞，在一定范围和层次上相互融合，形成了中西合璧的礼仪大杂烩。资本主义礼仪规范的传入方式虽然不光彩，但由于其规范中体现了自由、民主等思想，所以受到了中国进步阶层的欢迎，并逐步推广到各个阶层和社会生活的各个方面。资本主义礼仪规范在中国的推广和实施，为中国传统礼仪注入了新的生机，简化了中国传统礼仪的繁文缛节，客观上促进了世界各国礼仪道德文化之间的交流和学习。

5. 现代礼仪

中华人民共和国成立以后，中国的社会性质发生了根本的变化，礼仪同道德一起，为形成良好的社会公德，提高人民素质做出了贡献。社会主义社会的礼仪，既继承和弘扬了中华民族的传统道德，又学习和吸收了世界其他国家和民族的先进礼仪。这些礼仪在 20 世纪五六十年代集中发挥了行为规范和道德准则的作用，形成了人们之间诚恳相待、助人为乐，甚至"路不拾遗、夜不闭户"等世所公认的良好社会风尚。

第二节　礼仪的原则和作用

一、礼仪的原则

礼仪的原则是指行礼致仪时，应遵循的一些基本要求。具体的礼仪规范内容十分庞杂，又因民族、地域的不同而存在很大的差异，但无论何人、何时、何地在行礼致仪时都有着需要共同遵循的基本原则。在现实生活中，不合乎某地与某民族风俗习惯的礼仪规范可以被人们所谅解，但如果违反了礼仪的基本原则，就可能会引起对方的不满，甚至抗议，导致关系的恶化，因此礼仪的基本原则是礼仪研究中的一项重要课题。

（一）平等原则

现代礼仪的平等原则是以礼待人、有来有往，既不能盛气凌人，也不能卑躬屈膝。平等原则是现代礼仪的基础，也是现代礼仪有别于以往礼仪的主要原则。

近代资本主义的兴起，瓦解了等级社会的存在基础，平等成了社会发展的内在要求，资产阶级启蒙思想家洞察了历史的需要提出了自由、平等、博爱的口号，主张人生来平等，这就为现代礼仪的产生打下了思想基础。

平等原则的适用范围非常广泛，从家庭到组织、从亲朋到公众、从国内到国际都存在着平等问题。夫妻平等、长幼平等，领导和群众之间、上下级之间都应该平等相待。在亲朋中，应该以礼待人，礼尚往来，在公共形象中自尊而不自傲，自信而不自负；在国内始终坚持平等的人际关系，在对外交往中坚持平等互利的原则，国家不分大小，一律平等对待。

（二）尊敬真诚原则

尊敬原则。有人曾把商务礼仪的基本原则概括为“充分考虑别人的兴趣和感情”。尊敬是礼仪的情感基础，在我们的社会中，尊重长辈、关心他人，并非是自轻自贱，而是一种至高无上的礼仪，说明一个人具有良好的个人内在素养。“爱人者，人恒爱之，敬人者，人恒敬之”，“人敬我一尺，我敬人一丈”。“礼”的良性循环就是借助这样的机制而得以生生不息。当然，礼貌待人也是一种自重，不应以伪善取悦于人，更不可以富贵骄人。尊敬人还要做到入乡随俗，尊重他人的喜好与禁忌。总之，对人尊敬和友善，是处理人际关系的一项重要原则。

真诚原则。商务人员的礼仪主要是为了树立良好的个人和组织形象，所以礼仪对于商务活动的目的来说，不仅仅在于其形式和手段上的意义。商务活动并非短期行为，在商务活动中，讲究礼仪，注重其长远利益，恪守真诚原则，着眼于将来，通过长期潜移默化的影响，才能获得最终的合作和利益。也就是说，商务人员与企业要爱惜其形象与声誉，不应仅追求礼仪外在形式的完美，更应将其视为商务人员情感的真诚流露与表现。

（三）自信自律原则

自信原则是社交场合中一个心理健康的原则，只有对自己充满信心，才能如鱼得水，自信是社交场合中一份很可贵的心理素质。一个有充分自信的人才能在交往中不卑不亢、落落大方，遇到强者不自惭，遇到艰难不气馁，遇到侮辱敢于挺身而出，遇到弱者伸出援手。自信但不能自负，自以为了不起的人，往往会走向自负的极端，自以为是，不尊重他人，甚至强人所难。

自律原则是正确处理自信与自负的一个重要原则。自律就是主动对自己的行为进行约束。礼仪不是法律，不是由司法机关强制执行的。礼仪是待人处事的规范，是社会群体日常生活与交往的准则。

（四）谦和宽容原则

谦和原则。“谦”就是谦虚，“和”就是和善、随和。谦和既是一种美德，又是社交成功的重要条件。《荀子·劝学》中曾说道：“故礼恭，而后可与言到之方；辞顺，而后可与言道之理；色从，而后可言道之致”，即是说只有举止、言谈、态度都谦恭有礼时，才能从别人那里得到教诲。谦和，在社交场上即表现为平易近人、热情大方、善于与人相处、乐于听取他人的意见，显示出虚怀若谷的胸襟，因而有着较强的调整人际关系的能力，对周围的人具有很强的吸引力。当然，我们此处强调的谦和并不是指过分的谦和、无原则的妥协和退让，更不是妄自菲薄。应当认识到，过分谦虚其实是社交的障碍，尤其在和西方人的商务交往中，不自信的表现会让对方怀疑你的能力。

宽容原则。宽即宽待，容即相容。宽容，就是心胸坦荡、豁达大度，能设身处地为他人着想，谅解他人的过失，不计较个人得失，有很强的容让意识和自控能力。中国传统文化历来重视并提倡宽容的道德原则，并把宽以待人视为一种为人处世的基本美德。商务活动中也要求宽以待人，在人际纷争问题上保持豁达大度的品格或态度。在商务活动中，交际各方难免会出于各自的立场和利益而出现冲突和误解。遵循宽容的原则，凡事想开一点，眼光看远一点，善解人意、体谅别人，才能妥当对待和处理各种关系与纷争，争取到更长远的利益。

二、礼仪的作用

礼仪作为一种行为规范和行为模式，在人类社会生活的各个方面发挥着重要的作用，这是毋庸置疑的事实。礼仪使我们的生活更有秩序，使人际关系更和谐。礼仪不仅是社会生活的要求，也是一个人甚至一个民族文化程度的体现。尽管在漫长的人类历史中，礼仪的内容和形式在变化，但它始终是人类社会中不可缺少的要素。

（一）礼仪与人际交往

礼仪的产生和存在主要还是取决于人类的自觉，这恰是因为它的重要作用。从心理学的角度讲，人际交往之初，交往的双方相互之间还不是十分了解，因此不可避免会产生某种戒备心理和距离感。如果交往双方在交往之初就能做到相互信任、注重礼仪，则可以消除隔阂、拉近距离。

【阅读材料】

张良拾鞋[1]

公元前218年春，秦始皇东游到博浪沙，姬公子为报国破家亡的仇恨，雇力士椎秦失败以后，改名为张良并隐居于江苏下邳。

一日，张良来到圯桥散步，见桥墩上坐着一位老翁，须眉皆白，身着褐色麻布短衣。这老翁见张良走过来，有意将脚上的鞋子（古时称“履”）脱落桥下，对张良喊道：“孺子，把鞋给我捡上来!”张良是饱读诗书的贵族公子出身，知道“孺子”是对小孩子或对妇女卑贱奴隶的蔑称，而且还是叫他去拾双鞋，这明明是在侮辱自己，所以非常生气。但又看老人这么一大把年纪，便强忍着怒气，下桥去把鞋捡了上来。不料老翁又叫张良把鞋给他穿上。张良心想，既然已经捡上来了，穿一下也没什么，就擦干净鞋上的泥，一条腿跪下来，恭恭敬敬地给老翁把鞋穿在脚上。老翁笑了笑，也不道一声谢就走了。张良惊奇这老翁好生无礼，看着他走了很远。老翁回头一望，见张良还在看着他，又转回来，对张良说：“五天后的黎明来此桥相会。”说罢又走了。

第五天天刚亮，张良来到这桥上。老翁已先到了，生气地对张良说：“与老人家约会怎敢迟到?”叮咛张良，要他再过五日来此相会，说罢就走了。第二个五天鸡叫的时候，张良来到桥上。谁知老翁又先到了，又叫张良再过五天来此桥相会。

到了第三个五天的前夜，张良没有睡觉，他想再不能因为迟到受老翁的批评，因此不到半夜就来桥上等候，终于比老翁早到了。老翁来后，见张良早已坐在桥上，就对张良说：“应当这样，”并称赞他“孺子可教矣”。然后取出一编竹简送给张良，叮嘱道：“读此书，将来可做帝王的老师，十年后天下会大乱。十三年后，到济北谷城山下见我，看到黄石一块，那就是我。”老翁说完后，就不见了。

张良得到这编竹简后，待天亮翻开一看，原来是一部《太公兵法》。《太公兵法》传说是姜子牙辅佐周武王消灭商纣时所著的兵书，这编兵书在秦始皇并吞六国时，有人将此书带至深山藏了起来。张良得此书以后，在下邳苦读十年，后来辅佐刘邦成就了汉室帝业。

圯桥进履的故事虽带有明显的传奇色彩和演义成分，但其中的道理对今天的人不无教益。

（二）礼仪与公众形象

一个人以何种形象呈现于公众，归根到底是由他在公众场合的具体行为决定的。要赢得别人的尊重，自己先要尊重别人，所以举止得体、以礼待人才能给人留下良好的印象，赢得公众的好感和尊重。革命先驱孙中山先生就是这方面的典范。

① 百度文库. 张良拾鞋［EB/OL］. http://wenku.baidu.com.

【阅读材料】

为国尽瘁的一代伟人孙中山[①]

1912年，孙中山就任临时大总统。一位年高八旬的盐商肖老先生，从扬州来南京求见大总统。中山先生立即把肖老先生请到办公室。老先生一进门就行起三拜九叩之礼。中山先生赶忙把老人扶起来，诚恳地说："总统在职一天，就是国民的公仆，是为全体国民服务的！"肖老先生问："总统离职后呢？"中山先生答道："总统离职，就和老百姓一样。"肖老先生没有想到总统这样平易近人，感慨万千，临走时说："今天我总算见到民主了。"

孙中山先生出任大总统后，日夜奔忙，准备北伐。一次，在桂林的一段山路上，为赶到某地主持会议，他雇了一乘竹轿。刚走了不远，他听到轿夫发出一阵阵气喘声，心里便不安起来，于是令轿夫停下。两个轿夫不解地问："大人何事？"孙中山道了声辛苦，并问他们多大年岁了。一个回答65岁，一个说刚过60岁。听罢，孙中山心中更难受了，他十分钦佩两位老人的身骨硬朗，又十分同情他们的艰辛。说："你们年纪都比我大，我干吗要你们抬呢？"孙中山掏出一大把银圆放在两个轿夫手里，深情地说："这轿子我再不坐了，你们回去吧！"两个轿夫不免纳闷：这是个什么人？于是怯生生地问孙中山尊姓大名。孙中山笑着说："我的名字暂不告诉你们。"言毕，写了一张纸条，折好后交给轿夫，并一再叮嘱要回家后才能打开。两位轿夫感到此人非同一般，没等回到家，就赶紧打开，好弄个明白。当他们打开那张纸条，看到"孙中山"三个字时，不由得大惊失色，赶紧回头追赶。这时孙中山早已消失在茫茫林海之中。两位轿夫用敬佩的眼光望着孙中山前行的方向，激动地说："都像孙总统这样尊老敬老，老人的日子就好过了。"

孙中山的言行举止，体现了一代伟人的风范和良好的公众形象。这种工作形象，与他成为中国革命的先驱，受到世界人民尊重和爱戴，有着密不可分的联系。

（三）礼仪与国际交往

随着时代的发展，人们之间的交往增多，所以礼仪已经超越了地域和国家的范围，在国际交往中，必须注重更为讲究的礼仪，只要你做到了，就可以走遍天下。

【阅读材料】

西服一半在做一半在穿[②]

对于全世界的男士来说，西装永远都是最流行的服装，具有无可替代的地位。凡参加重大公务活动或出入写字楼的男士，穿着西装是最基本的要求。人们常说："西装一

---

① 中国评论学术网．为国尽瘁的一代伟人孙中山［EB/OL］．http://www.crntt.com/crn-webapp/cbspwb/SecDetail.jsp.

② 中国百科网．西服一半在做一半在穿［EB/OL］．http://chingbaike.com.

半在做，一半在穿。”若是不遵守西装的规范穿法，或者在穿西装时肆意妄为，都是有违礼仪的。

美国前总统里根1983年访问欧洲四国时，由于穿了一套格子西装而在舆论界引起轩然大波。因为按照惯例，总统在正式外交场合应该穿黑色西装，于是有人认为里根是个很不严肃的人，处理重大事件缺乏责任感，甚至追溯到他的电影生涯。也有人认为里根带有大国的傲慢，不把欧洲伙伴放在眼里，等等。如果里根在度假时穿这套服装，那就很正常了。因此，不同场合的着装原则一般是不成文而约定俗成的，是文化背景所致，根深蒂固难以改变的。里根在着装上引起的风波，对我们具有启示性和警示性。

西服有西服的穿法和讲究，便装有便装的穿法与讲究，每一个男士都应按照着装的“规定动作”去做，什么场合穿什么衣服，什么地点着什么装，不可马虎、大意。因为他关乎着一个男士的外在形象，关系着一个人的文明与修养，也是对他人的尊重。

通过里根的故事可以看出，在国际交往中，尊重礼仪是必不可少的。

（四）礼仪和文明水准

从社会教育的角度来看，社交礼仪是人类社会化的重要内容之一，礼仪的学习和培养，促进了人类文化的延续和文明水准的提高。一个具有良好文明素养的民族，必定是一个讲道理、懂礼貌的民族。现代社会中，无论是经济竞争、政治竞争、军事竞争，还是科学竞争，归根到底都是人的素质竞争。

【阅读材料】

一口痰“吐掉”一项合作①

某医疗器械厂与外商达成了引进“大输液管”生产线的协议，第二天就要签字了。可当这个厂的厂长陪同外商参观车间的时候，习惯性地向墙角吐了一口痰，然后用鞋底去擦。这一幕让外商彻夜难眠，他让翻译给那位厂长送去一封信：“恕我直言，一个厂长的卫生习惯可以反映一个工厂的管理素质。况且，我们今后要生产的是用来治病的输液皮管。贵国有句谚语：人命关天！请原谅我的不辞而别……”一项已基本谈成的项目，就这样被“吐”掉了。

分析：一个人的举止风度不仅仅代表其个人的形象，体现其个人的教养，而在一定的场合，个人的行为也代表组织行为，个人形象也代表组织形象。所以，必须养成良好习惯，提高个人修养，从小处做好，商机才不会溜走。

一外商考察团来某企业考察投资事宜，企业领导高度重视，亲自挑选了庆典公司几位漂亮的女模特来做接待工作，并特别指示她们身着紧身上衣、黑色的皮裙，领导说这样才显得对外商的重视。

但考察团上午见了面，还没有座谈，外商就找借口匆匆走了，工作人员被搞得一头

① 少恒. 实用礼仪大全［M］. 北京：当代世界出版社，2010.

雾水。后来通过翻译才知道，他们说通过接待人员的着装，认为这是一个工作以及管理制度极不严谨的企业，完全没有合作的必要。原来，该企业接待人员在着装上犯了大忌。根据着装礼仪的要求，工作场合女性穿着紧、薄的服装是工作场合极度不庄重的表现。

分析：着装也是一种无声的语言，它显示着一个人的个性、身份、角色、涵养、阅历及其心理状态等多种信息。在人际交往中，着装直接影响着别人对一个人的第一印象，关系到对一个人个人形象的评价，同时也关系到一个企业的形象并体现企业的水准。

第三节　实践指导

马克思曾经说过，实践是检验真理的唯一标准。那么，我们用辩证唯物论的知识去探索国际商务理论的话，首先就要从实践入手。如何进行国际商务礼仪，怎样规避国际商务活动中不礼貌、不文明的行为动作，在此我们将为大家学习国际商务礼仪提供实践意义上的帮助。

一、实践任务

通过本章的学习，我们了解了商务礼仪的含义与起源，认识了商务礼仪的主要功能和原则。在现实生活中，我们如何将商务礼仪理论上的知识转化为实践意义上的知识，才是学习国际商务礼仪的关键所在。

二、实践内容

分组收集中国古代礼仪的起源、含义以及中国从封建社会到半殖民地半封建社会再到现代社会的礼仪特色，包含以下内容：

（1）中国古代礼仪的案例；

（2）中国封建社会的礼仪特色；

（3）中国半殖民地半封建社会的礼仪特色；

（4）中国现代社会的礼仪特色。

三、实践步骤

（1）分组收集中国从古至今各个时期的礼仪案例及资料；

（2）小组内自行讨论交流，选定具体时期的礼仪案例，并准备好 PPT 以及确定好发言同学；

（3）在课堂中进行 PPT 的展示以及演讲；

（4）每个小组结束后，老师进行点评；

（5）最后上交每一个小组的 PPT 及发言稿。

四、实践要求

（1）PPT 内容必须要与本章内容相关，内容丰富，且 PPT 制作要精致；

（2）一定要小组内部全员参与；

（3）上台发言同学也必须要注意礼仪规范，演讲过程中要注意语速、语调等问题。

拓展阅读

商务工作人员礼貌修养的基本准则[①]

1. 遵时守信

因为从事商业活动的双方都有利益上的需要，而不是单方面的利益需求，所以，在商业活动中，遵时守信非常重要。

遵时是指要遵守约定的时间，不得超时，不可失约。守信是指讲信用，言必行，行必果。失约和言而无信都是失礼的行为，是人际交往和商业服务中普遍为人们所反感的，如果确因意外而不能如期履行约定，那么应提前告知对方，并给对方一个满意的解释。

2. 真诚友善

真诚是指在商务活动中必须做到诚心待人、心口如一，不能虚情假意。

在商务活动中，利益与风险并存。目前，商务活动中的种种欺行霸市、蒙骗顾客的恶劣现象日益增多，人们真诚地呼唤礼仪的回归。商业礼仪对促进商业活动蓬勃发展起着巨大的作用，已越来越引起人们的重视。商业活动是双方交往的活动，交往成功与否，首先要看沟通是否顺利，或是否能取得对方的理解。交往的对象是人，而不是被动的客体，人有自己的思想、情感、观点和态度。由于立场不同、观点不同，人们对同一个问题会有各自不同的理解和看法，这就使交往双方的沟通有时变得困难。若交往达不到沟通的效果，不仅交往的目的不能实现，有时还会导致误解，给商业活动及其双方造成严重的负面影响。因此，商业人员应真诚友善地调试人际关系，消除分歧，化解矛盾，相互理解，达成谅解，使之趋于和谐，从而妥善地解决商务纠纷。

3. 理解宽容

理解是指懂得对方的思想感情，理解对方的观点、立场和态度，体谅对方，不过分苛求对方。宽容是指宽宏大量，能容忍、能原谅对方的过失。

在人际交往和商务活动中，互相缺乏理解，甚至无法沟通，产生误解等都是令双方很尴尬的事。产生误解则容易导致失礼，在交往双方之间产生妨碍交往的思想隔膜，甚至会使关系僵化。

例如，一位商场营业员遇到一位蛮不讲理、出言不逊的顾客，尽管这位顾客当众讲了

① 道客巴巴．礼貌修养的基本准则［EB/OL］．http://www.doc88.com/p-2126151397311.html.

许多侮辱营业员的话，但是这位营业员并没有针锋相对，而是耐心地解释，还表示欢迎这位顾客今后再来光顾。在这之后，在场的其他顾客都流露出了对这位营业员的敬佩之情，甚至连那位顾客自己也感到惭愧，并向营业员当面道歉。这正显示了宽容的作用。

4．热情有度

热情是指对人要有热烈的感情，使人感到温暖。有度是指对人热情的表现要有一定尺度，不可显得过于热情，也不能缺乏热情。

热情的人会使人觉得容易接触，愿意与之接近并交往。对待别人要有真诚的热情，而不能虚情假意，真诚的热情会使人感到亲切自然，虚情假意则往往使人感到反感，不能接受。

与人交往的时候也不能过于热情，过分的热情会使人承受不了，甚至让人难堪。例如，在商业洽谈中，过多地吹捧；不管他人是否愿意，勉强别人吃饭或玩耍；在宴请时，客人已是酒足饭饱，还不停地劝其继续吃喝等。在商务活动中，过分的热情会使顾客认为你很虚伪，甚至是别有企图，从而有损自己的形象。因此，在待人接物时，要注意用真诚的热情，并要掌握一定的尺度，即热情有度。

5．互尊互帮

互尊互帮是指人与人之间要互相尊重、互相帮助。在人际交往中，讲究礼貌是为了表达对别人的尊重。尊重了别人，就会得到别人的尊重；不尊重别人，就不会得到别人的尊重。不尊重别人的行为，是自私自利、不懂礼貌的表现，这将无法在人际交往中取得成功。

在中国，互尊互帮的要求还特别应体现在尊重妇女上。在西方一些国家，尊重妇女被看成一种美德，而中国由于受男尊女卑思想的影响，至今仍有不尊重妇女的现象发生。在商业服务接待工作中应特别注意这一点。

在我们的工作和生活中，难免会遇到困难，遇到困难时能得到帮助，这对于遇到困难的人来说是莫大的慰藉，而帮助别人的人自然也会受到别人的感激和尊敬。帮助别人既是一种礼貌行为，也能反映出一个人高尚的道德情操。

中国历来有儒商的传统，商业活动虽然是一种经济活动，但是在商业活动中也有很高的文化含量，商业从业人员都必须要在商业活动中表现出文明礼貌、谈吐优雅、举止大方的风度。因此，商务人员要不断提高自身的文化素质，提高礼貌修养，树立现代文明的企业形象，在商务活动中展现出文明典雅、有礼有节的良好形象。

案例 1：

王先生失败的商务洽谈①

王先生是国内一家大型外贸公司的总经理，为一批机械设备的出口事宜，与秘书韩

① 豆丁网．商务礼仪案例分析［EB/OL］．http://www.docin.com/p-560474054.html.

小姐一行赴伊朗参加最后的商务洽谈。

王先生一行在抵达伊朗的当天下午就到交易方的公司进行拜访，正巧遇上交易方公司的祷告时间。主人示意他们稍作等候再进行会谈，以办事效率高而闻名的王先生对这样的安排表示不满。东道主为表示对王先生一行的欢迎，特意举行了欢迎晚会。秘书韩小姐希望以自己简洁、脱俗的服饰向众人展示中国女性的精明、能干、美丽、大方。她穿着白色无袖紧身上衣和蓝色短裙，在众人略显异样的眼光中步入会场。为表示敬意，主人向每一位中国来宾递上饮料，当习惯使用左手的韩小姐很自然地伸出左手接饮料时，主人立即将饮料放在了餐桌上。

令王先生一行不解的是，在接下来的会谈中，一向很有合作诚意的东道主没有再和他们进行任何实质性的会谈。

思考：

(1) 分析王先生失败的原因?

(2) 如果你是王先生，你会从哪些方面注意自己的礼仪?

案例 2：

女性在职场中的礼仪优势①

章莉在韩国公司做了一年的行政秘书，后跳槽到一家美国公司，工作方面她倒是得心应手，只是在着装方面经常受到老板明示或暗示的批评。譬如她在原来的韩国公司的形象通常为漂染发、细挑眉、棕色唇与灰色紧身套装，很性感也很成熟，而现在这家美国公司女职员们大都是H型直筒套装裙，清淡的妆容，唇色多为粉红或玫瑰红，显得清新干练。

章莉知道了问题的所在，马上对自身的形象进行了一番大改造，漂染的长发变成了清爽的短发，细眉也还原成了自然眉型，她又为自己添加裸色唇膏与H型职业套装。一番改头换面之后，老板连连说OK。

思考：

(1) 章莉为何能够得到老板赞赏?

(2) 总结女性在职场中的礼仪优势。

① 豆丁网. 商务礼仪案例分析[EB/OL]. http://www.docin.com/p-560474054.html.

第二章　国际商务人员的形象礼仪

美国心理学家奥伯特·麦拉比安发现，一个人留给另一个人的印象，其形成大致是这样分配的：55%取决于视觉印象，38%取决于声音印象，只有 7%才取决于语言印象。并且，一个人对其交往对象的印象和评价，大体是在见面之初的那一刹那间（大约 3 秒）形成的，在如此短暂的时间里就对彼此形成了自己的看法和评价，这种瞬间形成的看法不但在此后难以改变，而且会左右双方日后的交往密切程度。因此，商务人员讲究个人形象礼仪，注意维护个人形象，能为商务交往的正常进行提供重要保障。

【阅读材料】

松下与理发师①

日本著名的企业家松下幸之助从前不修边幅，企业也不注重形象，因此企业发展缓慢。有一天，理发时，理发师不客气地批评他不注重仪表，说："你是公司的代表，却这样不注重仪表，别人会怎么想？连人都这么邋遢，他的公司会好吗？"从此，松下幸之助一改过去的习惯，开始注意自己在公众面前的形象，生意也随之兴旺起来。现在，松下电器的种类产品享誉天下，与松下幸之助长期率先垂范，要求员工懂礼貌、讲礼节是分不开的。

思考：

企业的形象和员工的形象之间有什么重要关系呢？

第一节　国际商务人员的仪容礼仪

一、仪容的内涵

（一）仪容的定义

仪容作为个人形象的重要组成部分，在商务人员的形象礼仪中占有举足轻重的地位。仪容，也即人的容貌，通常是指人的外观，也就是一个人的外表形象以及显示出来

---

① 精品课．商务礼仪案例［EB/OL］．http://resource.jingpinke.com/.

的内在修养，是一个人显示自身价值的一种重要方法。具体来看，我们谈到的仪容，通常由发型、面貌以及人体所有未被服饰遮掩的部分（比如颈部、手部）等组成。

（二）仪容三要素

1. 仪容的自然美

仪容的自然美，是指先天的容貌潜质，拥有漂亮的外貌，必定令人赏心悦目，感觉愉快。然而，即使没有姣好的外貌，也不必气馁，通过自我训练，也能获得令人喜爱的美丽外表。比如，1960 年 9 月，尼克松和肯尼迪在全美电视观众面前，举行他们竞选总统的第一次辩论。当时，这两个人的才能和名望大体是相当的，棋逢对手。但大多数评论员预料尼克松将取胜，他们认为尼克松素以经验丰富的“电视演员”著称，必将击败比他缺乏电视演讲经验的肯尼迪，但最终结果并非如此，最终肯尼迪取胜。究其原因，肯尼迪自知自己的不足，事先进行了形象训练，还专门跑到海滩晒太阳，养精蓄锐。结果，当肯尼迪出现在屏幕上时，精神焕发，挥洒自如。而尼克松没有提前准备，加之准备辩论十分劳累，更失策的是他化妆的时候使用了深色粉底，在屏幕上显得精神疲惫、声嘶力竭、表情痛苦。正如一位历史学家所形容：“他让全世界看来，好像一个不爱刮胡子和出汗过多的人带着忧郁在等待着电视广告告诉他怎么不要失礼。”正是仪容上的差异，帮助肯尼迪获胜，使得竞选结果如此出人意料。

2. 仪容的修饰美

仪容的修饰美，指通过化妆、美容、护肤等艺术的、专业的修饰技巧对仪容进行适当的修饰、美化、扬长避短，设计塑造出美好的个人形象，在人际交往中显得有备而来，充满自信，给他人留下良好的印象。对于一个商务人员来讲，外在形象的好坏直接影响他业绩的好坏。试想，理发师自己的发型不好看，美容师、化妆品推销员自己的皮肤不好，甚至糟糕，别人会有可能接受他们的服务或者产品吗？一个人切不可完全依赖先天外表，必须注重后天努力，不断修饰弥补先天不足，使其仪容符合礼仪的基本要求。仪容的修饰美也要遵守各种商务和社交场合的礼貌、礼节才能表达对他人的充分尊重。

3. 仪容的内在美

仪容的内在美，指有较高的文化素养和思想道德水准。这就要通过努力学习，培养高雅的气质与美好的心灵，让自己成为一个有内涵、有底蕴、有品位的人。仪容的内在美还教你如何欣赏、鉴别、了解哪些美是适合自己的，哪些是不适合自己的。通过训练，使自己秀外慧中，表里如一，气质高雅。

仪容的自然美是人们的心愿，每个人从内心深处来讲都希望自己可以拥有漂亮的外貌；仪容的修饰美可以弥补仪容的先天不足；仪容的内在美是最高境界，需要持之以恒才能成功，能够使得仪容美得到升华。仪容的自然美、修饰美和内在美三者的高度统一，将使人在商务和社交场合中独具风格，充满自信。

二、头发的护理与发型的选择礼仪

绝大多数时候，人们观察一个人往往是“从头开始”的，因此商务人员个人形象的塑造也应该“从头做起”。对头发进行护理和修饰使其更美观大方，适合自身的特点，我们称之为美发。作为形象礼仪中不可或缺的部分，美发的礼仪是指有关人们的头发护理和修饰的礼仪规范，通常分为头发的护理和发型的选择两个部分。

（一）头发的护理

如果想要随时保持一头健康的秀发必须经常注意护理头发。商务人员护理头发的基本要求是必须保持头发健康、秀美、干净、清爽、卫生整齐的状态。想要达到以上要求，必须注意头发的洗涤、梳理、养护等几个方面。

首先要重视头发的洗涤。如果一名商务人员长时间不洗头，头发看上去脏兮兮，甚至成缕成片地黏在一起，满头汗味，头皮屑随处可见，试问谁见到他（她）能第一时间对其产生好感呢？因此，对于商务人员来讲，应根据自己的实际情况 1～2 天洗头一次，保证出现在别人面前时头发是干净、清爽的。

其次要重视头发的梳理。一个人的形象往往不仅代表自身的形象，还影响着别人对于其身后组织的评价。对于商务人员来讲更是如此，商务人员的形象往往还代表着自己所在单位的形象。因此，商务人员必须使自己的头发通过梳理以后看上去整洁秀美、清爽悦目、线条分明、层次清晰、一丝不苟，应把头发梳理整齐看作自己每天必须认真操练，并且经常自查的一项重要程序。

最后要重视头发的养护。我们可以通过头发养护提高自己的头发质量。养护头发之中的“养”，是指给头发足够的营养，可以从营养的调理和补充方面入手。一般认为，如果食用过多辛辣刺激的食物，将对头发产生损害，烟酒对头发的伤害尤为严重。如果想减少头皮屑，应少吃油性较大的食物，多吃含碘丰富的食品；如果想头发乌黑发亮，则应多吃一些富含蛋白质、维生素和微量元素的食物。养护头发之中的“护”，是指对头发的保护。要想保护好头发，要有意识地避免头发接触强碱或强酸性物质，并尽量防止其长时间暴晒在太阳下。另外，洗头时使用洗发剂后，头发的养分可能会有一定流失，因此可在洗头之后酌情使用一些好的发乳或者发油以减少头发养分的流失。

（二）发型的选择

通常情况下，在理发的过程中，通过剪、刮、洗、染、吹、烫等各种不同的方式来设计我们的发型。作为商务人员来讲，为了方便工作，同时也为了显示出工作中的精明干练，通常提倡商务人员的发型主要以短为宜。具体而言，对于商务男士讲，一般要求：头发前不覆额，侧不掩耳，后不及领，半个月理发一次最为恰当。对于商务女士来讲，一般要求：在工作岗位上头发长度不宜超过肩部，如果头发过长，建议将头发盘起来或者束起来。

在实际的工作和生活中，商务人员必须认识到，发型不仅反映着一个人的个人修养与艺术品位，而且还是一个人个人形象的重要组成部分。在选定自己发型的时候，不仅要洞察潮流，还应结合自己的发质、脸型、体型、年龄、职业和服饰，尽可能扬长避短，充分展现自身优势。

1. 发型与发质

在先天和后天多重因素的作用下，每个人的发质都会有差异，商务人员在选择适合自己的发型时，发质是必须要考虑的因素，不同的发质适合不同的发型。柔软的头发通常比较容易整理，俏丽的短发会比较适合；伏贴的头发最好将头发剪短，额前和两侧的头发可以根据自己的爱好进行梳理，后面则一定要用能显示出发根线条美的设计；直硬的头发在做发型以前可以考虑用软化剂稍微处理一下头发，能使头发稍显蓬松，卷发时可以考虑大号发卷，能使发型看上去比较自然；自然的卷发不用过多处理就能利用自身优势做出各种漂亮发型，留长发可以充分显示其自然的卷曲美，相反地，如果将头发剪短，自然卷曲的优势就大大减弱了。

2. 发型和脸型

不同脸型的人在选择自己的发型时，往往会有一些不同的要求。在选择发型时，充分考虑脸型，一方面可以扬长避短，另一方面也可以体现发型与脸型的和谐之美。

圆脸型的人通常五官集中，额头与下巴偏短，双颊饱满，选择发型时可考虑将头顶部的头发梳高，避免遮挡额头，可产生脸部“拉长”的效果；长脸型的人往往会有古典感，脸型娇美，选择发型时可考虑将前发剪成“刘海”遮住额头，可产生脸部“丰满”的效果；方脸型的人通常面部短阔，两腮突出，轮廓较为平直，选择发型时可以考虑两侧选择卷曲的波浪发型，利用卷曲的长发来遮挡下颌两侧，使下颌线条看起来没那么宽；三角脸型的人通常额窄而腮宽，选择发型时可考虑上厚下薄、顶发丰隆的发型，前额不显露在外；倒三角脸型的人与三角脸型的人刚好相反，通常额宽而腮窄，选择发型时可多考虑短发，并且尽可能露出自己的前额；菱形脸型的人通常棱角突出、下巴稍宽，选择发型时可以考虑利用波浪形增加脸部的温柔感。

3. 发型和体型

从身材和体型的高、矮、胖、瘦来讲，人与人总是存在差异的。不同身材、不同体型的人，在选择发型时往往会有自己不同的考虑。当然，发型的选择是否恰当，也会对体型的整体美感产生影响。一般来说，高瘦体型的人比较适合长发、直发或者波浪式的卷发，可使自己看上去更加丰盈一些，避免将头发削剪得过于短薄；矮小身材的人比较适合秀气、精致的发型，短发通常是最好的选择，长发通常不适合；高大身材的人比较适合直发或者大波浪卷发，应尽量考虑线条流畅的发型；短胖身材的人比较适合短发，并且最好将自己的双耳露出来，一般不适合长发，长发会将脖子显短，也应尽量避免头发过于蓬松或过宽。

4. 发型与年龄

商务人员在选择适合自己的发型时，年龄也是必须要考虑的一个重要因素，应根据自己所处年龄阶段的不同考虑不同的发型，切忌“以不变应万变”。例如，一位青年女性梳一个“马尾”，可以显示自己的青春和活力，倘若人到中年再来考虑“马尾”发型，必然给人“冒充少女”的嫌疑，这与其所处的年龄是极不相符的。对于年轻女性来讲，披肩的长发或短发以及一些时髦的发式都可以考虑，但成熟的大波浪卷可能不太适合；反过来，年龄稍大一些的女性则可以考虑比较端庄成熟的发型。

5. 发型与职业

从职业形象的角度来讲，我们对于商务人员的基本要求是庄重、典雅和保守，商务人员在选择自己的发型时也应充分考虑该要求。具体来说，商务女性在工作中一般头发最好不过肩，过长的头发应该盘起来或束起来。不管男性还是女性商务人员，在考虑自己发型时，工作场合中都不应出现较为怪异或“前卫”的发型，以免给客户和老板带来不守本分的感受。

6. 发型与服饰

对于同一个人来讲，发型并非一成不变，倘若根据服饰的变化而适当地调整自己的发型，可以充分体现服饰的整体美感。例如，对于商务女性来讲，穿着礼服或制服时，可以选择盘发或者短发，让自己看上去更为端庄、秀丽、文雅。如果是在工作之外穿着休闲服装时，则可以考虑适合自己的时髦发型。

三、皮肤的基本护理礼仪

作为仪容修饰的基础，皮肤的护理尤为重要。通过恰当的皮肤护理方式，可以使皮肤长期保持良好的肤质，这是化妆品都很难修饰出来的状态。对于商务人员来讲，懂得皮肤的护理技巧可以确保在面对客户的时候，即使没有化妆也能给人神采奕奕的感受。

（一）皮肤的保养

随着时光的推移，年龄的增长，人的皮肤会老化，甚至相较于青年时期的皮肤状态失去光泽和柔韧，产生皱纹。每个人随着年龄的增长都会经历这种生理现象，但是，如果可以采用科学的方法保护皮肤，减缓皮肤的衰老速度是可能的。保养皮肤可以从以下几点着手：

1. 乐观的情绪，笑容常驻

皮肤的健康与否和身体的健康、精神的愉快密切相关，良好的情绪是最好的“润肤剂”。人在微笑的时候会加快血液循环，对于增强皮肤的弹性有较好的作用。传统俗语所讲的“笑一笑，十年少”不无它的道理。

2. 充足的睡眠

睡眠充足会使人感到容光焕发、精神振奋。对于职场中的商务人员来讲，每天需投入大量的精力在自己的工作上，为了让自己在工作中能够展现更好的状态，应尽量减少熬夜，保证充足的睡眠。

3. 多喝水

多喝水可以保持皮肤的水分，使皮肤细腻、滋润。特别是当我们长时间置身于空调环境下，一定要注意水分的补充，除了多喝水以外，还可以考虑使用加湿器等保持室内空气的湿润，改善导致皮肤干燥的环境。

4. 正确使用护肤品

白天外出时，注意使用防紫外线和保湿的护肤品。紫外线会加速皮肤的老化，哪怕没有见到阳光也不能忽视紫外线对皮肤的伤害，外出时应尽量使用防紫外线的护肤品。晚上可以使用眼霜和晚霜。此外，保养皮肤还应注意合理的饮食。

（二）皮肤的护理

1. 面部的护理

面部护理的基础首先是用正确的方法洗脸。洗脸水的温度不宜过高，通常情况下可以使用温水清洗面部。温水可以帮助毛孔打开，全面清洁皮肤中一些多余的油脂和污垢，清洁完成后，可考虑使用冷水再次清洁脸部皮肤，以保证皮肤毛孔可以有效收缩，减少毛孔粗大的烦恼。其次，面部的护理除了必须保持面部的清洁卫生以外，还应注意面部的总体清洁。例如，在商务活动中，商务人员经常要近距离地面对他人，若有鼻毛从鼻孔里伸展出来，就会令人厌恶，所以要定期修剪，遮掩不雅观的体毛；除了宗教信仰与民族习惯的特殊情况外，商务男士最好养成每天修面剃须的良好习惯；做好眼部保洁，及时清除眼角的分泌物；戴眼镜的人应经常擦拭镜架和镜片，保持眼镜的清洁；保持口部清洁，清除口腔异味。

2. 保养双手

双手通常被看作是商务交往活动中的“第二张名片”，所以如同面部一样是别人关注的焦点之一。对于商务人员来讲，对外开展商务活动中，可能会与别人交换名片，也可能会与别人行握手礼。这个时候，别人不仅会看到其双手，还会接触其双手。因此，双手的保养对于商务人员来讲其重要不亚于面部的护理。保养双手可以从勤洗双手做起，勤洗双手可以保持双手的干净清洁。另外，还应注意经常用手部护肤品对手部皮肤进行保养，最后还应定期修剪指甲，指甲过长容易让人感觉不清洁，容易积存污垢。

四、化妆礼仪

为了更好地体现商务人员的精神风貌，同时也为了向交往对象表现更为充分的尊重，绝大部分单位都要求自己的女性工作人员在商务交往活动中进行美容化妆。对于商务场合的化妆与生活当中的化妆，一方面在化妆的步骤上，它们存在相同之处，另一方面，女性在商务场合化妆应该遵循一定的原则。

（一）化妆的基本步骤

不管是商务化妆还是生活化妆，化妆的基本程序和步骤不会有很大差异，化妆的基本程序，主要分为以下 8 个步骤：

1. 洁面

化妆前必须进行面部清洁，面部清洁之后使用化妆水轻拍面部肌肤，然后依次涂抹护肤品，如精华液、乳液、护肤霜等。化妆之前使用护肤品主要有两个作用：一方面润泽皮肤，使皮肤状态更好，减少化妆后脱妆、掉妆的可能性；另一方面，护肤品可以让面部皮肤与彩妆化妆品起到一个隔离的作用，防止其直接进入毛孔，引起毛孔粗大、堵塞等问题。

2. 施粉底

粉底的主要功能是遮盖皮肤的瑕疵，统一皮肤的色调。尽量选择接近自己肤色的粉底，同时根据自己的脸型施粉底，尽量突出自己面部的优点，修饰其不足。施粉底时最好使用海绵，海绵能使粉底在肌肤上薄薄地、均匀地推开。顺序地将粉底涂抹在额头、两颊、鼻梁和下巴，由内向外抹匀，特别注意发际、鼻侧、鼻翼、唇角、眼角，以及面部和脖子的接合处，尽量不要让面部肤色与脖子肤色产生过于明显的区别。

3. 定妆

打好底妆后再使用定妆粉，目的是柔和妆面、固定底色。定妆粉应尽量涂抹得均匀且轻薄。

4. 修饰眉毛

通常情况下，眉毛的造型是根据人的脸型特点来确定的。一般应先用眉笔勾画出轮廓，再顺着眉毛方向画出眉型，最后去除杂乱的眉毛。

5. 画眼线、涂眼影

眼睛通常是面部最引人注意的部位。眼线和眼影的使用，可以增强眼睛的立体感。在商务场合中，眼影的色彩应尽量清淡，挑选眼影颜色时还应考虑与所着服装搭配。

6. 刷睫毛膏

涂完眼影之后一定要刷上睫毛膏。睫毛膏一方面可以增添双眸的神采，另一方面可以让眼睛看起来更大、更有神采。刷好睫毛膏以后最好保持眼睛不眨，以免睫毛膏沾到脸上，等睫毛膏快干的时候，可以用睫毛梳将多余部分梳理干净，使睫毛看上去更加自然。

7. 涂腮红

腮红主要的作用是可以调节脸型，使面部呈现红润健康的状态。腮红的颜色应尽量与眼影、口红色彩相对统一，涂腮红的时候应尽量使腮红向脸部原有肤色自然过渡。

8. 涂唇膏

作为化妆的最后一个步骤，口红和唇膏是面部最有精神的点缀。口红和唇膏的颜色要与服装和眼影相搭配，可以考虑先根据嘴唇的大小、形状、薄厚等用唇线笔勾出理想的唇线，再顺着唇形涂好口红和唇膏，唇线应尽量干净、清晰、轮廓明显。

以上 8 个步骤全部进行完毕后，在光线较明亮的地方检查一下整体的化妆效果。如果一切完美无瑕，那么化妆部分的工作就圆满完成了。

（二）商务化妆的原则

1. 商务妆以淡妆为主

商务女性在工作岗位上要求化妆，并主要以工作妆（淡妆）作为化妆的具体形式。工作妆的主要特征是简约、自然、清丽、素雅，既能给人深刻的印象，又不容许显得脂粉气过浓。工作妆以淡妆为主，主要是为了避免过分突出性别特征，尽量不要过分惹人关注。对于女士来讲，这点尤为重要，可以避免一些困扰。

2. 避免当众化妆或补妆

对于化妆或者补妆这样一些举动，应尽量避人进行。在众目睽睽之下化妆或者补妆，对别人来讲都是非常失礼的举动，如果确实需要化妆或者补妆应到化妆间或者洗手间进行。另外，商务女性在工作岗位上，不允许妆面出现残缺。如果发现妆面出现残缺，应在第一时间找到化妆间或者洗手间采取必要的措施，对妆面进行修补或者重新化妆。

3. 避免过量使用浓香型化妆品

在商务交往中，许多地方都是相对密闭的空间，如写字间、会议室、电梯间、轿车内等，空气流通不畅。在这样的环境中，过量使用浓香型化妆品不仅不会给人带来好感，相反还有可能引起对方的反感或不快。

4. 不要非议他人的妆容

化妆属于比较私人的行为，没有定式，不同的人可能因为民族、文化传统、个人条件和修养以及个人审美情趣的差异，化妆不可能都一样，所以不应该自以为是地评论或议论别人的妆容，做到既不要少见多怪，也不指指点点。

第二节　国际商务人员的着装礼仪

着装，指服装穿着，其除了满足御寒和遮盖的需求以外，还具有交往和审美价值，所以有人将着装称为人的“第二肌肤”。当我们看到一个人的时候，服装无疑是出现在我们视线里面积最大的一个部分，这一点对于商务人员来讲尤为重要。在商务交往活动中，商务人员基于自身的阅历修养、审美情趣以及身材特点，结合时间、场合和地点精心地选择搭配自己的服装，不仅可以很好地体现职业、身份和地位，还能够增加交际魅力，使人愿意与其更进一步地交往。

一、商务人员着装的基本原则

商务人员着装应该遵循“TOP”原则。“TOP”是三个英文单词的缩写，分别代表时间（time）、场合（occasion）和地点（place），也即意味着商务人员在选择和搭配自身服装时应充分考虑与当时的时间、所处的场合和地点相协调。

（一）着装的时间原则

商务人员的着装必须考虑时间的合适性，一方面应考虑一天中不同时刻搭配适宜的服装，比如白天是工作时间，着装应根据工作性质和特点，以服务于工作为主，以庄重大方为原则，晚间正式的社交活动居多，则要稍微讲究一些；另一方面，还应考虑一年四季的更替交换，做到根据季节的变化调整安排自己的着装。

（二）着装的场合原则

不同的场合对服装的要求不同，在商务交往中大体可以有三种场合。公务场合的着装应遵循端庄、整洁、稳重、美观及和谐的原则，为了更好地建立在客户心目中的信任感，应尽量穿着正装；社交场合服饰则可以相对明亮、艳丽些；休闲场合着装则可以随意、轻便些，以适应轻松、愉悦、温馨的休闲氛围。

（三）着装的地点原则

商务人员着装还应充分考虑地点，尽量使自己穿着与环境适合和匹配的服装。穿着沙滩裤在办公室与客户交谈或者穿着笔挺的西服套装步入沙滩都是极不协调的画面。商务人员在着装上考虑地点原则，也就意味着同样都是第一次与客户见面，如果约定地点是一家酒吧，则着装应相对休闲而随意；而如果地点换到一家豪华酒店，则应尽量穿着隆重正式的服装赴约。

二、女士商务着装礼仪

女士在工作场合中的着装，可选范围比男士要大得多。在较为宽松的职业环境中，女士可以选择造型感稳定、线条感明快、富有质感的服饰，以较好地表现女性的婉约美；在相对较为正式的商务场合中，则应尽量选择正式的职业套裙，以显端庄。

（一）职业套裙的选择

西装套裙是女性的标准职业着装，大致可以分为两种类型：一种为“随意型”，西装上衣与一条裙子进行自由的搭配组合；另一种为“标准型”，西装上衣和与之同时穿着的裙子统一设计、配套制作。对于“随意型”女士职业着装，裙子的选择尽量不考虑黑色皮裙。在正式的场合中，如求职的过程中推荐考虑“标准型”。正式的西服套裙首先应注重面料，最佳的面料选择是高品质的毛纺和亚麻。女士在选择套裙时，一般考虑黑色、灰色、棕色、米色、宝蓝色等单一色彩，以体现典雅、端庄和稳重，可用较少的饰物和花边进行点缀。商务女士在选择套裙时，还应注意在正式场合中的套裙应为包裙，大小、尺寸应合身。

（二）职业套裙的穿着

对于商务女士来讲，要让自己在众人面前展现出最好的状态，除了在选择职业套裙时考虑相关注意点，在穿着的过程中也应注意以下几点。首先，商务女士在穿着职业套裙时应穿着到位。这要求上衣的领子要完全翻好，不允许将上衣披在身上，上衣的衣扣一律全部系上。其次，商务女士在穿着职业套裙时应注意协调妆饰。这要求商务女士着装、化妆与配饰应风格统一，应具有全局意识。最后，商务女士在穿着职业套裙时应注意兼顾举止。这要求商务女士穿上套裙以后，应站有站相，坐有坐相。例如，站的时候应站得又稳又正，不可以双腿叉开或东倒西歪，走路的时候不要大步奔跑，步子要轻而稳。

（三）职业套裙的搭配

1. 衬衫单色为佳

职业套裙一般以衬衫作为内搭，商务场合中作为内搭的衬衫要求轻薄而柔软，丝绸是最好的衬衫面料，纯棉材质的衬衫也是较好的选择。衬衫与套裙色彩上应能很好搭配，衬衫的颜色不宜过于鲜艳，单色为最佳之选。穿着衬衫的时候应注意将衬衫下摆掖入裙腰之内，纽扣要一一系好，在公共场合中衬衫不宜直接外穿。

2. 内衣大小适中

选择内衣时，大小适中是最重要的要求，过大可能难以贴身，过小又可能穿着很不自在。此外，内衣所用面料以纯棉、真丝等面料为佳，色彩尽量选择浅色，比如肉色和白色。

3. 衬裙款式配套

衬裙，特指穿在裙子之内的裙子。穿着职业套裙时，如果选择的是丝、麻、棉等面料较薄或者颜色较浅的裙子时，一定要穿衬裙，衬裙最主要的功能是避免显露裙底“风光”。既然衬裙是穿着在套裙里面的裙子，一般情况下，衬裙上不宜有任何图案，色彩宜为单色，比如白色、肉色等。衬裙的大小应适度且合身，既不能长于外穿套裙，也不能过于肥大。

4. 鞋袜不可随意

商务女士在穿着套裙时与之配套的鞋子应为黑色高跟或半高跟的船型皮鞋，并且为了穿着更为舒适，材质应以牛皮和羊皮为佳。在正式的场合中，尽量不光腿。所穿的袜子应为长筒单色丝袜，肉色丝袜是最好的选择。鞋袜的颜色、款式都应与套裙能够较好搭配。袜子不能出现残破，商务女士最好在办公室或者手提包中备上一双丝袜，以备当丝袜出现残破时，能及时进行更换。另外，商务着装中杜绝出现“三截腿”，即裙袜之间露出一段腿肚子。

【阅读材料】

请另谋高位①

某公司招聘文秘人员，由于待遇优厚，应聘者众多。中文系毕业的小李同学前往面试，她的背景材料可能是最棒的：大学四年中，在各类刊物上发表了 3 万字的作品，内容有小说、诗歌、散文、评论等，还为 6 家公司策划过周年庆典，英语表达也非常流利，书法堪称佳作，五官端正，身材高挑、匀称。面试时，面试官拿着她的材料等她进来，小李穿着迷你裙，露出藕段似的大腿，上身是露脐装，涂着鲜红的唇膏，轻盈地走到一位面试官面前，不请自坐，随后跷起了二郎腿，笑眯眯地等着问话。熟料，三位面试官相互交换了一下眼色，其中一位面试官说：“李小姐，请另谋高位吧。”

（四）商务女士着装中的饰物礼仪

商务女士在工作中的着装要求严肃而典雅，对于商务女士来讲服装的色调相对单调，如果能够选择恰到好处的饰物作为点缀，则必定可以起到让人眼前一亮的效果。在全身的穿戴中，虽然饰物的面积最小，但却是最有个性和最引人注意的物品。别致而新颖的饰物能够提高服装的品质，也能体现商务女士的审美品位与搭配水平。

1. 首饰

对于商务女士来讲，不管是日常生活中还是工作场合中都会选择部分首饰作为自己比较重要的饰物，比如项链、耳饰、手镯、手链、戒指等。在佩戴这些首饰的过程中应注意不要同时佩戴超过三种以上的首饰，并且在工作场合中应尽量不要佩戴过于贵重的首饰。如果需要同时佩戴两种以上的首饰，还应考虑尽量佩戴同质同色的首饰。当然，在选择首饰的过程中，还应考虑与所着服装能够较好搭配。

2. 手提包

对于商务女士在商务场合中应尽量选择与所着服装能够较好搭配的手提包，手提包的款式、材质和颜色都应与所着服装能够较好搭配。对于商务女士来讲，放置于手提包内的物品都应该尽量装在包里的既定之处，有条不紊地摆放整齐。进入室内时，可以将手提包放在自己就座之处附近的地板上或者主人的指定之处。

3. 丝巾

对于商务女士来讲，所着服装通常相对单调，在这种情况下，丝巾可以考虑作为一个重要的装饰物。丝巾之于女士正如领带之于男士，可以在着装中起到重要的点缀效

---

① 道客巴巴，现代交际礼仪教学案例［EB/OL］. http://doc88.com/p-16416592143.html.

果。丝巾就其本身形状来讲可以简单区分为方巾和长巾，从其大小来看可以区分为大方巾和小方巾，不同类型的丝巾可以考虑不同的造型设计。对于同一套服装，若是使用不同款式、不同色调的丝巾进行点缀，给人的感受也可能是截然不同的。当然，丝巾通常适合套裙和衬衫相对色调都比较单一的商务女士，如果衬衫或者套裙已有比较亮色的花纹则不太适合再选择丝巾作为点缀，否则会让人过于“眼花缭乱”。

三、男士商务着装礼仪

西装，又称西服、洋服，起源于欧洲，是欧洲的一种传统服装样式。广义的西装包括礼服、便装和工作装，但我们通常所说的西装是指套装西服。西装是其在商务场合着装的首选。对于商务男士来讲，如果能够选择适合自己的西装并且能够和其他衣饰搭配得当，则必定可以在商务场合中给人留下深刻印象。

（一）西装的选择

对于商务男士来讲，在商务场合中选择适合自己的西装，主要考虑以下三个方面的因素。

1. 颜色

从色彩的角度来讲，正装西装通常都是单色且深色的，而休闲西装，色彩上可以是单色的，也可以是艳色的，比如粉色、绿色等，甚至还可以是多色的，比较随意。对于商务场合中的男士来讲，在选择西装的过程中，应主要考虑蓝色、灰色和黑色三种颜色，如果条件允许，这三种颜色的西装男士都应各有一套，以备应对不同的场合。

2. 面料

正装西装一般都是纯毛面料，或者含毛量比较高的混纺面料，这种面料做成的西装，通常比较挺括、透气。休闲西装在面料的选择上比较多样化，比如皮质、棉麻、丝质或者棉质，对于商务男士来讲应该穿着正装西装。

3. 款式

正装西装一般在穿着时要求成套穿着，即西装的上衣应该与裤子不管在面料、色彩或者款式上都保持一致，风格上要求能够相互呼应。而休闲西装一般是单件，在穿着中可以搭配与西装不同色或者不同质的裤子。对于套装西装来讲，又可以分为两件套和三件套。两件套西装包括上衣和裤子，而三件套西装还包括一件坎肩。从传统看法来看，三件套西装比两件套西装更加正式一些。对于商务场合中的男士来讲，所着服装应该为成套西装。

【阅读材料】

西装的造型①

西装的造型，又称西装的板型，它所指的是西装的外观形状。目前，西装主要有欧式、英式、美式、日式四种主要的造型。

---

① 金正昆．商务礼仪教程［M］．北京：中国人民大学出版社，2005.

欧式西装的主要特征是：上衣呈倒梯形，多为双排两粒扣式或双排6粒扣式，而且纽扣的位置较低。它的衣领较宽，强调肩部与后摆，垫肩与袖笼较高，腰身中等，后摆无开叉。

英式西装的主要特征是：不刻意强调肩宽，而讲究穿在身上自然、贴身。它多为单排扣式，衣领是“V”形，且较窄，腰部略收，垫肩较薄、后摆两侧开叉。

美式西装的主要特征是：外观上方方正正、宽松舒适，较欧式西装稍短一些。肩部不加衬垫，因而被称作“肩部自然”式西装。其领型为宽度适中的“V”形，腰部宽大，后摆中间开叉，多为单排扣式。

日式西装的主要特征是：上衣的外形呈现“H”形，即不过分强调肩部与腰部。垫肩不高，领子较短、较窄，不过分地收腰，后摆也不开叉，多为单排扣式。

上述四种造型的西装，各有自己的特点：欧式西装洒脱大气，英式西装剪裁得体，美式西装宽大飘逸，日式西装则贴身凝重。商界男士在具体选择时，可以听其自便。不过一般来说，欧式西装要求穿着者高大魁梧，美式西装穿起来稍显散漫，中国人在选择时宜三思而后行。比较而言，英式西装与日式西装似乎更适合中国人穿着。

（二）西装的穿着

商务男士在穿着西装时，必须重视其具体穿法，遵守西装在穿着中的一些规范要领，对于商务男士在穿着西装过程的注意事项，著名的礼仪学者金正昆老师将其简要地概括为“3个三”，具体如下：

1. 三色法则

商务男士在穿着成套西装的时候，全身的颜色是不能多于3种的，包括上衣、下衣、衬衫、领带、鞋袜在内，全身颜色应该在3种以内。

2. 三一定律

商务男士在正式场合中，要注意在一些细节上的搭配。比如，在正式场合中男士的鞋子、腰带、公文包应该是一个颜色，并且首选黑色。

3. 三大禁忌

商务男士在正式场合中的第一大禁忌：袖子上的商标没有拆除。通常情况下，我们购买的成套西装在左手边的袖子上有一个商标，在购买以后、穿着之前应该将商标拆除。商务男士在正式场合中的第二大禁忌：穿夹克打领带。在国际商务交往中通常不允许穿夹克打领带，夹克属于休闲服装，将它与领带配套，显得不伦不类。第三大禁忌：袜子存在问题。通常情况下，男士西装裤子是深色的，皮鞋是黑色的，袜子最好跟裤子或者皮鞋一个颜色，所以在商务场合中，一般建议男士不要穿着白色袜子。

（三）西装的搭配

1. 衬衫和西装的搭配

对于商务男士来讲，通常一套西装建议预备两三件衬衫进行搭配。正装的衬衫严格来讲都是长袖衬衫，颜色为单一色彩，通常白色为首选，可以考虑由深入浅法或者由浅入深法搭配衬衫和西装。商务男士在正式场合穿着的衬衫最好无图案，并且最好贴身穿衬衫，如果要在衬衫里面穿着背心或内衣，则最好选择“U”领或者“V”领的背心或内衣。

2. 领带和西装的搭配

领带是商务男士穿着西装时最重要的饰物，在选择领带时应选择与西装、衬衫相协调的颜色。商务场合中佩戴的领带应该是单色图案，或者是条纹、圆点、方格等规则的几何形状图案。从款式的角度来讲，箭头领带一般比较传统、正规，适合正式的商务场合，而平头领带一般适合休闲场合。

打领带结的方法，包括平结、交叉结、双环结、温莎结和双交叉结等。对于商务男士来讲，应结合领带本身的厚度和材质来选择打领带结的样式。

第一种：平结。如图2—1，平结是绝大多数的商务男士都会选用的领结打法之一，适用于各种材质的领带。

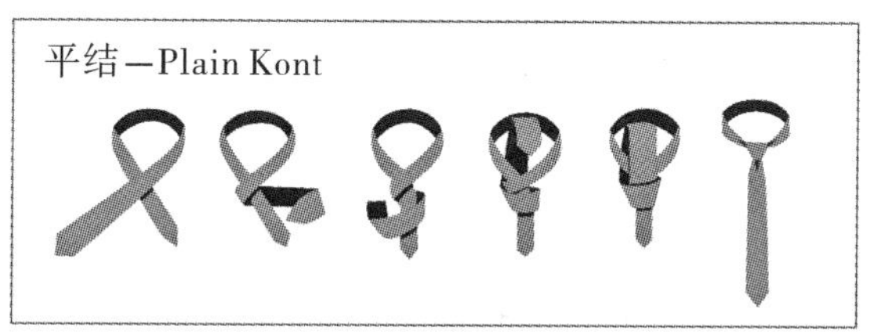

图2—1 平结的打法

第二种：交叉结。如图2—2，交叉结通常适合喜欢展现流行感的男士使用，适用于素雅质料且较薄的领带。

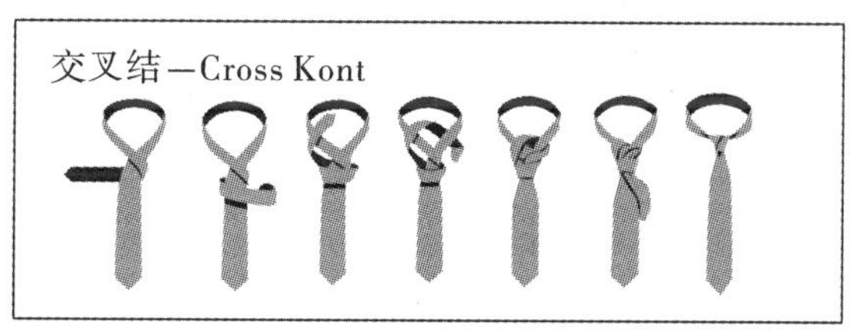

图2—2 交叉结的打法

第三种：双环结。如图2—3，双环结较能营造时尚感，适合年轻的上班族选用。

图2—3 双环结的打法

第四种：温莎结。如图2—4，温莎结通常适合用于宽领型的衬衫，材质过厚的领带不适合温莎结。另外，温莎结的领结也不宜打得过大。

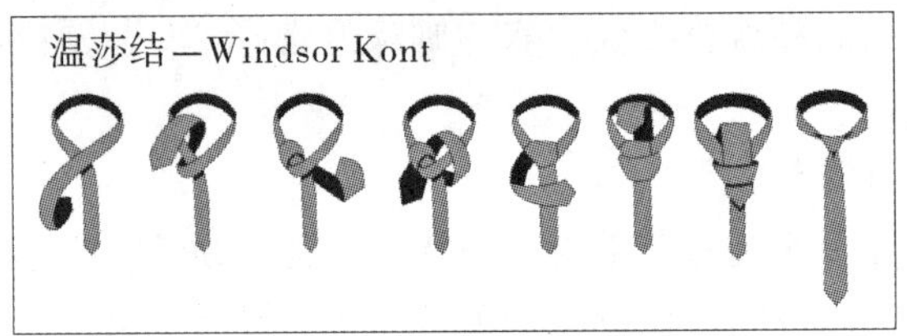

图 2—4　温莎结的打法

第五种：双交叉结。如图 2—5，双交叉结通常适合素色且丝质领带，搭配大翻领的衬衫，容易让人有种高雅且隆重的感觉，对于正式场合尤为适用。

图 2—5　双交叉结的打法

3. 鞋袜和西装的搭配

在搭配西装时，鞋子和袜子作为细节部分也应考虑。商务男士在穿着西装时应该搭配正装皮鞋，通常情况下，正装皮鞋是指单色的、光面的、系带的皮鞋。磨毛的、磨砂的、打眼的或者多种色彩相拼的皮鞋都不是正装皮鞋。对于商务男士来讲，皮鞋的首选颜色应为黑色。袜子首选为黑色纯棉袜子，一般不选择浅色袜子，因为裤子一般为深色，鞋袜与之都应配套。在可能的情况下，尽量选择袜筒稍高的袜子，以免露出“飞毛腿”。

（四）商务男士着装中的饰物礼仪

对于商务男士来讲，饰物主要包括手表、腰带、包。这些看上去很小件的饰物，却能够给男士的着装带来非常好的点缀效果。

1. 男士的手表

对于商务男士来讲，穿着西装时应佩戴正装手表。正装手表一般都是机械表，而不是电子表，款式通常比较庄重。穿着西装时应尽量避免佩戴时装表、大腕表，劣质低档的手表也应尽量不要佩戴。手表的品牌应尽量和自己的社交地位、社交圈的情况以及收入和身份相吻合。

2. 男士的腰带

对于商务男士来讲，与西装配套的腰带应首选黑色，宽度在 2.5～3.0 cm 最为适合。腰带系好以后，留有皮带头的长度一般为 12 cm 左右，太长或者太短都不符合常规的审美要求。另外，商务男士一定避免在腰带上挂东西，比如挂上手机或者钥匙，让自己的腰间瞬间成为“通讯基地”都是不恰当的。

3. 男士的包

商务男士在正式场合出现时，应使用真皮的公文包，而且应该首选手提式公文包。

商务男士外出时有可能还会带上文件，使用手提式公文包可以避免文件折叠，并且里面所装的东西可以多一些。对于商务男士来讲，手机、名片、通讯录、钱包等都应该放置在手提公文包里，所以手提包可以考虑稍大些。另外，手提包的颜色应与所穿服装的颜色相搭配，对于商务男士来讲黑色为首选。

第三节　国际商务人员的仪态礼仪

仪态是指人在社交活动中的姿势和风度，它包括人的神态表情和举止动作。在人与人的交往过程中，我们除了用语言去表达自己的思想感情以外，还常常通过姿态和动作表现我们的内心活动。

一、站姿

通常情况下，我们把站姿看作是人体最基本的姿势，站姿是其他姿势的基础。正确、规范的站姿能够给人留下挺拔笔直、积极进取、充满自信的良好印象。俗语也常说“站有站相”，这是对一个人礼仪修养的基本要求，如果站姿不够标准，其他姿势也很难谈得上优美。

（一）站姿的基本要求

站立时，应注意两脚跟相靠，脚尖分开 45°～60°，身体重心主要落于脚掌和脚弓；两脚并拢立直，髋部上提；脊椎、后背挺直，两肩放松，手臂自然下垂，脖颈挺直，下颌微收，双目平视前方。

（二）男士站姿

如图 2-6 所示，男士的站姿要稳健，以显示出男士的刚健和强壮。对于男士来讲，通常可以采取双手相握叠放于腹前的前腹式站姿；或者将双手背于身后，然后相握的后背式站姿。双脚可以打开，但应以与肩部同宽为限。

图 2-6　男士标准站姿

（三）女士站姿

女士的站姿应柔美，主要站姿为前腹式，但要求双脚基本并拢，脚跟靠紧，脚掌分开呈“V”形或“Y”形（也就是我们常说的“丁字步”），如图 2-7 所示。

图 2-7　女士标准站姿

（四）站姿的禁忌

不管是男士还是女士，如果保持站立的姿态，应避免身体僵直、弯腰驼背、腹部鼓起，切忌歪头、缩颈、耸肩、含胸、双手叉腰或交叉抱于胸前、双手插入衣袋中或身体晃动、身体东倒西歪等。站姿的训练如图 2-8 所示。

图 2-8　站姿的训练

二、坐姿

坐姿是人们在商务场合中，比如商务应酬中采用最多的姿势，规范的坐姿会给人以沉着、文雅、稳重、大方的美感，同时也是展现自己气质与风范的重要形式。

（一）坐姿的基本要求

如果入座时是与他人一起，从礼仪的角度讲应先邀请对方入座，并主动把上座让给尊长。入座时，应从容自如地走到座位前，然后转身轻而稳地落座，并坐在椅子的 2/3 处，左脚和右脚并排自然摆放。身体自然坐直，两肩放松，两腿自然弯曲，双手分别放在两膝上，双目平视，下颌微收，面带微笑。

（二）男士坐姿

1. 标准式

坐正，双膝并拢，手放膝上，坐在椅子的2/3处，或者两腿略微分开，两手放在两腿或扶手上，如图2—9（a）所示。

2. 前伸式

在标准式坐姿的基础上，左脚向前半脚，右脚往后半脚，如图2—9（b）所示。

3. 后点式

在标准式坐姿的基础上，两小腿后缩，两脚掌着地，如图2—9（c）所示。

4. 曲直式

侧坐，双膝并拢，两小腿前后分开，两手放在腿上，如图2—9（d）所示。

(a)

(b)

(c)

(d)

图2—9　男士坐姿

（三）女士坐姿

1. 标准式

坐正，双膝并拢，手放膝上，坐在椅子的2/3处，如图2—10（a）所示。

2. 丁字式

在标准式的基础上，右脚往后移，与左脚呈15°，如图2—10（b）所示。

3. 侧点式

坐正，双膝并拢，两小腿向左（右）斜伸出，左（右）脚掌内侧着地，右（左）脚脚尖着地，手放膝盖所指方向的腿上，如图2—10（c）所示。

4. 侧坐式

身体向左或右侧，双脚并拢或呈丁字式，如图2—10（d）所示。

5. 曲直式

侧坐，双膝并拢，两小腿前后分开，两手放在前伸腿上，如图2—10（e）所示。

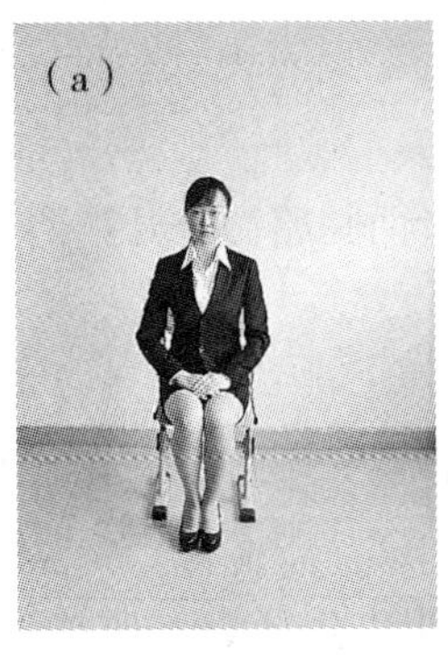

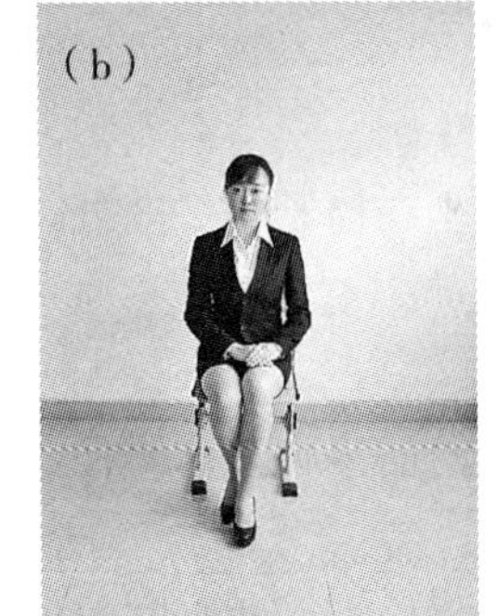

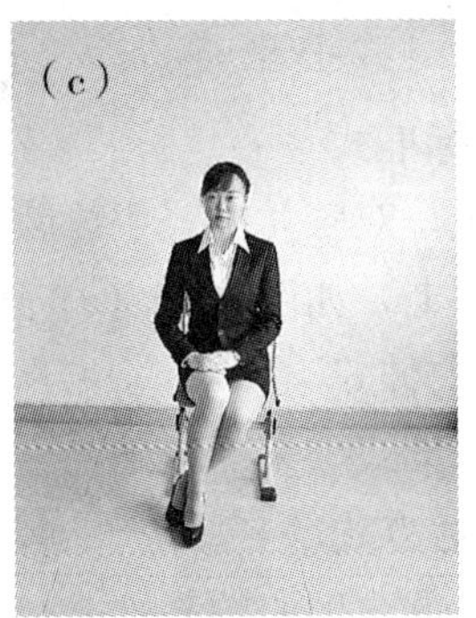

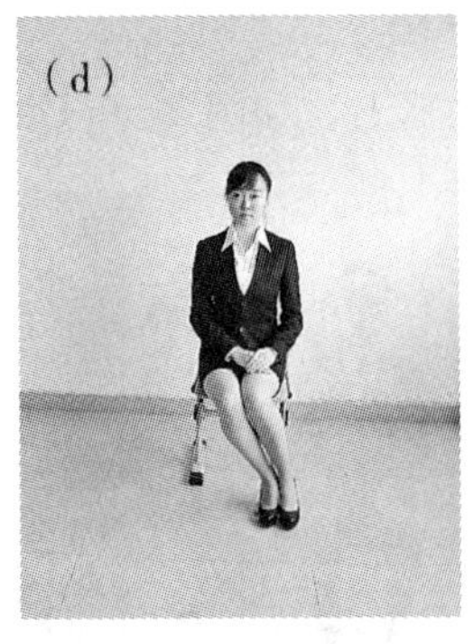

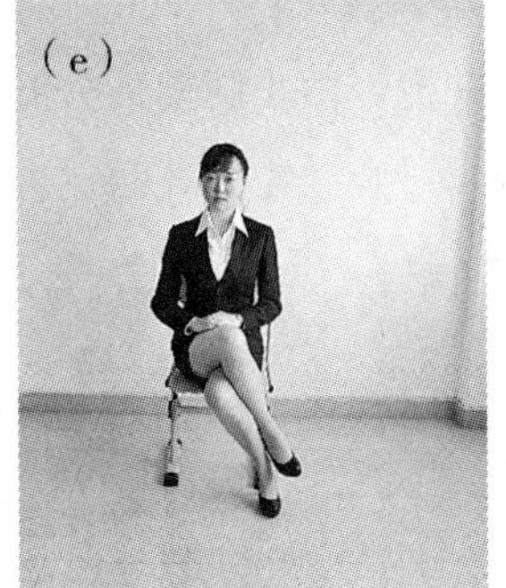

图 2—10　女士坐姿

(四) 坐姿的禁忌

落座时切忌猛起猛坐，弄得座椅乱响，坐定后切忌弯腰弓背，身体左右晃动，双腿过度叉开，把脚架在椅子或沙发扶手上，随意挪动椅子。

三、走姿

走姿，是指人在行走的过程中所形成的姿势。协调稳健、轻盈敏捷的步态可以给人美的感觉，体现出一个人朝气蓬勃、积极向上的精神状态。

(一) 走姿的基本要求

正确的走姿应该以端正的站姿为基础，抬头、挺胸、收腹、立腰，双目前视、下颌微收，表情自然平和，如图 2—11 所示。迈步时应注意脚尖向前方伸直，脚跟先着地，然后脚掌着地，双臂有力地摆动。行走时步幅和步速应适中，通常情况下，男士的步幅约 25 cm，女士的步幅约 20 cm，男士的步伐频率约每分钟 100 步，女士的步伐频率约每分钟 90 步。在行走过程中，身体应协调，双手的摆动应以肩关节为轴，上臂带动前臂，前后自然摆动，摆幅以 30°～35°为宜。

图 2-11　标准走姿

（二）走姿的禁忌

在行走过程中，应避免双臂大摆手、摇头晃肩、左顾右盼、方向不定；避免双手插入裤袋，步幅太大或太小；上下楼梯时避免弯腰驼背，或一步踏两三级楼梯。

四、蹲姿

站姿、坐姿和走姿在日常生活和工作中使用较多，而蹲姿只是在比较特殊的情况下才会采用的姿势。蹲姿是指由站立姿势转变为两腿弯曲和身体高度下降的姿势。商务场合的蹲姿主要目的是为了捡拾物品。在取低处物品或者捡拾落地物品时，不可弯腰或翘臀，而应使用蹲姿，并且动作应该迅速。

（一）蹲姿的基本要求

捡拾物品时应该用右手捡拾，上身挺直，略低头，两腿靠紧向下蹲，左脚在前面，右脚位于左脚后一脚远的距离，前脚全脚着地，小腿基本垂直于地面，后脚跟提起，脚掌着地，臀部向下。捡拾物品时，应走到物品的左侧，呈半蹲状，上身挺直用右手伸手捡拾，然后站立起来，如图 2-12 所示。

图 2-12　捡拾物品时的蹲姿

（二）正确的蹲姿

1. 高低式

下蹲时，左脚在前，右脚在后，左脚完全着地，右脚脚跟提起，右膝低于左膝，右腿左侧可靠于左小腿内侧，如图 2-13 所示。

图 2－13　高低式蹲姿

2. 交叉式

交叉式通常适合女性，特别适合身穿短裙的女性在公共场合采用。下蹲时，右脚在前，左脚在后，右小腿垂直于地面，全脚着地，右腿在上，左腿在下交叉重叠，左膝从后下方伸向右侧，左脚跟抬脚尖着地，两腿前后靠紧，合力支撑身体，上身微向前倾，臀部朝下，如图 2－14 所示。

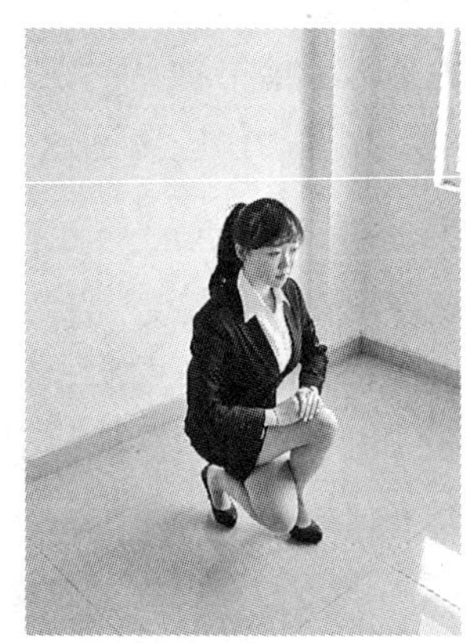

图 2－14　交叉式蹲姿

3. 半蹲式

下蹲之时，上身稍许下弯，臀部朝下，双膝可稍微弯曲，身体重心放在一条腿上，双腿之间不宜过度分开。

4. 半跪式

半跪式蹲姿主要适合下蹲时间较长时使用，下蹲以后，改用一腿单膝点地，让臀部坐在脚跟上。一条腿全脚着地，小腿垂直于地面，双膝同时向外，双腿尽量靠拢。

（三）蹲姿的禁忌

在公众场合使用蹲姿时，应避免过度弯曲上身和翘起臀部，以免露出内衣。女士在使用蹲姿时应注意不可将双腿敞开，另外，女士下蹲时如果穿着低领衣服，应注意用手护住衣领。

五、手势

手势，通常是指运用手指、手掌、拳头和手臂的动作变化，表达思想感情的一种无声语言，在传递信息、表达情感方面发挥着重要作用。生动的有声语言配合准确、恰当的无声语言——手势，必然在表达中可以让自己更富有感染力、说服力和影响力。

在社交场合中，最常使用的是指示性手势中的引领手势，如图 2-15 所示。比如为客人开门、请客人进门、请客人入座等都需要运用到引领手势。在使用引领性手势中，一定注意应将五指伸直并拢，手心斜向上方，切忌“一指禅”，用单个手指为人引路。除了引领性手势以外，常见的手势还有“OK 手势”、伸出大拇指手势、伸出食指手势、“V”字型手势等。在使用这些手势时，一定要注意在不同的国家和地区这些手势可能存在不同的含义，所以在与不同国家和地区的人士接触时，一定慎用这些手势，以免带来误解，对彼此的沟通产生不利影响。

图 2-15 引领手势

【阅读材料】

手势的不同含义[①]

第一种：“OK”的手势。拇指和食指合成一个圆圈，其余三指自然伸张。在美国，表示“赞扬”“允许”“了不起”“顺利”“好”；在法国表示“零”或“无”；在印度表示“正确”；在中国表示“零”或“三”两个数字；在日本、缅甸和韩国表示“金钱”；在巴西表示“引诱女人”或“侮辱男人”；在地中海的一些国家，则表示“孔”或“洞”，并常用此来暗示、影射同性恋。

第二种：伸出大拇指手势。在中国，伸出大拇指手势向上表示赞同、一流的，向下则表示蔑视。在英语国家大拇指向上多表示“OK”或是打车，但如果用力挺直，则含有骂人的意思；若大拇指向下，则多表示坏人、下等人。

第三种：伸出食指手势。在中国，以及亚洲一些国家表示“1”“1 个”“1 次”等；

① 姜红. 商务礼仪［M］. 上海：复旦大学出版社，2013.

在法国、缅甸等国家，则表示“请求”“拜托”之意。使用这一手势时，要注意不能用食指指人，不能在面对面时用食指指着对方的面部，这种不礼貌的动作极易激怒对方。

第四种：“V”字形手势。伸出食指或中指，掌心向外的手势，其含义主要表示胜利；若掌心向内，在西欧则表示侮辱、下贱之意。另外，这种手势在多数国家还时常用来表示数字“2”。

六、表情

人与人进行交往过程中，内心的情感、内心的真实想法在面部上的表现，我们统称为表情。作为仪态的重要组成部分，面部表情主要包括笑容与眼神两大部分。对商务人士来讲，应在与客户交往的过程中，时时体现出以尊重为本、以诚待人的职业特点，呈现出热情、友好、轻松、自然的表情。

（一）微笑

不管是在工作中，还是在生活中，微笑是礼貌待人的基本要求。微笑在人与人的交往中起到的作用也是巨大的。例如，微笑可以表达人们对某种事物的肯定，也可以表现出对他人的理解、关心和爱，还可以成为广交朋友、化解矛盾的有效手段。作为商务人士来讲，可以通过训练，让自己在面对别人时展现出最为自信、友好的状态，如图 2-16 所示。

图 2-16　微笑训练

（二）眼神

我们常说“眼睛是心灵的窗户”，眼睛能够最为有效地传递人体信息，信息的交流也应该以目光和眼神的交流为起点，正确地运用眼神，能够恰到好处地表达内心的情感。在与人交往时，为了表达对别人的尊重，应该注视对方，但当我们面对不同的人时，注视的时间、注视的区域、注视的角度和注视的方式都应有所差别。比如，一般情况下，在与他人交谈时，30%～60%的时间应注视对方眼部，另外的时间则注视对方眼部以外的 5～10 cm 处是比较恰当的。对于商务人士在商务场合会面时，最好注视对方两眼以上的额头部分，可使对方产生受尊重的感觉。此外，在交往过程中，我们不能死盯着对方，当然也不要躲躲闪闪、飘忽不定，避免使用瞪眼、斜视、白眼、窃视等不礼貌的眼神。

第四节　实践指导

一、实践任务

要求学生掌握商务场合中的形象礼仪，每位学生为自己设计并展示商务场合的着装；要求女士掌握商务场合服饰的选择及妆容，男士掌握西装的穿着要领和领带的打法；要求学生通过实训和模拟练习，掌握站、坐、走、蹲的具体要求，塑造良好的仪态，进一步增强职业素质。

二、实践步骤

（1）教师讲解要点并示范，让学生获得商务场合着装要领的初步认识。

（2）学生以小组为单位进行练习，小组内部评价各成员商务着装是否符合要求和规范。

（3）教师讲解商务场合仪态的基本要求，演示标准站姿、坐姿、走姿和蹲姿。

（4）组织学生单独或者分组练习。

（5）教师对每组及每个学生的实训结果进行评价。

三、实践要求

（1）女士能够根据场合选择合适的着装，掌握化职业妆的技巧。

（2）男士能够根据场合选择合适的着装，掌握打领带的技巧。

（3）掌握在正式场合中，标准规范的站姿、坐姿、走姿和蹲姿。

四、实践内容

（一）女士实践内容

（1）商务场合女士着装及配饰选择。

（2）职业妆的化妆练习。

（3）女士标准站姿、坐姿、走姿和蹲姿练习。

（二）男士实践内容

（1）商务场合男士着装及配饰选择。

（2）打领带练习。

（3）男士标准站姿、坐姿、走姿和蹲姿练习。

拓展阅读

人际交往的距离[①]

人与人之间有着看不见但实际存在的界限，这就是人际交往中的距离。交往距离影响人们之间的情感和交往，根据距离的远近可以大致推断出彼此之间的关系密切程度。正像人们诠释的，距离太近了，像冬天的刺猬，刺人；距离太远了又感觉孤独和寒冷。这说明人们的交往需要适合的交往距离。做到“距离适度”“距离有度”，是保证人们交往的关键。美国人类学家爱德华·霍尔博士把常规人际交往中的距离划分为四种，分别适用于不同情况的交往。

其一，私人距离，也称亲密距离。交往距离可在0.5 m之内，其近范围在约0.15 m之内，彼此之间可以肌肤相触、耳鬓厮磨，以至能相互感受到对方的体温、气味和气息；其远范围是0.15～0.5 m之间，身体上的基础可能表现为挽臂执手，或促膝谈心。就交往情境属于私下情境，它仅限于情感上联系高度密切的人之间使用，适用于家人、恋人与至交。在社交场合，大庭广众之下，两个人尤其是异性如此贴近就不适合。两位成年男子一般不能采用此距离，但两位女性知己间往往喜欢以这种距离交往。因此，在交往时，要特别注意不能轻易采用这种距离。

其二，个人距离。个人距离的范围在0.5～1.2 m之间，适用于一般性的交际应酬。其近端在0.5～0.8 m之间（较为融洽的熟人），远端在0.8～1.2 m之间（较为陌生的人）。个人距离的近端在人际交往中，表现为双方既能相互亲切握手、友好交谈，而又较少直接身体接触。远端则排除了交往对象间接触的可能。个人距离在交往场合人们一般都能接受，任何朋友和熟人在这个空间环境下都能自由和谐地交往，故又称“常规距离”。

其三，社交距离。社交距离介于1.2～3.6 m之间，其近端在1.2～2.1 m之间，远端在2.1～3.6 m之间。这种具体体现出一种公事上或礼节上的较正式关系，一般工作场合人们多采用这种距离交谈，适用于会议、演讲、庆典、仪式以及接见等场合，意在向交往对象表示敬意，所以又称为“敬人距离”。在这种场合说话声音要适当提高，需要更充分的目光接触。

其四，公共距离。其距离在3 m开外，近端在3.6～7.6 m之间，远端在7.6 m以外。适用于在公共场所同陌生人相处，它也被叫作“有距离的距离”。公众距离这个空间具有很大的开放性，适用于演讲、集会等众多人同时参加的大型活动。

在商务交往中，我们了解了交往中人们所需要的自我空间及适当的距离，根据其活动对象和目的，选择和保持与人交往合适的距离，有意识地选择交往的最佳距离，能给对方以安全感和舒适感，从而更好地进行人际交往。

---

① 汤秀莲．商务礼仪［M］．北京：清华大学出版社，2013．

案例与思考

案例1：

微笑的魅力①

飞机起飞前，一位乘客请空姐给他倒一杯水吃药，空姐很有礼貌地说："先生，为了您的安全，请稍等片刻，等飞机进入平稳飞行后，我会立刻把水给您送过来，好吗?"

十五分钟后，飞机早已进入平稳飞行状态。突然，乘客服务铃急促地响了起来，空姐猛然意识到：糟了，由于太忙，她忘记给那位乘客倒水了。当空姐来到客舱，看见按响服务铃的果然是刚才那位乘客，她小心翼翼地把水送到那位乘客眼前，微笑着说："先生，实在对不起，由于我的疏忽，延误了您吃药的时间，我感到非常抱歉。"这位乘客抬起左手，指着手表说道："怎么回事？有你这样服务的吗？你看看，都过了多久了?"空姐手里端着水，心里感到很委屈，但是，无论她怎么解释，这位挑剔的乘客都不肯原谅她的疏忽。

接下来的飞行途中，为了弥补自己的过失，每次去客舱给乘客服务时，空姐都会特意走到那位乘客面前，面带微笑地询问他是否需要水，或者别的什么帮助，然而，那位乘客余怒未消，摆出一副不合作的样子，并不理会空姐。

临到目的地前，那位乘客要求空姐把留言本给他送过去，似乎他要投诉这名空姐，此时空姐心里很委屈，但是仍然不失职业道德，显得非常有礼貌，而且面带微笑地说道："先生，请允许我再次向您表示真诚的歉意，无论您提出什么意见，我都会欣然接受您的批评!"那位乘客脸色一紧，嘴巴准备说什么，可是没有开口，他接过留言本，开始在本子上写了起来。

等到飞机安全降落，所有的乘客都陆续离开后，空姐打开留言本却惊奇地发现，那位乘客在本子上写下的并不是投诉信，相反这是一封热情洋溢的表扬信。

是什么使得这位挑剔的乘客最终放弃了投诉呢？在信中，空姐读到这样一句话："在整个过程中，你表现出真诚的歉意，特别是你的十二次微笑深深地打动了我，使我最终决定将投诉信写成表扬信！你的服务质量很高，下次如果有机会，我还将乘坐你们的这趟航班。"

思考：

在工作和生活中，微笑有什么作用?

案例2：

时尚新潮的郑总②

郑总是一家大型国有企业的总经理。有一次，他获悉有一家著名的德国企业的董事

① 道客巴巴．现代交际礼仪教学案例［EB/OL］．http://www.doc88.com/p-16416592143.html.

② 汤秀莲．商务礼仪［M］．北京：清华大学出版社，2013.

长正在本市进行访问，并有寻求合作伙伴的意向。于是，他想尽办法，请有关部门为双方牵线搭桥。

让郑总欣喜若狂的是，对方也有兴趣同他的企业进行合作，而且希望尽快与他见面。到了双方会面的那一天，郑总对于自己的形象刻意地进行了一番修饰。他根据自己对时尚的理解，上穿夹克衫，下穿牛仔裤，头戴棒球帽，脚蹬运动鞋。无疑，他希望自己能够给对方留下精明能干、时尚新潮的印象。

然而，事与愿违，郑总这一身自我感觉良好的时髦"行头"，却偏偏坏了他的大事。

思考：

郑总的错误在哪里？他的德国同行对此会有何评价？

第三章　国际商务见面礼仪

俗话说：良好的开始是成功的一半。在商务活动中，首先用到的是见面礼仪，人与人之间的见面礼仪很重要，真挚的问候、得体的礼节能创造愉快的气氛，尽快消除生疏感，创造好的氛围，为进一步交往打下基础，同时给对方留下良好的第一印象，从而有利于双方合作的成功。

见面礼仪主要包括称呼与介绍的礼仪、问候致意的礼仪、使用名片的礼仪等。

第一节　称呼与介绍

一、称呼礼仪

商务活动中正确称呼别人是最基本的交往礼仪，是进一步交往的敲门砖。在交往中，双方见面时如何称呼对方，直接关系到双方之间的亲疏程度、尊重与否及个人修养等。一个得体的称呼，会令彼此心情愉悦，如沐春风而顿生好感；反之，不恰当或错误的称呼，可能会令对方心里不悦，影响到彼此的关系乃至交际的成功。

称呼要合乎常规，要照顾被称呼者的个人习惯，入乡随俗。称呼的基本要求是称谓要准确、妥当，表现尊敬、亲切和文雅，能够使双方心灵沟通、感情融洽，缩短彼此间的距离。在工作岗位上，人们彼此之间的称呼有其特殊性，要庄重、正式且规范。

（一）称呼的种类和用法

在我国，不同的时期和地区，称呼会有很大差异。例如，在过去几十年，不论对何种职业、年龄、地位的人都可称同志，但现在这一称呼已经局限于某些职业和人群中；再如，在服务行业，港、澳、台地区的人们一般习惯用小姐、先生的称呼，而北方地区的朋友则喜欢用亲属称呼（大哥、小妹）等。

归纳起来，称呼大致可分为以下几种：

1. 职务称呼

以交往对象的职务相称，以示身份有别、敬意有加，即以某人在社会（包括国家机关、社会企事业单位及社会团体、企业公司等）中的职务、地位相称，如主席、总理、部长、局长、校长、董事、会长、秘书长等。

职务称呼是一种最常见的称呼，通常有三种情况：

(1) 直接称职务，如局长；

(2) 在职务前加上姓氏，如王总（经理）；

(3) 在职务前加上姓名（适用于极其正式的场合），如张林处长。

2. 职称称呼

对于具有职称者，尤其是具有高级、中级职称者，在工作中可直接以其职称相称。

职称称呼也有三种情况：

(1) 只称其职称，如：教授、主任等；

(2) 在职称前加上姓氏，如张工程师（或简称张工）、刘医师等；

(3) 在职称前加上姓名（适用于十分正式的场合），如易中天教授等。

3. 行业称呼

在工作中，有时可按行业进行称呼。对于从事某些特定行业的人，可直接称呼对方的职业，如老师、医生、会计、律师等；也可以在职业前加上姓氏、姓名，如王老师、叶淑芳老师、赵大夫、刘会计等。

4. 性别称呼

对于在商界工作或从事服务性行业的人，一般约定俗成地按性别的不同分别称呼“小姐”“女士”或“先生”，“小姐”是称未婚女性，“女士”是称未婚或已婚女性，如冯女士、沈小姐等。不过，现在“小姐”的称呼使用得太多了，有一些歧义，因此在称呼时要慎用或不用。

5. 姓名称呼

在中国最常用的是姓名称呼。姓名，即一个人的姓氏和名字。

姓名称呼有三种情况：

(1) 全姓名称呼，即直呼其姓和名，如李建军、刘德华等。全姓名称呼有一种庄严感、严肃感，一般用于学校、部队或其他郑重场合。一般地说，在人们的日常交往中，指名道姓地称呼对方是不礼貌的，甚至是粗鲁的。

(2) 名称称呼，即省去姓氏，只呼其名字，如大伟、建华等，这样称呼显得既礼貌又亲切，运用场合比较广泛。通常同性之间，尤其是上司称呼下级、长辈称呼晚辈时常用这种称呼，在亲友、同学、邻里之间，也可使用这种称呼。

(3) 姓氏加修饰称呼，即在姓之前加一修饰字，如老李、小刘、大陈等，这种称呼亲切、真挚，一般用于在一起工作、劳动和生活中比较熟悉的人之间。

6. “您”和“你”称呼

除了姓名称呼，还有用“您”和“你”称呼。“您”和“你”有不同的界限，“您”用来称呼长辈、上级和不熟识的人，以示尊重；而“你”用来称呼自家人、熟人、朋友、平辈、晚辈和儿童，表示亲切、友好和随意。

(二) 敬称和谦称

敬称和谦称常出现在书信里，现在的年轻人很少用了，一般直呼表示关系的称谓即可。但是，在大陆的年长者和港、澳、台地区及海外华人中，这种传统的敬称和谦称用法依然流行。

1. 敬称

敬称也叫敬词、敬辞，是表示称呼人对被称呼人的尊敬之情而附加的称谓词语，主要表示对被称呼人尊敬的感情和态度。常用敬称见表 3-1。

(1) 长辈尊称：吾师、道长、学长、先生、女士等。

(2) 平辈（或小一辈）尊称：兄、弟、仁兄、尊兄、大兄、贤兄（弟）、学兄（弟）、道兄、道友、学友、吾兄等。

(3) 称呼他人的亲属：一般可在称呼前加令字，如令尊、令堂、令郎、令爱等。对其长辈，也可加尊字，如尊叔、尊祖父等。

表 3-1　常用敬称

敬　称	指　代
令堂	对方的母亲
令尊	对方的父亲
令郎	对方的儿子
令爱（媛）	对方的女儿
令亲	对方的亲戚
台端	旧时称对方（多用于机关、团体等给个人的函件）
台甫	旧时用于问人的表字
台驾	旧称对方
阁下	称对方，多用于外交场合

2. 谦称

谦称也叫谦辞、谦词。对外人称呼自己的亲属要用谦称，称自己的长辈和年龄大于自己的亲属，可加“家”字，如家父、家母、家兄等；称辈分低的或年龄小于自己的亲属，可加“舍”字，如舍弟、舍妹、舍侄等；至于称自己的子女，可称小儿、小女。常用谦称见表 3-2。

表 3-2　常用谦称

谦　称	指　代
家父	自己的父亲
家母	自己的母亲
家兄	自己的哥哥
小弟	男性在朋友或熟人之间谦称自己
小儿	自己的儿子
小女	自己的女儿
舍弟	自己的弟弟
舍妹	自己的妹妹

（三）称呼的注意事项

在使用称呼时，要注意避免以下几种情况：

1. 错误的称呼

常见的错误称呼无非就是误读或误会。误读也就是念错姓名，为了避免这种情况的发生，对于不认识的字，事先要有所准备；如果是临时遇到，就要谦虚请教。误会，主要是对被称呼人的年纪、辈分、婚否以及与其他人的关系做出了错误判断。比如，将未婚女性称为夫人，就属于误会。

2. 称呼外号

对于关系一般的，不要自作主张给对方起外号，更不能用道听途说来的外号称呼对方。至于一些对对方具有侮辱性质的绰号，例如，“拐子”“秃子”“罗锅”“四眼”“肥肥”“傻大个儿”“柴火妞”“麻秆儿”等，则更应当避免。也不能随便拿别人的姓名开玩笑，要尊重一个人，必须首先学会去尊重别人的姓名。每一个正常的人都极为看重自己的姓名，而不容许他人对此进行任何形式的轻贱。

3. 庸俗的称呼

有些称呼在正式场合不适合使用。例如，“兄弟”“哥们儿”等一类称呼，虽然听起来亲切，但显得档次不高。逢人便称“老板”，也显得不伦不类。

4. 过时的称呼

有些称呼具有一定的时效性，一旦时过境迁，若再采用，难免贻笑大方。比如，法国大革命时期人们彼此之间互称“公民”。在中国古代，对官员称为“老爷”“大人”。若将它们全盘照搬进现代生活里来，就会显得滑稽可笑、不伦不类。

5. 不当的行业称呼

一般来说，学生之间互称“同学”，军人之间互称“战友”，工人之间可以互称“师傅”，道士、和尚可以称“出家人”，这无可厚非。但以此去称呼“界外”的人士，不仅不能表示亲近，如果对方不领情，还会产生被贬低的感觉。

（四）称呼的技巧

1. 初次见面更要注意称呼

初次与人见面或谈业务时，要称呼“姓+职务”，要一字一字地说得特别清楚，比如，“王总经理，您说得真对……”；如果对方是个副总经理，可删去那个“副”字；但若对方是总经理，不要为了方便把“总”字去掉，而将其称为经理。

2. 称呼对方时不要一带而过

在交谈过程中，称呼对方时要加重语气，称呼完了停顿一会儿，然后再谈要说的事，这样才能引起对方的注意，使其认真地听下去。如果你称呼得很轻又很快，有种一带而过的感觉，对方听着会不太顺耳，有时也听不清楚，就引不起听话的兴趣。相比之下，如果太不注意对方的姓名，而过分强调了要谈的事情，那就会适得其反，对方不会对你的事情感兴趣了。所以一定要完整地称呼对方，很认真很清楚很缓慢地讲出来，以显示对对方的尊重。

3. 关系越熟越要注意称呼

与对方十分熟悉之后，千万不要因此而忽略了对对方的称呼，一定要坚持称呼对方的“姓名+职务（职称）”，尤其是在有其他人在场的情况下。人人都需要被人尊重，越是朋友越是要彼此尊重，如果熟了就变得随随便便，用“老王”“老李”甚至用一声“唉”“喂”来称呼，就极不礼貌，是令对方难以接受的。

（五）国际称谓习惯

在不同的国家，称谓的习惯是不同的，所以我们必须掌握相应国家的相应称谓，以减少冲突和摩擦，在国际商务活动中，了解并掌握外国人的基本称呼习惯是必需的。

1. 国际商务交往中称呼的一般规则

根据惯例，在国际交往中，对世界上多数国家的男子称“先生”，对已婚女子称“夫人”，未婚女子称“小姐”，或统称为“女士”。这些称呼前面可以加上姓名、职称、官衔等。Mr. 一般用在人名前，只表示先生，一旦改为 Sir，恭敬之意就更浓些。Miss、Mrs.、Ms. 用在姓名前只表示小姐、夫人、女士，而 Madam 恭敬之意就很浓。

君主制国家，按习惯称国王、皇后为“陛下”，称王子、公主、亲王等为“殿下”。对有公、侯、伯、子、男等爵位的人士既可称其爵位，也可称“阁下”，一般也称“先生”。

对地位较高的官方人士，按国家习惯可称“阁下”或以职衔加先生相称，如曼丽小姐、威尔逊夫人、市长先生等。对医生、教授、法官、律师及博士等，可单独称之，同时可加上姓氏或先生。对军人一般以职衔或职衔加先生相称，知道姓名的可以加上姓名。有的国家对将军、元帅等高级官员称“阁下”。

各国人姓名的组成顺序不同。英美人是名在前，姓在后；妇女在婚前一般用自己的名字，婚后一般是自己的名加丈夫的姓，如美国霍夫曼公关公司的总裁路·霍夫曼先生姓霍夫曼，名字叫路，霍夫曼公关公司就是采用了他的姓；再如玛丽·怀特女士与约翰·威尔逊先生结婚后，女方姓名变为玛丽·威尔逊。书写时，名字可缩写为头一个字母，而姓不能缩写。

西班牙、葡萄牙人的姓名常有四节，前两节为本人名字。西班牙人姓名的倒数第二节为父姓，最后一节为母姓；葡萄牙人的正好相反，倒数第二节是母姓，最后一节为父姓。简称时一般为个人名加父姓。

与法国人的交往中，称呼对方时直称其姓，并冠以“先生”“小姐”“夫人”等尊称。唯有区别同姓之人时，方可姓与名兼称。熟人、同事之间才直呼其名。德国人在交谈中很讲究礼貌，他们比较看重身份，特别看重法官、律师、医生、博士、教授一类有社会地位的头衔。对于一般的德国人，应多以“先生”“小姐”“夫人”等称呼相称，德国人没有被称对方“阁下”的习惯。

2. 国际商务交往中称呼的注意事项

（1）教名的正确使用。美国、法国、英国等国家的人们，喜欢叫别人的教名或爱称，但在非常正式的场合，还是用正式称呼恰当。在平时，除非被告知如何称呼，否则不可直接称别人的教名。

（2）专业职务与技术职务的对比。在欧洲，专业职务比公司行政职务更重要。专业职称，即通过学术地位而赢得的头衔更受人尊敬，如工程师、律师等。行政头衔是公司授予的头衔，如经理。在德国，诸如“先生”“夫人”的称谓置于头衔之前，且两者兼用；在意大利，如果你有学士学位，就可以在你的姓名之前加“Dr.”或“Dottore”的头衔，如果是女性，则称“Dottoressa”。此外，社团内的头衔在不同国家含义也是不同的。例如，英国人所说的公司总经理可能就是美国的公司总裁。

（3）注意你的发音。问别人的名字怎么念似乎会使人感到尴尬，但是在大多数场合，人们视之为恭敬之举。所以，念错别人的姓名是很糟糕的事。

（4）仔细倾听别人的介绍。对方名片也会提示你称呼他的正确方式。

（5）当不知该如何称呼某人时，应询问对方。你可以说：“您愿意让我怎样称呼您呢?”

【阅读材料】

美国经理与法国员工的“冲突”[①]

造成许多跨国公司内部冲突的原因之一，就有称呼的不恰当。在法国贡比涅的高露洁公司，员工反映他们与总公司指定的美国经理之间无法沟通，其中一条理由就是美国经理直呼法国工联主义者们的名字，并拍他们的肩膀，让他们感到有被亵渎的感觉，因为这样会让人误以为本来是工人利益捍卫者的工联主义者倒成了管理者们的同伙了。因为，美国人喜欢直呼别人的名字并拍别人的肩膀，而在法国只有最亲近的人才这样做。

二、介绍礼仪

商务活动实际上是一种资源拓展和扩张的活动，而在所有的资源中，人力资源是最具活力、最具价值的资源之一。人们在建立联系的过程中，离不开介绍环节，介绍环节就有很多礼仪要求和技巧。

总的来说，介绍礼仪分为自我介绍的礼仪、为他人做介绍的礼仪和被他人介绍的礼仪。被他人介绍时，只要注意一点即可：如果本来是坐着的，必须起身或欠身致意。这里着重讲自我介绍和为他人做介绍的礼仪。

（一）自我介绍的礼仪

随着工作节奏的加快、商务领域的发展和市场拓展的要求，自我介绍越来越成为商务活动中的一种普遍行为。自我介绍可以更好地展示自己的特点，让双方获得对彼此更真实的了解和认识，个人也可通过这种方式获得各种商业的机会和利益。

自我介绍的最大优点是主动性很强，可以拓展的面很广，受限制较小，而且简单易行。而自我介绍的弱点是盲目性较大，接受和不接受这种自我介绍方式的可能性各占50%，特别是对异性的自我介绍，甚至有可能引起误会。自我介绍的另一个特点是方式和

① 王慧敏．商务礼仪教程［M］．中国发展出版社，2008.

深度较难把握，深度介绍可能会有吹嘘之嫌，而深度不够可能又会失去自我介绍的意义。

因此，自我介绍时要求具有一定的冒险精神和勇气，同时又要具备一定的技巧。一般在聚会、演讲、应试、应聘时都需要自我介绍。自我介绍要注意以下几个问题：

1. 自我介绍前的准备

自我介绍前，要注意观察是否具有适宜的环境，包括是否有自我介绍的要求，是否有职业、利益及兴趣相近或相似的人群，是否有自我介绍的时间，是否有交谈的场合及氛围。在很多商务宴会前，主办方往往会留出一段让主人和来宾、来宾和来宾之间相互认识的时间，这样就有比较好的自我介绍的环境。

2. 自我介绍时的内容要求

自我介绍内容的基本要求是简明扼要，并视情况增删内容。一般来说，自我介绍时可先说明几项主要信息，让对方有回应的时间和余地。如可先介绍自己的姓名和工作单位及职业，然后再进一步说明自己的业务范围或单位的业务内容，从而拉开相互交流的序幕。同时，要根据需要增删介绍的内容，一般而言，到外单位联系工作、演讲、会议发言、聚会等场合的自我介绍要做到内容简洁，而在求职、应聘、参加投标时则可以详细一些。

3. 自我介绍时的顺序

虽然大多数情况下，自我介绍没有谁必须先向谁介绍的硬性规定和要求，但一般而言，职位低的应先向职位高的、资历浅的应先向资历深的、年少的应先向年长的、男士应先向女士主动自我介绍。

4. 自我介绍时的仪态

自我介绍时，不管是坐着还是站立，姿势都要端正，目光应正视介绍的对象。要注意认真聆听对方的介绍，用心记录对方的信息，特别是姓名等。

5. 自我介绍时的分寸

自我介绍有时会需要自我评价，因此要掌握分寸，高低适当。一般不宜用“很”“最”“第一”等表示极端的字眼，尤其是夸奖的话，出于自己口中，是一种乏味的表现。当然，也不必有意贬低自己，过分谦虚可能会给人虚假的印象，或者让别人对你的才能忽略带过。

【阅读材料】

老舍的自我介绍①

舒舍予，字老舍，现年四十岁，面黄无须。生于北平，三岁失怙，可谓无父。志学之年，帝王不存，可谓无君。无父无君，特别孝爱老母，布尔乔亚之仁未能一扫空也。幼读三百千，不求甚解。继学师范，遂奠教书匠之基。及壮，糊口四方，教书为业，甚难发财；每购奖券，以得末彩为荣，示甘于寒贱也。二十七岁，发奋著书，科学哲学无所懂，故写小说，博大家一笑，没什么了不得。三十四岁结婚，今已有一女一男，均狡

---

① 舒庆春. 老舍自传［M］. 北京：京华出版社，2005.

猾可喜。闲时喜养花，不得其法，每每有叶无花，亦不忍弃。书无所不读，全无所获，并不着急。教书作事，均甚认真，往往吃亏，亦不后悔。如是而已，再活四十年也许能有点出息。

（二）为他人做介绍的礼仪

为他人作介绍是商务活动中使用非常广泛和悠久的介绍方式之一。

为他人作介绍的最大优点是目的性强，被介绍双方都明确介绍人想要帮助他们建立一种交流和沟通的渠道，容易获得双方的配合。同时，被介绍双方之间的关系往往会受到对介绍人的信任程度的影响，对介绍人的信任程度越高，对被介绍人的接受程度也就越高。

为他人作介绍的弱点是被介绍人比较被动，被介绍的内容依然容易受到介绍人的局限，不管这种局限是有意还是无意的，是因为表达能力不足还是因为认识得不够。因此，为别人做介绍对介绍人的礼仪素质要求较高。

1. 介绍人事先要了解情况

介绍人要对将要介绍的人的基本情况有比较准确和清楚的了解，了解得越充分，介绍的信息就越准确。如姓名、职务、公司等要记清楚，基本的职业和业务范围等要了解。

2. 介绍的顺序

介绍时，先把职位低的介绍给职位高的，先把先生介绍给女士，先把资历浅的人士介绍给资历深的人士，先把年少者介绍给年长者，先将未婚者介绍给已婚者。具体介绍时，要先点职位高、年龄大、资历深的人的姓名，然后点被介绍的人的名字。

当被介绍人都是同性别的而又无法辨明其身份、地位时，可随意介绍。集体介绍时，特别是在正式宴会上，如果介绍人是主人，可以按照当时客人的座位顺序进行介绍，也可以从贵宾开始。公务场合的介绍只考虑职务高低。当丈夫向第三方介绍自己的妻子时，不论第三方是男是女，都应先将对方介绍给自己的妻子；当妻子向第三方介绍自己的丈夫时，不论第三方是男是女，都应先将自己的丈夫介绍给对方。

3. 反复介绍原则

由于人们的工作越来越繁重，每天接触的人越来越多，有时反复介绍往往可以避免因忘记名字而带来的尴尬局面。

4. 介绍人应注意礼节

首先，介绍前可说一句：“请允许我来介绍一下（适用于比较正式的场合）。”或者“我来给你们介绍一下（适用于比较轻松的场合）。”使双方有思想准备，不至于感到唐突。其次，介绍时不能含糊其辞，要说得清楚明确，以免双方记不清或记错对方的姓名。再次，介绍时注意不要用手指指人，要礼貌地以手掌示意。最后，介绍某人时应该以尊重的口吻恰当地称呼。要避免过分颂扬一个人，以免被介绍人尴尬及给人造成“溜须拍马”的不良印象。

介绍后，被介绍的双方一般要互相握手、微笑并互致问候，在需要表示庄严、郑重和特别客气的时候，还可以在问候的同时微微欠身鞠一个躬，握手与否都可以。特别要提醒的是，被介绍人也要注意礼节，要认真聆听介绍内容，目光注视介绍人，面带微笑。如果是一对一介绍且条件允许时，应从座位上起身站立表示敬意，但在宴会桌、会谈桌上则不必，只要微笑点头示意即可。同时，要耐心回答别人有关自己的询问。

第二节 握手、致意与鞠躬

一、握手礼仪

握手是目前国际上通用的问候、致意礼节（见图 3-1）。在商务交往中，最常用的见面礼也是握手，握手是信任的象征。过去，伸出友谊之手，表示你没有携带武器。今天，握手也象征着信任和尊敬。握手通常是与他人的第一次身体接触，它给人带来一种什么样的感觉，以及由此引发的认识评价，与握手的礼仪有直接关系。

加拿大著名形象设计师凯伦·布朗杰说过这样一句话：握手是陌生人的第一次身体接触，这 5 秒钟意味着经济效益。可见，一次令人愉快的握手，感觉上是坚定、有力的，代表着对方能够做决定，能够承担风险，更重要的是能够负责任。同时，诚挚、热情的握手，也表明对方非常高兴能认识你。

图 3-1 握手礼仪

（一）握手的方法

握手时应注意以下两个方面的问题：

1. 正确的握手姿势

正确的握手姿势是：面带笑容，注视对方，伸出右手握住对方右手，稍微用力上下摆动几下，同时上身略为前倾。握手要掌握好力度，不要握得太紧，也不要抓住对方的手使劲摇动，但也不要过于软弱无力，使对方感到你很傲慢、冷淡，好像是在应付差事。握手时间以 3 秒钟左右为宜，不要久握不放。可以在握手的同时寒暄一句，例如，“您好!”“见到您很高兴!”“久仰！久仰!”“幸会，幸会!”“欢迎，欢迎!”等。握手时精神要集中，不要看着第三方握手，更不能东张西望，这都是不尊重对方的表现。

握手虽然只有几秒钟的时间，但它能立刻决定别人对你的喜欢程度。握手的方式、用力的轻重、手掌的湿度等，像哑剧一样无声地向对方描述了你的性格、可信程度、心理状态。握手的质量表现了你对别人的态度是热情还是冷淡，是积极还是消极，是尊重别人、诚恳相待，还是居高临下地敷衍了事。

2. 握手的顺序

男女之间，男士要等女士先伸手才能伸手，如女士无握手之意，男士就只能点头或鞠躬致意；宾主之间，主人应向客人先伸手，以示欢迎；长幼之间，年幼的要等年长的先伸手；上下级之间，下级要等上级先伸手，以示尊重。

多人同时握手注意不要交叉，待别人握完后再伸手。到朋友家中，如客人较多，可只与主人及熟识的人握手，向其余的人点头致意即可。

（二）握手的时机

何时应该握手是众所皆知的常识。从习惯上说，握手的时机包括：当你被介绍给某人以及跟别人道别时；当客户、顾客、买主或其他来访者进入你的办公室时（对与你共进午餐、多次出入你办公室的人不必这样）；碰见一个很久未见的人，如其他部门的一位同事时；走进某个会场并被介绍给与会者时；会议结束后互相道别以及重申已达成的协议时；你觉得有必要握手时等，这种感觉是在实践中慢慢培养起来的。

（三）握手的禁忌

在全世界，最让人憎恨的握手方式是“死鱼式”握手。这种握手方式，对方伸出来的手让你感觉像是抓着了一条死鱼，此时你会立刻感到对方内在性格冷淡、虚弱、傲慢等。虽然不是每个用“死鱼式”握手的人都是这样的性格和态度，但是留在别人心中的第一印象却是极差的。

（四）握手与性格

心理学家及身体语言专家们认为，通过握手能判断人的性格：

（1）在同性的陌生人中，主动伸出手的人性格坚定、热情或者有丰富的人际关系经验；

（2）性格支配欲望强的人会让自己手心向下压在别人的手上；

（3）手心湿漉漉、汗淋淋的人性格可能不会轻松，会轻易地感到焦虑、紧张；

（4）性格粗犷、豪放甚至莽撞的人，会过度用力地握住别人的手；

（5）对别人伸出手来没有反应的人，可能不懂礼仪或者有意冷淡、让人难堪，或者根本没有看见，也可能是性格极端封闭、内向；

（6）双手紧握对方手的人，表现出超人的热情和极度盼望的心情，这种被称为“手套式”的握手，是为政治家们所钟情的、用来操纵人们心理的握手方式。它表现了对被握手人的亲密和渴望，能缩短或消融人之间的距离。但在首次商务会面上，还是要谨慎考虑“热情过度”的后果，尤其是当男性握住女性的手时，这种热情会引起误会。

二、致意礼仪

（一）拥抱礼仪

拥抱礼是欧美各国熟人、朋友之间表示亲密感情的一种礼节，多用于官方或民间的迎送宾客或祝贺致谢等场合，如图 3-2 所示。行此礼时，一般是两人相对而立，右臂偏向上，左臂偏下，右手扶在对方左后肩，左手扶在对方后腰，按各自的方位，两人头部及上身都向左相互拥抱，然后头部及上身向右拥抱，再次向左拥抱，礼毕。女士之间也可以用贴面代替。

拥抱礼在国际交往中较流行。在欧美，这是一种较常用的见面礼，在其他地区的一些国家，这一礼节只流行于上层社会的交往。在我国，拥抱礼一般限于亲近的人，但目前越来越成为商务活动中的时尚。拥抱礼忌躲避、尖叫以及男女拥抱过久、过紧。

图 3-2 拥抱礼

墨西哥男子见面时一般采用热烈拥抱的方式，即紧紧地拥抱，并用手轻拍对方背部。你与他们有过几次会面之后，他们也会拥抱你。在希腊、意大利，你可能也会体验到这种风俗。在西班牙，人们也使用这种礼节。但在哥伦比亚和阿根廷则不是这样，这两个国家的人在商务交往中多以握手来表示礼节，但当第二次见面时，迎接你的礼节也可能是拥抱。巴西人感情外露，人们在大街上相见也热烈拥抱，一定要自然地接受对方的拥抱，不要太拘谨，否则对方就会很尴尬。

（二）点头礼仪

点头致意，是在公共场合用微微点头表示礼貌的一种方式，正确的姿势应该是屈颈、收颌，上身可以微微前倾，如图 3-3 所示。点头致意的情形一般是：

图 3-3 点头致意

1. 遇到领导长辈时

在一些公共场合遇到领导、长辈，一般不宜主动伸出手去，合适的做法是点头致意，这样既不失礼，又可以避免尴尬。

2. 遇到交往不深者

和交往不深的认识者见面，或者遇到陌生人又不想主动接触，通过点头致意，表示友好和礼貌，同时可以避免一些不必要的交往和纠缠。

3. 不便握手致意时

不宜握手、寒暄的场合中，就应该用点头致意。如会议的迟到者，就不适宜与其他与会人员握手、打招呼。与落座较远的熟人，无法握手致意，只能用点头致意的方式。

4. 比较随便的场合

一些随便的场合，如在会前会间的休息室，在上下班的班车上，在办公室的走廊上，是不必握手致意甚至鞠躬的，只要轻轻点头致意也就行了。

5. 经常碰到的熟人

左右邻居，早晚相见，不必握手拥抱，可以点头致意，表示友好。在公众场合，千万不可傻傻地盯着人家，既不说话，也不点头，好像是在等待别人主动来与自己打招呼似的，是很不礼貌的表现。

（三）亲吻礼仪

亲吻，是源于古代的一种常见礼节。人们常用此礼来表达爱情、友情、尊敬或爱护。据说它产生于婴儿与母亲间的嘴舌相昵，也有人说它产生于史前人类互舔脸部来吃盐的习俗。据文字记载，在公元前，罗马与印度已流行公开的亲吻礼。有人认为，古罗马人爱嚼香料，行亲吻礼可以传口中芳香。也有人说，古人用亲吻时嘴唇的形状来表示爱情的心形。还有人考证，法国是世界上第一个公开行亲吻礼的国家。当代，许多国家及地区的上流社会，此礼日盛。

行此礼时，往往与一定程度的拥抱相结合。不同身份的人，相互亲吻的部位也有所不同。一般而言，夫妻、恋人或情人之间，宜吻唇；长辈与晚辈之间，宜吻脸或额；平辈之间，宜贴面。在公开场合，关系亲密的女子之间可吻脸，男女之间可贴面，晚辈对尊长可吻额，男子对尊贵的女子可吻其手指或手背。非洲某些部族的居民，常以亲吻酋长的脚或酋长走过的地方为荣。

在俄罗斯，拥抱和亲吻是人们见面的礼节。在阿拉伯联合酋长国，男人见面时一般要互相在脸颊上亲吻三四次。在沙特阿拉伯，主人在同男宾握过手后，也会在客人双颊上亲吻。握手虽然在法国十分普遍，但仍能见到人们在双颊上轮流亲吻（实际上只是摩擦面颊和空吻）。波兰盛行吻手礼，他们认为吻手象征着高贵，连街头执勤的女警，也要求人们行吻手礼。一般来说，在欧洲，只有当两人的关系有更浓的私人色彩时，才互相亲吻。作为一个外国人，当你不能肯定是否该使用这种礼节时，一定要遵循主人的习惯。

即使在一个国家内亲吻的次数也有所不同。在荷兰，南部居民一般亲吻三次，而在北部却只有两次。法国北部，一般是两次，而在南部是两至三次。如果想在其他国家做一个有礼貌的访问者，一定要接受当地人的问候方式。

（四）合十礼仪

合十礼仪又称“合掌礼”，原是古代印度的一种礼节，后为各国佛教徒沿用为日常普通礼节。行礼时，两掌合于胸前，十指并拢，以示虔敬，如图 3－4 所示。

在印度，有一种类似的礼节叫“NAMASTE”，双手合十，手指向上并拢，与颌同高，行礼时点头，同时说“NAMASTE”，意思是“我向您鞠躬”，这是感激的表示。主人一般先行礼，客人要还礼。这个礼仪还可以表示“早安”“午安”和“晚安”的意思。

泰国人日常见面时，通行的是行合掌礼，即双掌相合，举至额与胸部之间。双掌举得越高，表示尊敬程度越高，但不要高过眼睛。地位高者、年长者还礼时手腕不得高过前胸。合十礼在泰国称作“WAI”，它由鞠躬和一种敬礼的姿势组成。在泰国，行此礼节时，手掌并拢，手指向上（不是互握或交叉），微微躬身，一般手与胸齐，行礼时说“WAI”，它除了表示“你好”的意思之外，还表示“再见”“谢谢”和“对不起”的意思。

图 3－4　合十礼仪

合十礼可分为下面几大类：

1. 跪合十礼节

各国佛教徒拜佛祖或拜高僧时所行的礼节。行礼时，右腿跪地，双手合掌于两眉中间，头部微俯，以示恭敬虔诚。

2. 蹲合十礼节

某些国家的人在拜见父母或师长时的一种礼节。行礼时，必须蹲下，并将合十的掌尖举至两眉间，以表尊敬。

3. 站合十礼节

一些国家的平民之间、平级官员之间相拜，或公务人员拜见长官时常用的一种礼节。行礼时，要站姿端正，将合十的掌尖置于胸部或嘴部，以示敬意。

（五）拱手礼仪

拱手礼又名作揖，在中国是一种民间传统的会面礼，是人们表示祝贺、祝愿的一种施礼方式。其姿势是起身站立，上身挺直，两臂前伸，双手在胸前高举抱拳，通常为左手握空拳，右手抱左手，拱手齐眉，上下略摆动几下，如图 3－5 所示。

重礼可作揖后鞠躬，我国目前行拱手礼的场合主要有佳节团拜礼节、节日祝贺礼节、业务会议礼节。拱手致意时，往往与寒暄语同时进行，如“恭喜、恭喜”“久仰、久仰”“请多多关照”“节日快乐”“后会有期”等。

图 3-5 拱手礼

在我国，拱手致意通常用于以下场合：

(1) 每逢重大节日，如春节等，邻居、朋友、同事见面时，常拱手为礼，以表祝愿；

(2) 为欢庆节日而召开的团拜会上，大家欢聚一堂，互相祝愿，常拱手致意；

(3) 婚礼、生日、庆功等喜庆场合，来宾也可以拱手致意的方式向当事人表示祝贺；

(4) 双方告别，互道珍重时可用拱手礼；

(5) 有时向对方表示歉意，也可用拱手表示。

三、鞠躬礼仪

鞠躬是人们在生活中用来表示对别人的恭敬而普遍使用的一种礼节，既适用于庄严肃穆或喜庆欢乐的仪式，又适用于一般的社交场合。

如图 3-6 所示，鞠躬礼分两种：一种是三鞠躬，也称最敬礼。鞠躬前，应脱帽、摘下围巾，身体立正，目光平视。鞠躬时，身体上部向前下弯约 90°，然后恢复原状，这样连续 3 次。另一种是一鞠躬，几乎适用于一切社交场合。晚辈对长辈、学生对老师、下级对上级或同事之间以及演讲者、表演者对听众、观众等都可以行一鞠躬。行礼时，身体上部向前倾斜约 15°，随即恢复原态，只做一次，受礼者应随即还礼，但长辈对晚辈、上级对下级、教师对学生可不用鞠躬，欠身点头还礼即可。

图 3-6 鞠躬礼

行鞠躬礼的礼仪准则大致如下：

（1）还以鞠躬礼。别人向你鞠躬，你若不以鞠躬礼相还，是不礼貌的。毕竟鞠躬除了致意之外，还是一种谦恭的表示。如果你没有还礼，别人可能误解你，以为你自认为高人一等，或不愿意接受别人的好意，两者都会伤害向你鞠躬人的感情。

（2）地位较低的人要先鞠躬。

（3）地位较低的人鞠躬要相对深一些。

【阅读材料】

鞠躬礼①

鞠躬礼在日本最流行，是日本问候礼仪的一部分。日本在这方面有专门的培训课程，要求也很严格。日本人初次见面，要互相鞠躬，互递名片，一般不握手。没有名片就自我介绍姓名、工作单位和职务，如果是老朋友或者是比较熟悉的就主动握手或拥抱。他们常用的寒暄语是"您好""您早""再见""请休息""晚安""对不起""拜托您了""请多关照""失陪了"等。

日本人鞠躬很有讲究，往往第一次见面时行"问候礼"，上身向下弯曲30°；分手时行"告别礼"，是45°。韩国人一般行鞠躬礼是60°，对于特别尊重的人要鞠躬近90°，而且在鞠躬时要注意眼睛不能直视对方，那样不礼貌。中国人见面常用的问候礼是点头或浅浅的鞠躬。鞠躬礼主要适用于演员谢幕时、举行婚礼时、参加悼念活动时和演讲的前后等。在新加坡、印度尼西亚和马来西亚浅浅的鞠躬也被广泛使用。

第三节　名片礼仪

名片是商务人士必备的沟通交流工具，就像一个人简单的履历表。人们在递送名片的同时，也是在告诉对方自己的姓名、职务、地址、联络方式等。由此可知，名片是每个人最重要的书面介绍材料，在商务人士开展工作之前，设计及印制名片是首要任务，精美的名片能使人印象深刻，也能体现其个人风格。同时，发送名片的时机与场合也是一门学问。

一、名片的制作

（一）名片的规格、材质与色彩

名片一般为10 cm长、6 cm宽的白色卡片。我们通常使用的规格可略小，长9 cm、宽5.5 cm。值得说明的是，如无特殊需要，不应将名片制作得过大或做成折叠式，以免给人以标新立异、虚张声势之感。

---

① 匡玉梅．商务礼仪［M］．厦门：厦门大学出版社，2012.

印制名片最好选用耐折、耐磨、美观、大方的白卡纸、再生纸、合成纸、布纹纸、麻点纸或香片纸等。至于高贵典雅、纸质挺括的钢骨纸、皮纹纸，则可量力而行，酌情选用，必要时还可覆膜。印制名片的纸张色彩，宜选庄重朴素的白色、米色、淡蓝色、淡黄色、淡灰色，并且以一张名片一色为好。

（二）名片的内容

如图 3-7 所示，名片可大概分为三类：一是社交名片，名片上只印姓名、地址、邮编、电话号码；二是职业名片，名片上除了上述内容外，还应印上所在单位、职务或职称、社会兼职等；三是商务名片，该类名片的正面内容与职业名片大体相同，而背面则印上经营范围、项目等。很多企业认为名片是宣传组织的一个极好的媒介，若所有工作人员，特别是业务员的名片设计得风格一致，这会给人一种统一的视觉印象，而这种风格很大程度表现在名片的内容设计上。

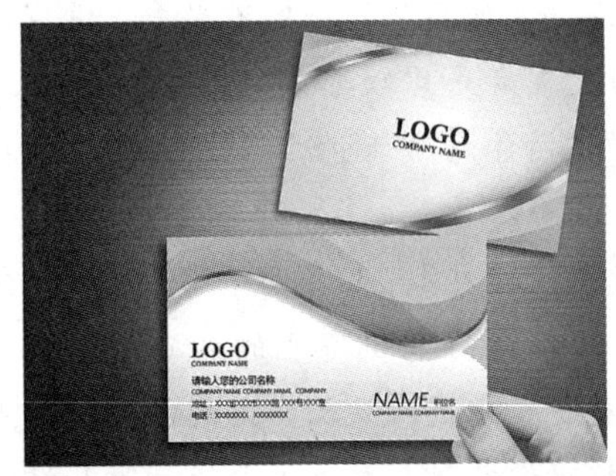

图 3-7　名片

大体来说，名片上主要应包括以下内容：

1. 姓名

名片上的姓名应为真实姓名，如果有别名、笔名或简称，应标示清楚，否则可能会在以后的交往中带来不必要的麻烦。亚洲人在设计名片时喜欢让姓名的字体大小比其他内容更显著，而西方人则比较愿意突出公司的名称。

2. 职位

名片上应标明本人最重要、最主要的一至两项职务，对其他很多的名誉或次要职务不需要一一列举。如果有必要可为每种职务制作名片，分场合使用。

3. 学位、职称

学位和职称一般都是学历或资历的象征和证明，一旦获得可终身享用。个人的最高学位和职称一般都可在名片上标明，但要简明易懂。目前为止，最值得搬上名片的学位是博士，职称是教授和高级工程师。一些政府的职衔也具终身获得的特性，如大使、将军。

4. 公司、企业名称

名片上应注明公司、企业的全名，标示要非常醒目、清楚。

5. 地址

名片上应标明办公地址。若邮政地址和办公地址不同，应分别标明。电子邮件地址要标注清楚，若有网站，也要标明。

6．联系方式

名片上应有办公联系电话、传真号码和手机号码等。

7．公司标志图案及颜色、LOGO

制作名片时，如果用上公司的标志色，则对宣传公司意义重大。

8．双语内容

名片上用中、英文两种语言有助于交流沟通。

二、名片的用途

对现代人来讲，名片是一种物有所值的实用型交际工具，其用途是多方面的。

（一）介绍自身

名片最主要的用途是介绍自身。会客交友，取出一张名片，自我的基本情况跃然纸上，让他人一目了然。名片在介绍中的好处是简明扼要、介绍方便，在当着一两个人口头自我介绍时，总是很简短，几乎就是姓名、单位。有时候职务不便开口说出，因为介绍自己的一官半职总有自我炫耀之嫌，当身兼数职时更不好一一启齿，但有了名片，一切都写得清清楚楚，不用为难和啰嗦，他人就能较多地了解你。

（二）维持联系

名片犹如“袖珍通讯录”，利用它所提供的资料，即可与名片的提供者保持联系。正因为有了名片上所提供的各种联络方式，人们的来往才变得更加现实和方便。

（三）显示个性

通过名片展示个性，获得他人对自我多方面和多层次的了解。尤其是社交名片，可以在上边印上代表自己个性的爱好和特点，如“酷爱足球，性喜笔耕，嗜辣如命，钟情绿色，崇尚真诚”，这样的名片很快就能让别人读懂了自己，也能赢得友善。

（四）拜会他人

初次前往他人居所或工作单位进行拜会时，可将本人名片交由对方门卫、秘书或家人，转交给被拜访者，以便对方确认“来系何人”，并决定见与不见。这种做法比较正规，可以避免冒昧造访。

此外，名片在交往中还有多种用途，如馈赠附名、代替请柬、喜庆告友、祝贺升迁等。也可随赠送鲜花或礼物，以及发送介绍信、致谢信、邀请信、慰问信等时使用，并在名片上面留下简短附言。最重要的是，要在使用时知道如何建立及展现个人风格，使名片更为个性化。

三、名片的交换

需与对方交换名片通常有以下几种情况：

一是希望认识对方时；二是被介绍给对方时；三是对方提议交换名片时；四是对方向自己索要名片时；五是初次登门拜访对方时；六是通知对方自己的变更情况时；七是打算获得对方的名片时。

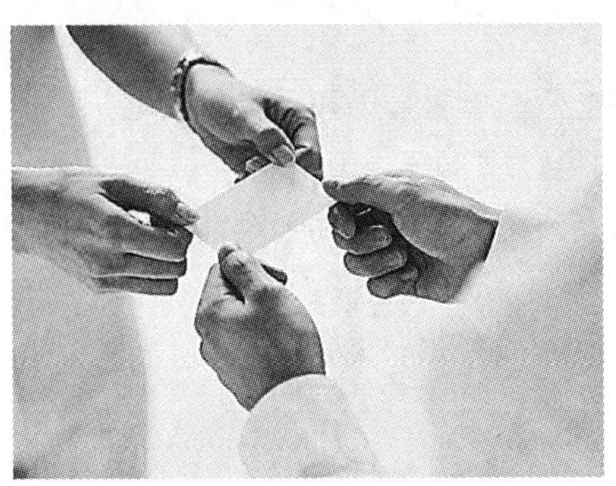

图 3-8 名片的交换

（一）递交名片

名片的持有者在递交名片时动作要洒脱、大方，态度要从容、自然，表情要亲切、谦恭，应当事先将名片放在身上易于掏出的位置，取出名片后先郑重地握在手里，然后再在适当的时机得体地交给对方。递交名片时要双手递过去，以示尊重对方，将名片放置手掌中，用拇指夹住名片，其余四指托住名片反面，名片的文字要正向对方，以便对方观看。若对方是外宾，则最好将名片上印有对方认得的文字的那一面面对对方，同时讲些“请多联系”“请多关照”“有事可以找我”之类友好客气的话。

递交名片的时间，应当根据具体情况而定。如果名片持有者与人事先有约，一般可在告辞时再递上名片；如果双方只是偶然相遇，则可在相互问候，得知对方有与你交往的意向时再递交名片。

递送名片让对方接受并收到最好的效果，必须注意下列事项：

（1）首先要把自己的名片准备好。整齐地放在名片夹、名片盒或口袋中，要放在易于掏出的口袋或皮包里，不要把自己的名片和他人的名片或其他杂物混在一起，以免使用时手忙脚乱或拿错名片。

（2）出席重大的社交活动，一定要记住带名片。参加会议时，应该在会前或会后交换名片，不要在会中擅自与别人交换名片。

（3）处在一群彼此不认识的人当中，最好让别人先发送名片。名片的发送可在刚见面或告别时，但如果自己即将发表意见，则在说话之前发名片给周围的人，可帮助他们认识你。

（4）不要在一群陌生人中到处传发自己的名片，这会让人误以为你想推销什么物品，反而不受重视。在商业社交活动中尤其要有选择地提供名片，有的放矢地使用名片，不要乱发，才不会使人以为你在替公司搞宣传、拉业务。

（5）对于陌生人或巧遇的人，不要在谈话中过早发送名片。因为这种热情一方面会打扰别人，另一方面有推销自己之嫌。

（6）除非对方要求，否则不要在年长的主管面前主动出示名片。

（7）无论参加私人或商业餐宴，名片皆不可于用餐时发送，因为此时只宜从事社交而非商业性的活动。

（8）递交名片要用双手或右手，用双手拇指和食指执名片两角，让文字正面朝向对方，递交时目光要注视对方、微笑致意，可顺带一句“请多多关照”，如图 3-8 所示。

(9) 破旧名片应尽早丢弃。名片要保持完整、干净和整洁，与其发送一张破损或脏污的名片，不如不送。

(10) 交换名片时如果名片用完，可用干净的纸代替，在上面写下个人资料。

(11) 与多人交换名片时，要注意讲究先后次序，或由近而远、由尊而卑，一定要依次进行，切勿采取“跳跃式”。当然也没有必要如散发传单似的，站在人流拥挤处随意滥发名片。

(12) 名字如有难读或特别读法时，在递出名片时不妨由自己加以说明，同时顺便把自己“推销”一番，这会使人觉得有亲切感。

(二) 接受名片

名片是个人身份的代表，应对它像对主人一样尊重和爱惜。接受他人名片时，应恭恭敬敬、双手捧接，由名片的下方接过来并道感谢。接受名片者应当首先认真地看看名片上所显示的内容，必要时可把名片上的姓名、职务（较重要或较高的职务）读出声来，以表示对赠送名片者的尊重，同时也可加深对名片的印象。不会念的字，要向对方当场请教，这会使人觉得你是一个对待事情很认真的人，增加对方对你的信任。

接受名片时应避免：马马虎虎地用眼睛瞄一下，然后顺手不经意地塞进衣袋；随意往裤子口袋一塞，往桌上一扔；名片上压东西；滴到菜汤油渍；离开时把名片忘在桌子上。名片是一个人的人格象征，以上这些行为都是对其人格的不尊重，这样会使人感到不快。

当然在收到了别人的名片后，也要记住给别人递送自己的名片，因为只收别人的名片而不拿出自己的名片，是无礼拒绝的意思。

(三) 索取名片

如果没有必要最好不要强索他人名片，若索取他人名片，则不宜直言相告，而应委婉表达此层意思。可向对方提议交换名片，主动递上本人的名片，或询问对方：“今后如何向您指教”（向尊长者索要名片时多用此法），“以后怎么与您联系”（向平辈或晚辈索要名片时多用此法）。

反过来，当他人向自己索取名片，自己不想给对方时，不宜直截了当，也应以委婉方式表达此意，可以说“对不起，我忘带名片了”或“抱歉，我的名片用完了”。

四、名片的存放和使用

(一) 名片的放置

在参加交际活动之前，要提前准备好名片，并进行必要的检查。随身所带的名片最好放在专用的名片夹里，也可放在上衣口袋里，不要把名片放在裤袋、裙兜、提包、钱包或车票夹等内，那样既不正式、体面，又显得杂乱无章，都是应该避免的。在自己的公文包以及办公桌抽屉里，也应经常备有名片，以便随时使用。

参加交际活动后，应立即对所收到的他人名片加以整理收藏，以便今后使用。不要将名片随意夹在书刊、材料中，或压在玻璃板底下，或扔在抽屉里面。另外。收放名片的夹子一定不可以放在臀部的口袋内，名片好比人的颜面一样，应该给以相当的尊重、好好地收藏。另外，也不要当着对方的面在其名片上做谈话笔记。

存放名片的方法上大体有四种：按姓名的外文字母或汉语拼音字母顺序分类；按姓名的汉字笔画的多少分类；按专业或部门分类；按国别或地区分类。若收藏的名片甚多，还可以编一个索引，用起来就更方便了。

（二）名片的使用

随着人际交往的不断深入，还可在收藏的他人名片上随手记下可供本人参考的资料，使其充当社交的记事簿，在收藏的他人名片上可记的有利于人际交往的资料有以下内容：

（1）收到名片时的具体情况：包括收到名片的地点、时间，以及是否与对方亲自交换等。在国外有一种做法，即把名片的右上角向下折，然后再使其恢复原状。它表示该名片是对方亲自与自己交换的。

（2）交换名片者的个人资料：如性别、年龄、籍贯、学历、专长、嗜好等，这既可备忘，也可充作资料。

（3）交换名片者在交换名片后变化的情况：如单位、部门的变化，职业的变动调任，职务、头衔的升降，联络方式的改变等。

【阅读材料】

名片使用“十”注意①

（1）到别处拜访时，经上司介绍后，再递出名片。

（2）如果是坐着，尽可能起身接受对方递来的名片。

（3）辈分较低者，应率先以右手递出个人的名片。

（4）接受名片时，应以双手去接，并确定其姓名和职务。

（5）接受名片后，不宜随手置于桌上。

（6）不可递出污旧或皱折的名片。

（7）名片夹或皮夹置于西装内袋，避免由裤子后方的口袋掏出。

（8）尽量避免在对方的名片上书写不相关的东西。

（9）不要无意识地玩弄对方的名片。

（10）上司在时不要先递交名片，要等上司递上名片后才能递上自己的名片。

第四节　实践指导

一、实践任务

在现实生活中，见面礼仪对于每一个人都是不可忽视的。通过本章的学习，我们了解了见面礼仪的重要性和种类，通过充分准备、临场应变等，充分掌握称呼、介绍、握

① 中国礼仪网. 名片使用“十”注意［EB/OL］. http://www.welcome.org.cn/wanweizhichang/2012－3－19/10mingpianliyi.html.

手、致意和名片使用等礼仪要求，争取给他人留下良好的见面印象。

二、实践内容

掌握握手、鞠躬、致意、介绍、交换名片的方法和注意事项，包含以下内容：

（1）准确的称呼；

（2）自我介绍和为他人介绍；

（3）握手、致意、鞠躬等礼仪；

（4）名片的制作、传递和接受等。

三、实践步骤

（1）准备自我介绍和名片；

（2）模拟不同场景，如面试、聚会、工作、宗教仪式、日常生活等；

（3）分组抽签，在何种场景下执行何种礼仪，进行情景演练；

（4）演练结束后，同学指出每组演示的优缺点，最后老师进行点评。

四、实践要求

（1）每个同学都必须认真准备自我介绍，熟悉握手、鞠躬和递交名片等礼仪的基本原则；

（2）抽取各种场景，让学生临场发挥进行演练；

（3）上台发言同学也必须要注意礼仪规范，演讲过程中要注意语速、语调等问题。

拓展阅读

如何握手？[①]

握手是商务活动中见面、接待、迎送时常见的礼节。

1. 握手的标准方式

行至距握手对象1 m处，双腿立正，上身略向前倾，伸出右手，四指并拢，拇指张开与对方相握，握手时用力适度，上下稍晃动3～4次，随即松开手，恢复原状。与人握手，神态要专注、热情、友好、自然，面含笑容，目视对方双眼，同时向对方问候。

2. 握手的先后顺序

男女之间握手，男方要等女方伸手后才能握手，如女方不伸手，无握手之意，方可用点头或鞠躬致意；宾主之间，主人应向客人先伸手，以示欢迎；长幼之间，年幼的要等年长的先伸手；上下级之间，下级要等上级先伸手，以示尊重。多人同时握手切忌交叉，要等别人握完后再伸手。握手时精神要集中，双目注视对方，微笑致意，握手时不

---

① 中国礼仪网．如何握手［EB/OL］．http://www.welcome.org.cn/jiedailiyi/2009-2-14/swwoshou.html.

要看着第三者，更不能东张西望，这都是不尊重对方的表现。军人戴军帽与对方握手时，应先行举手礼，然后再握手。

3. 握手的力度

握手时为了表示热情友好，应当稍许用力，但以不握痛对方的手为限度。在一般情况下，握手不必用力，握一下即可。男子与女子握手不能握得太紧，西方人往往只握一下妇女的手指部分，但老朋友可以例外。

4. 握手时间的长短

握手时间的长短可根据握手双方亲密程度灵活掌握。初次见面者，一般应控制在3秒钟以内，切忌握住异性的手久久不松开。即使握同性的手，时间也不宜过长，以免对方欲罢不能。但时间过短，会被人认为傲慢冷淡，敷衍了事。

5. 握手的禁忌

不要在握手时戴着手套或戴着墨镜，另一只手也不能放在口袋里。只有女士在社交场合可以戴着薄纱手套与人握手。握手时不宜发长篇大论，点头哈腰，过分客套，这只会让对方不自在或不舒服。除长者或女士，坐着与人握手是不礼貌的，只要有可能，都要起身站立。

如何介绍？①

1. 介绍的场合

双方见面后，宾主就应相互介绍。介绍分为自我介绍，为宾、主双方充当介绍人和被第三者介绍给对方三种情况。在无第三者的情况时进行自我介绍，其常用语言是“我叫×××，在某单位工作”；“恕我冒昧，我是某某单位的×××”；“您就叫我×××好了”。如果一方是二人以上，则由身份最高者出面做自我介绍，然后再将其他人员按一定顺序一一介绍给对方。

2. 如何介绍

为宾、主充当介绍人，应按一定顺序进行介绍。一般是，先将主人介绍给客人；先把年轻的介绍给年长的；先把男士介绍给女士。以示对客人、年长者和女士的尊重。被第三者介绍给对方时，要说“您好”“久仰久仰”或“见到您非常高兴”，并主动握手或点头示意，表示友善，创造良好气氛。

有些国家（如日本）的客人习惯于以交换名片来介绍自己的姓名和身份，这样双方见面时，只需将自己的名片恭敬地递给对方即可。若宾主早已相识，则不必介绍，双方直接行见面礼就可以了。在双方介绍时，如遇有外宾主动与我方人员拥抱时，我方人员可作相应的表示，万不可推却或冷淡处之。

3. 不同场合的介绍

在交际场合结识朋友，可由第三者介绍，也可自我介绍相识。为他人介绍，要先了解双方是否有结识的愿望，不要贸然行事。无论自我介绍或为他人介绍，做法都要自然。例如，正在交谈的人中，有你所熟识的，便可趋前打招呼，这位熟人顺便将你介绍给其他客人。在这些场合亦可主动自我介绍，讲清姓名、身份、单位，对方则会随后自

① 中国礼仪网. 如何介绍［EB/OL］. http://www.zhongguoliyi.org/Info/?id=10819.

行介绍。为他人介绍时还可说明与自己的关系，便于新结识的人相互了解与信任。介绍具体人时，要有礼貌地以手掌示意，而不要用手指指点点。

案例1：

介绍的礼仪[①]

某外国公司总经理史密斯先生在得知与新星贸易公司的合作很顺利时，便决定携带夫人一同前来中方公司进一步的考察和观光，小李陪同新星贸易公司的张经理前来迎接，在机场出口见面时，经介绍后张经理热情地与外方公司经理及夫人握手问好 ，请根据所学的见面礼仪知识，回答以下问题：

思考：

(1) 小李应如何自我介绍；

(2) 小李为他人做介绍的次序；

(3) 张经理的握手次序。

案例2：

面试如何介绍自己[②]

当应聘到外企或其他用人单位时，求职者往往最先被问及的问题就是“请先介绍介绍你自己”。这个问题看似简单，但求职者一定要慎重对待，回答得好，会给人留下良好的第一印象。

张小姐和杨小姐都是刚毕业的学生，学的都是英语专业，学习成绩都很突出，二人同时应聘一家独资公司的高级秘书职位。人事经理看了简历以后，难以取舍。于是通知两人面试，考官让她们分别做一个自我介绍。

张小姐说：“我今年22岁，刚从某大学毕业，所学专业是英语，浙江人，父母均是高级工程师。我爱好音乐和旅游，性格开朗，做事一丝不苟，很希望到贵公司工作。”

杨小姐介绍说：“关于我的情况简历上都介绍得比较详细了。在这我强调两点：我的英语口语不错，曾利用假期在旅行社做过导游，带过欧美团。再者，我的文笔较好，曾在报刊上发表过6篇文章。如果您有兴趣可以过目。”

最后，人事经理录用了杨小姐。

思考：

为什么公司会选择录用杨小姐而不是张小姐呢？

---

① 百度文库. 商务礼仪［EB/OL］. http://wenku.baidu.com/link?url=pXKYwgmBAsk4JuG94vSnc6sMkNuZlOoDEy8h1dSx0LnNcpX1MeuoyEt4xfbW3a41Z-cCykXjc7uJGx7wjRDLR1R02sJoMxsFzZ6OjB-EU8K.

② 中国礼仪网. 面试如何介绍自己［EB/OL］. http://www.zhongguoliyi.org/Info/?id=12570.

第四章　国际商务往来礼仪

第一节　国际商务接待礼仪

一、了解商务接待

（一）商务接待的性质

商务接待礼仪是商务人员在商务活动中迎送客人的一整套行为规范。严谨、热情、周到、细致的接待工作，会加深来客对本企业、本单位的了解，展示本企业、单位的形象，提高本企业、单位的知名度和美誉度。接待工作是宾主双方面对面交流感情的过程，热情的接待可增加双方的友谊。接待可分为日常接待、会议接待、参观游览接待。商务接待通常有两种情况：常规接待和隆重接待。

（二）商务接待的原则

在商务活动中，为了遵循商务接待礼仪的惯例和规范，必须遵循两大原则：

1. 身份对等原则

商务接待礼仪的基本原则之一是身份对等。身份对等主要包括两个方面的内容：

一方面是指己方作为主人，在接待客人时，要根据对方的身份，同时兼顾对方来访的性质以及双方的关系，安排接待的规格，以便使来宾得到与其身份相称的礼遇，从而促进双方形成稳定、融洽的关系。这就要求在接待工作中，应把对方的身份置于首要的位置，一切具体的接待事物均应依此来确定。根据身份对等的原则，己方出面迎送来宾的主要人员应与来宾身份大体相当。若己方与来宾身份对等的人员身体不适或忙于他事难以脱身或不在本地，而不能亲自出面迎送来宾时，应委派与其身份相当的人员出面接待，并在适当的时刻向来宾做出令人信服的说辞和解释，以表示自己的诚意。

另一方面，己方人员在与来宾进行礼节性会晤或举行正式谈判时，必须使己方当场的人数与来宾的人数基本上相等。此外，己方在为来宾安排宴请活动或为其准备食宿时，也应尽量使之在档次、规格等各方面与来宾的身份相称，并符合客人的生活习惯，体现东道主对客人的关心照顾与重视。在接待外商时，要特别注意这一点。

在商务往来中贯彻身份对等原则，是为了更好地确定宾主双方都能够接受和感到满意的接待标准，同时也是为了充分地表达对来宾的尊重与敬意。在某些特殊的情况下，有的企业为了强调自己对宾主双方特殊关系的重视和对于来宾的敬重，特意打破常规，提高对来宾的接待规格，这也是可行的，但不宜过多使用。

2. 礼宾秩序原则

礼宾秩序所要解决的是多边商务活动中的位次和顺序的排列问题。在正式的商务活动中，礼宾秩序可参考以下方法：

第一，按照身份与职务的高低顺序排列。如接待多个来自不同方面的代表团时，确定礼宾秩序的主要依据是各代表团团长职务的高低。

第二，按照姓氏笔画排列。在国内的商务活动中，如果双方或多方关系是对等的，可按参与者的姓名或所在单位名称的汉字笔画多少排列。其具体排法：先按个人姓名或组织机构的第一个字的笔画多少，依次按由少到多的次序排列。当两者的第一个字笔画相同时，则按照第一笔的笔顺：点、横、竖、撇、捺、弯勾的先后顺序排列。当第一笔的笔顺相同时，可按第二笔，以此类推。当两者的第一个字相同时，则用第二个字进行排列，以此类推。

第三，按字母的先后顺序排列。在涉外活动中，一般是将参加的组织或个人按英文或其他语言的字母顺序进行排列。其具体方法如下：先按第一个字母的顺序排列；当第一个字母相同时，则按第二个字母的先后顺序排列，以此类推。但每次只能以同一个语种的字母顺序进行排列。

第四，其他排列方式。例如，可按照有关各方自己决定的先后顺序排列，或按正式抵达活动地点的时间的先后顺序排列。

（三）商务接待的重要性

商务接待是公司所从事的日常对外工作中最普遍、最经常的工作。随着全球经济一体化，我国与世界各国的交往越来越频繁，公司之间的官方或非官方的业务往来、贸易合作与日俱增。因此，商务接待礼仪也成了商务人员在国际商务往来中最为常用的礼仪，它在整个商务沟通礼仪中占有举足轻重的地位。

正确并灵活运用商务接待礼仪也是商务人员的一项重要工作任务。如果想以主人的有利身份，对商务往来起着更好的促进作用，就必须熟知商务接待礼仪。因此，学习好商务接待礼仪，是每一个商务人员的必修课。

二、接待的准备

（一）挑选接待人员

接待人员是展现公司形象的第一人，因此对于接待人员的要求应符合以下三点：一要仪表端庄，仪容整洁；二要语言文明，举止优雅；三要恪守职责，高效稳妥。

（二）了解客人基本情况

接到来客通知时，首先要了解客人的单位、姓名、性格、民族、职业、级别、人数等。其次，要掌握客人的意图，了解客人来访的目的和要求以及在住宿和日程安排上的打算。最后，要了解客人到达的日期和时间、所乘车次、航班等。应将上述情况及时向主管人员汇报，并通知有关部门和人员做好接待的各项准备工作。

（三）确定迎送规格

按照身份对等原则安排接待人员。对较重要的客人，应安排身份相当、专业对口的人士出面迎送；同时也可根据需要或关系程度，安排比客人身份高的人士高规格地接待。对于一般客人，可由公关部门派遣有礼貌、言谈流利的人员接待。

（四）布置接待环境

良好的环境是对来宾表示敬重与礼貌的外在体现。接待室的环境应该明亮、安静、整洁、优雅；应配置沙发、茶几等，以备接待客人进行谈话；室内可适当点缀一些花卉、盆景、字画，增加雅致的气氛；还可放置几份报刊和有关本单位或公司的宣传材料，供客人翻阅。

（五）做好迎客安排

与行政或公关部门联系，按时安排迎客车辆，预先为客人准备好客房及膳食，若对所迎接客人不熟悉，需准备一块迎客牌，写上“欢迎××先生（女士）”以及接待单位的名称，若有需要，还可准备鲜花等。

三、接待的程序

（一）迎候

图 4－1　迎候客人

事先根据来宾的身份、地位、规格及本企业的个体情况制定接待规格，一般客人可由业务部门或办公室人员去车站（机场、码头）迎接，重要的客人应安排有关领导前往迎接，并且在客人到达前安排好食宿。根据客人的民族习俗、身份及要求，本着交通便利、吃住方便的原则，制订具体安排计划。

（二）招待

图 4－2　商务招待

当客人抵达后，应先安置客人休息，如果是本地来宾，可安排在单位会议室或接待室稍作休息，并提供茶水、饮料、点心等。若是远道而来的客人，应先将客人引入事先安排的客房休息。等客人食宿安排就绪后，可由接待人员出面协调一般客人的日程。对重要的客人，应由领导出面进一步了解客人的意图和目的，共同协商活动的具体日程。最后根据确定的活动内容、方式等印发活动流程，并分发至每个客人的手中。接待人员应按照日程安排精心地做好各项工作，对客人提出的意见及时向领导反馈，尽可能满足客人提出的要求。

（三）送别

图 4－3 送别宾客

当客人告辞时，应起身与客人握手道别，对于本地客人，一般应将其送到本单位楼下或大门口，待客人远去后再回单位。如果是乘车离去的客人，一般应走到车前，接待人员帮客人拉开车门，待其上车后轻轻关门，挥手道别，目送车远去后再离开。对于外来的客人，可提前为之预订返程的车票、船票或机票。客人离开前，主人可专程前往客人的宾馆话别或前往车站、码头或机场送行。送别时，应与客人一一握手，祝客人旅途平安并欢迎其再次光临。将客人送上车、船或飞机后，送行人员应面带微笑，挥手告别，待车、船或飞机离开，直到看不到对方时，方可返回。

【阅读材料】

送别礼仪小贴士①

在人际交往中，送别的礼仪甚至比迎接的礼仪更不容忽视。尤其是接待外宾时，留给宾客一个良好的印象，对于以后双方的交往很有帮助。

1. 送别的基本礼节

对于来公司到访的客人，无论与客人的会谈是否顺利、成功，作为主人，都应该礼貌地送别客人。送别礼仪可依照送别家庭访客的礼仪规范。如果客人是外国人，为了表达东道主的体贴，应该把客人送到大厦的门口。如果客人中文不熟练，更周到的做法是给客人打一辆出租车，并告诉司机客人要去的地方。

---

① 百度经验. 送别客人时要知道的礼节［EB/OL］. http://jingyan.baidu.com.

对于一般的家庭访客，主人至少要送客人到房屋门口或电梯口，然后与客人一一握手送别。注意不要握完手就马上转身离去，更不要马上关门，应该目送客人远去。如果是送到电梯口，主人应该等客人都进入电梯后挥手道别，等电梯门关闭后，再转身回去。对于长辈、女士或远道而来的客人，可以送至楼下，等客人上车离去后，主人再返回。

2. 饯别宴

对于正式到访的宾客，我们应该有周全的计划，并安排饯别宴。宴会内容应参考客人的需求和禁忌，使对方产生倍受重视之感，进而加深宾主之间的友谊。

3. 礼物

送别时，有时候还包含赠送礼物这一环节。如果将客人来访期间的活动照片精选汇集成图文相册，在送别时作为礼品送给对方，客人将深受感动。这种礼品既表达了接待方对客人的友好与尊重，又有纪念意义。

4. 送别地点

送别和迎接的形式应当和谐，如果你是在机场、码头、火车站等地方迎接来宾的到来的，那么送别时，也应该把来宾送至他们启程的地点。与接待的工作相似，送行前要做好各方面的准备工作，比如安排交通工具以及相应的送行人员等。

四、接待中的礼仪要求

来访接待主要是指业务往来接待及未经预约的商业往来接待。接待时需注意以下几点：

（1）举止得体，言谈谦和。接待客户时，商务人员要特别注意自己的言行举止。行动要文雅，举止要大方。走路时步态要均匀一致，步幅适中；就座时要轻起轻落；站立时要身姿挺拔稳重。商务人员接待时要面带微笑，还要特别注意语言谦和，多使用文明礼貌用语。

（2）热情接待，服务周到。商务人员在接待来访客商时，无论对方是何种身份，都应一视同仁，热情接待。切不可让客人坐“冷板凳”，或以貌取人、言语不周。来访者到来时，接待者要起立，主动握手，表示欢迎。

（3）善于倾听，乐于沟通。接待过程中，要善于倾听别人的谈话，在客人讲话过程中，正视对方，适时地点头以表示尊重，且一举一动都要表现出在认真听对方的讲话，切忌做与交谈无关的动作，如翻看报纸、写东西等，以免让客人有被怠慢的感觉。在交谈的过程中，不要随意打断、驳斥对方，也不要轻易许诺。

（4）尽可能不要接电话。接待客人时，不停地接听电话和打断对方的讲话是一种不礼貌的行为，当客人到来时，应告诉秘书尽量不要让电话打扰。如有重要的电话应先向客人说“对不起”，在得到客人谅解后再接听，且应长话短说。

【阅读材料】

商务接待小贴士①

1. 见面首先要握手

握手需要很多注意事项，如果是第一次见面，一定要单手相握，不可以双手。如果对方是女性，那么请不要主动出手，如果对方伸手，我方才能出手相迎。握手时一定要面带微笑注视对方。

2. 自我介绍

初次见面时自我介绍很有必要，简洁明了地介绍自己的姓名、职位等，一般在1～2分钟内，把自己的基本情况介绍清楚。

3. 落座后的正式介绍

如果有名片，一定要互相交换名片，方法是双手捏住名片正面后两个角，让对方直接看到自己的名字。接名片也一定要双手，不可以单手接名片。

4. 事先准备话题

为了避免冷场，一定要多准备问题和交流的方案，还要注意交流方法，切不可沉默以对，而且其他人说话时，我们要微笑点头，形成互动。为避免冷场10秒，要注意主动切换话题。

5. 饭桌上更好沟通交流

一起共进午饭或晚餐时，要和周围的人形成互动，敬酒就是互动的好办法。

第二节　国际商务拜访礼仪

一、了解商务拜访

（一）商务拜访的性质

拜访是指亲自或派人到有商务往来的客户单位或相应场所去拜访某人或某单位的活动。它是组织的日常商务交往活动，拜访主要分为事务性拜访、礼节性拜访和私人拜访，而事务性拜访又分为商务洽谈性拜访和专题交涉性拜访。

商务拜访是一种双向活动，在这一活动中，访问、做客的一方称为客人；做东、招待的一方称为主方，也可称为主人。在商务拜访中，双方都应该遵守相应的礼仪，按规行事。

（二）商务拜访的原则

1. 要守时守约

提前与主人约定拜访时间，在拜访过程中，务必要守时守约，避免给主人留下不好

① 百度经验. 对陌生客人的礼仪［EB/OL］. http://jingyan.baidu.com/album/5bbb6a/b/7737e/3eba18934.html.

的印象。

2. 要讲究敲门的艺术

要用食指敲门，力度适中，间隔有序敲三下，等待回音。如无应声，可再稍加力度，再敲三下，如有应声，再侧身立于右门框一侧，待门开时再向前迈半步，与主人相对。

3. 未经主人同意不能随便坐下

如果主人是上级或年长者，主人不坐，自己不能先坐。主人让坐下之后，要口称“谢谢”，然后采用规矩的礼仪坐姿坐下。主人递上烟茶时要双手接过并表示谢意。

4. 与主人谈话，语言要客气

谈话时间不宜过长。起身告辞时，要向主人表示“打扰”之歉意。出门后，回身主动伸手与主人握别，说“请留步”。待主人留步后，走几步，再回首挥手“再见”。

（三）商务拜访的重要性

随着市场竞争的日益激烈，各公司对外联系越发频繁，商务拜访成为商务活动中最为平常的一种往来方式。商界人士通过相互走动，促进了解，建立友谊。要想在竞争中立于不败之地，传统的、生硬的做生意模式已经远远不能适应环境发展了。商务活动不再是单纯的你来我往、“纸上谈兵”，很大程度上，需要学会并善于与客户建立起融洽的合作伙伴关系，因此在商务活动中要适度融入一些情谊。当今社会，在各自维护自身利益的同时也要进行商业拜访，这样企业、公司才能永久生存与发展下去。

二、事前准备

（一）知己

1. 预约

图 4—4　拜访前的电话预约

商务拜访应预约，提前与拜访对象取得联系，征得对方的同意，这样既有利于拜访者也有利于被拜访者，使双方能有效地支配和控制时间。心血来潮的商务拜访是非常突兀的行为，也是一种失礼的举动。作为拜访者，上门前应先与被拜访者取得联系，事先约定拜访时间和地点，避免吃闭门羹。对于被拜访者而言，也可让他们有充分的时间做好待客准备，不至于措手不及。要尽量配合对方的时间，不要约在对方午休或用餐时间等前去拜访。

2. 准备资料

图 4－5　拜访前准备资料

文件、产品说明书等资料最好在前一天就准备妥当，以免当天匆匆忙忙或是到了公司才发现遗漏了，避免让对方认为我方不够专业、诚意不足。若是为了返回公司拿取资料而让客户等待，更是不礼貌的行为。

3. 注意着装

图 4－6　商务拜访时应着正装

商务拜访前要对自己着装服饰做足准备，着装应端庄、干净、整洁、大方。男性商务人士应穿着西装，女性商务人士应穿着套装。因为拜访者的外观代表了公司形象，如果客户对拜访者产生美好的第一印象，那这次拜访就等于成功了一半。

（二）知彼

“知彼”，就是拜访前要了解对方的情况。如经营状况、产品种类、市场范围等基本资料，这有助于编排谈话内容的顺序。在拜访的时候，有了充分的准备，才会驾轻就熟，成功地达到预期的目的。另外，适当的称谓也是商业礼节中最重要的一点，合适的称呼将为拜访赢得良好的第一印象。拜访前须将“正确无误的称谓”一项列入背景资料调查中。如果不知道商业客户的正确称谓，可预先打电话请教其秘书，对方会乐意告之。

三、不同场合的拜访技巧

（一）到办公室拜访

（1）拜访时间不宜过长，一般 15 分钟至半个小时即可。因为到办公室拜访，一般都是在工作时间。

（2）因工作需要到对方单位或办公室进行拜访，要准时造访，进入办公室前应先敲门，经允许后方可进入。如果办公室门是关着的，进来后应轻轻地把门关上。

（3）如果是初次拜访，进门后应问候“你好”或“各位好”或点头致意，然后进行自我介绍或者向接待人员递名片，请求与会面者见面。如果是事先约好的见面，应提及双方约会的事，让接待者明白来意。

（4）到办公室拜访要注意仪容，穿戴要整洁大方，符合自己的职业性质，尽量着正装。这既是对对方的尊重，同时也表明了自己对拜访的重视程度。

（5）到办公室拜访，特别是一般性的工作访问，多数情况下不必准备什么礼物。但若是为了感谢对方单位的支持，可应准备相应的礼品，一般以锦旗、牌匾之类的礼品为宜。

（二）到居室拜访

（1）当你决定到客户家中拜访，最好先给主人打电话或发短信，预先约定一个合适的时间，以便主人事先做好安排。如果不打招呼就贸然前去，就容易扰乱主人的工作和生活秩序，或者拜访时遇到主人不在的情况。如果事先约好时间，就要信守约定，准时到达，避免主人久等。如因发生特殊情况而不能前往，或者需要修改日期和时间，应提前告知主人，并表示歉意。

（2）拜访时间不宜过长，初次应以 30 分钟为好，重访一般应控制在 3 小时内，拜访时间也不宜太早和太晚，最好安排在下午或晚饭后，要尽量避免吃饭和休息时间。穿戴应整洁大方，适当做些修饰，一是注重自身形象，二是显示尊重主人。

（3）初次到别人家做客，最好适当带些礼品。如主人家有老人或小孩，则礼品选择应尽量优先满足他们的需求。熟客一般不必带礼物，但遇到重要节日或特殊约会，可以带一些大家所欢迎的礼品。

（4）在主人示意就座之前，自己不能随意坐下。在与主人交谈时，应注意礼貌，姿势要端正自然，语气要温和可亲，且注意倾听主人的谈话。若对方是长者，他在谈话时，不可随便插话，更不要自以为是。

（5）在主人家不要乱翻乱看，不要乱扔果皮、烟蒂等，未经主人同意，不能拿走主人的任何东西。如果主人招待的是饮料、水果、点心，饮料可以全喝完，但水果、点心只能稍稍品尝。

（三）到宾馆拜访

（1）如果外地客户来到本地，下榻在酒店，也应前去进行礼节性的拜访。拜访之前应先约定好时间，预约时必须将酒店的位置、楼层、房号、电话等细节询问清楚。

（2）到酒店这样的公共场合，若穿着不得体，则可能被拒之门外，即使不被阻挡，也会招来人们异样的眼光。进入酒店之后，应向前台服务人员说明来意，然后往房间打个电话，经客人允许后，方可前往房间。

(3) 进客房前，看清楼层和房间号码。待客人开门后应先进行自我介绍，双方证实身份之后，客人请进，方可进入房间。

(4) 拜访时间不宜过长，以 15 分钟左右为宜。到酒店拜访，通常不必准备礼物。

(5) 进出酒店大门、上下电梯，分别有迎宾、电梯服务员为你提供服务，不要忘记道谢。

四、拜访中的礼仪要求

(一) 守时守约

约定好的拜访时间一定要严格遵守，不可随意失约或更改时间，打扰主人的安排，也不能迟到或过早到，提前 3～5 分钟到达最为得体。如果因特殊情况不能赴约，要诚恳地向对方解释说明情况并另外约定拜访时间。再次见面时，应向对方表示诚挚歉意。在对外交往中，更应严格遵守时间，有的跨国公司安排的拜访时间常以分为计算单位，如拜访迟到 10 分钟，对方就会谢绝拜会。准时赴约是国际商务交往的基本要求。为了对主人表达敬重之意，拜访做客要仪表端庄、衣着整洁。入室之前要在踏垫上擦净鞋底，不要将污物带到主人家里。

(二) 携带名片

拜访别人时，很重要的一点是携带名片，名片的使用方法也要得当。特别是初次见面，应马上拿出名片双手递给对方，这是社交中证明你身份的最快捷、简单的方法，所以在拜访时请务必携带充足的名片。

(三) 不要抽烟

最好不要抽烟，尤其是商务场合，但如果非抽不可，则应征求主人的意见。边抽烟边洽谈公事时，请务必注意礼貌，千万不要朝他人脸部吐烟，这是非常不雅且不尊重他人的行为。

(四) 手机静音

在双方谈话的时候，最好将手机调至静音状态，以免来电干扰到会谈的进行，若和对方在谈话中频接电话会使人感到你没有诚意。

(五) 适时告辞

拜访时间要控制好，重点事项要全部交代清楚，此次拜访的目的也要说明并尽力完成，但不要冗长沉闷，否则效果不佳。若不能在预订时间完成任务，可再另约时间拜访。假如主人留客心诚，执意挽留用餐，则饭后应停留一会再走，不要用完餐即刻就走。辞行要果断，不要“走了”说过几次，却口动身不移。辞行时若有其他客人依然停留，要向其他客人道别，并感谢主人的热情款待。出门后应请主人就此留步。如有意邀主人回访，可在同主人握别时提出邀请。从对方公司或家里出来后，切勿在回程的电梯及走廊中窃窃私语，以免被人误解。

（六）过后感谢

让客户感受到你的重视与真诚，对方会感到被尊重而增加好感，一张感谢函会代表你的用心，在客户心中留下良好印象。日后若再有机会合作，能够增加成功的概率。

第三节　国际商务馈赠礼仪

一、了解商务馈赠

（一）商务馈赠的性质

在商务交往中，馈赠礼品往往是必不可少的。馈赠礼品往往是向对方表示祝贺、感谢、友好、慰问等感情，是与人沟通的润滑剂，是一种传递友情的纽带。馈赠是指人们为了向他人表达某种个人意愿，而将某种物品不求回报、毫无代价地送给对方。馈赠也可称为赠送。在商务往来中，出于工作需要，商务人员向客户赠送或接受客户赠送的礼品是常有之事。

（二）商务馈赠的原则

商务馈赠是一门艺术，自有其约定俗成的规矩，送给谁、送什么、怎么送都有一定的技巧，绝不能瞎送、胡送、滥送。因此，把握馈赠的基本原则，是馈赠活动得以顺利进行的重要前提。

1. 轻重原则

通常情况下，礼物的贵贱厚薄，往往是衡量所交往的人的诚意和情感浓烈程度的重要标志。然而，礼物的贵贱厚薄与其物质的价值含量并不总成正比。礼物既有其物质的价值含量，也有其精神含量。俗话说："千里送鹅毛，礼轻情意重。"一般来讲，礼太轻，意义不大，很容易让人误解为看不起人，尤其是对关系不算亲密的人，由于礼物太轻而想求别人办的事难度较大，成功的概率可能为零。但礼物太贵重，又会使接受礼物的人有受贿之嫌，特别是对上级、同事更应注意。所以，除非是有特殊目的的馈赠，其他馈赠礼物的贵贱厚薄都应以对方能够愉快地接受为尺度，争取做到少花钱、多办事，多花钱、办好事。

2. 效用原则

同其他物品一样，当礼物以物品的形式出现时，礼物本身也就有了产品价值和实用价值，就礼物本身的实用价值而言，当人们的经济状况不同、文化程度不同、追求不同，对于礼物的实用性要求也就不同，礼物的选择也要针对不同的受礼对象区别对待。一般来讲，对家贫者，以实惠为佳；对富裕者，以精巧为佳；对朋友，以趣味为佳；对老人，以实用为佳；对孩子，以启智新颖为佳。因此，应视受礼者的具体情况，有针对性地选择礼物。

3. 禁忌原则

由于民族、生活习惯、生活经历、宗教信仰以及性格和爱好的不同，不同的人对同一礼品的态度是不同的，或喜爱、忌讳、厌恶等。因此，我们要把握投其所好、避其禁忌的原则。在馈赠礼物时，一定要考虑周全，以免节外生枝。如果是给不同民族、不同国家的朋友送礼，应事先了解他们的风俗习惯和禁忌。比如英国人忌送黄玫瑰，因为在英国黄玫瑰象征亲友分离；德国人忌送郁金香，因为在德国的习俗中黑色郁金香是一种无情之花等。所以，馈赠前一定要了解受礼者的喜好，尤其是禁忌。

4. 时机原则

就馈赠的时机而言，及时、适宜是最重要的，中国人讲究“雪中送炭”，即要注重送礼的时效性，因为只有在最需要时得到的才是最珍贵的。因此，要注意把握好馈赠的时机，包括时间和机会的选择。一般而言，时间贵在及时，超前、滞后都达不到馈赠的目的，所以要把握住事由、情感及其他需要的恰当时机。当“门可罗雀”和“门庭若市”时，人们对馈赠的感受有天壤之别。所以，如果对商务交往对象处境困难时的馈赠，其所表达的情感更显真挚和高尚。此外，商务馈赠以选择重要节日和对方的某些纪念日送礼为宜，这样送礼人既不显得突兀虚套，受礼人收着也会心安理得，使双方感情更为融洽。

（三）商务馈赠的重要性

“礼尚往来，往而不来，非礼也，来而不往，亦非礼也。”在现代国际商务礼仪中，礼物依然是商务来往的有效媒介之一。它像桥梁和纽带一样，直接明显地传递着情感和信息，无言地表达着对受礼者的关爱。由于中国与外国的历史文化传统和经济发展水平不同，我们在向外商赠送礼物时，要注意礼物的挑选、赠送方法、接受礼物习俗三方面的问题。

二、礼品的选择与禁忌

（一）商务礼品选择

1. 收礼人的特点

礼物的价值绝不能用金钱来衡量。尽管金钱可以买到最昂贵的礼物，但最昂贵的礼物不一定是最合适的、最令对方满意的礼物。商务往来特别是国际性交往活动中，所看重的并不是礼物的价格，而是通过礼物所传递的那份情谊。因此，选择商用礼物时首先要考虑受礼方的性别、婚姻状况、教育背景、风俗习惯等。最好选择那种具有鲜明特点和特定意义并符合礼仪规范的礼物。这样，既不会增加收礼人的心理负担，又能受到对方的重视和喜爱。

2. 收礼人的喜好

选择礼品，应尽量满足对方的兴趣和爱好。俗话说：“酒逢知己千杯少，话不投机半句多。”选择礼品也是同样的道理。比如，把精巧的笔墨送给一位擅长书法的老者，肯定会让对方喜出望外。相反，如果将它赠送给一个不识文墨的人，那就是“风马牛不相及”，失去了送礼的意义，而且对方反倒可能不领情、不重视。不过在选择礼品时，应量力而行。如果仅仅是为了投其所好，而超出了企业、公司的承受能力或彼此关系的程度，不遗余力地向客商赠送满足其兴趣与爱好的礼品，不仅没有必要，而且会让对方认为此行为是另有所图，而不敢或不便接受所赠礼品，即使接受也会于心不安。

3. 送礼的目的

选择礼品时，还要考虑送礼的目的。如选择的礼品是用于迎接还是送别客户，是慰问探望还是祝贺感谢，是节日良辰还是婚丧喜庆，等等。目的不同，用途不同，礼品的意义也就不同。送礼更多是满足精神上的需要，让接受礼物者能够得到一份亲情、友情、关心、爱护、鼓励或安慰。此外，在商务活动中还有大规模的赠送礼品活动，这主要用于广告和促销，目的是为了吸引消费者，进行产品与服务的公关工作。

4. 与收礼人的关系

在选择礼品时，应对自己与受礼人之间的相互关系状况加以明确，然后再做出选择，否则仅仅凭借感觉，随意选择肯定是行不通的。对待商务往来的对象与私人交往的对象、对待个人与集体、对待老友与新朋、对待家人与外人、对待同性与异性、对待国内人士与国外人士等，在选择礼品时应区别对待。通常，商务人员代表本企业、公司为客商选择礼品时，主要侧重于礼品的精神价值和纪念意义。比如，送别客商时所赠送的礼物，其主要意义在于留念，而不在礼品自身的价格。所以，一些企业、公司自己设计并定制的带有本单位名称的纪念章、纪念物等都是与来访商、业务客户分别时常见的赠品。

商务人员在涉外交往中更要注意礼品的选择。一般情况下，首次拜访和赠送外国客商礼品，带给对方中国特色的礼品是非常受其欢迎的，如唐三彩、真丝品等。其他的礼物，像中国名酒、名茶或其他地方特色的剪纸等小礼物也是十分理想的。此外，在私人交往中，选择礼品的余地可以更宽泛一些，但是仍然要明确赠送礼品的意义应侧重于向友人表达自己的真情与友谊。

（二）商务礼品禁忌

在进行国际商务活动中，有八类物品在一般情况下不能作为礼品送给外国人：

（1）不送较多数量的股票证券。不少国家规定，在对外交往中拒收现金与有价证券，以免有受贿之嫌。

（2）不送天然珠宝与贵重金属。其原因也是为了避免贿赂嫌疑。有些国家规定，接受礼物价值超过一定标准时就要上交。

（3）不送药品与营养品。在国外，身体健康状况属个人隐私，在正常情况下，忌讳赠送药品和营养品。

（4）不送广告性、宣传性物品。除特殊情况外，在选择馈赠礼品中，礼品不能带有明显的本公司标志或广告、宣传用语，否则会被对方误解为借送礼进行商业宣传，利用对方谋取利益。

（5）不送容易引起异性误会的物品。向关系普通的异性送礼时，注意千万不要赠送示爱或表示不恭的物品。

（6）不送受礼人忌讳的物品。比如受礼人的宗教禁忌、民族禁忌、个人禁忌等。

（7）不送涉及国家机密和商业秘密的物品。不管有意还是无意，送这样的物品有损于国家利益，甚至触犯法律。

（8）不送不道德的物品。那是对对方的不尊重，应当绝对禁止。

三、商务赠礼

（一）商务赠礼时间

赠送礼品需要选择恰当的时机及具体时间。

1. 选择恰当的时机

（1）节假日。遇到中国传统节日时，如春节、中秋节等，法定节日时，如元旦、国庆节等，国外节日时，如圣诞节、感恩节等，都可以送些适当的礼物表示祝贺。

（2）喜庆嫁娶。乔迁新居、结婚生子等喜庆日子，一般应备礼相赠，以示庆贺。在商务交往中也有一些喜庆日子，如开业典礼、公司年庆、重大项目投产等，备礼相送表示祝贺与纪念，可以增进感情。

（3）探视病人。合作伙伴、同事、领导、亲友等生病，可以到医院或其家中探望，可以带一些病人喜欢的水果、食品和营养品等，表示问候与关心。

（4）拜访做客。当你去主人家拜访做客时，应备些礼物送给主人，特别是送给女主人、小孩或老人。

2. 选择具体时间

一般来说，当我们作为客人拜访他人时，最好在见面之初就向对方送上礼品，而当我们作为主人接待来访者时，则应该在客人离去的前夕或举行告别宴会时，把礼品送给对方。

在国际交往中，馈赠礼品的时间，除考虑“适时效应”外，还应注意不同国家、不同民族的风俗习惯。在有些国家，只有在对方送礼时才能还礼。有些国家，例如日本，要当在场人数不多时送礼。而在另外一些国家则正好相反，比如阿拉伯国家，必须有其他人在场，送礼才不会被看作是贿赂。

（二）商务赠礼场合

商界往来的礼物赠送，要特别注意赠礼的场合。如果赠送礼品时没有选择好地点，将大大影响赠送礼品的作用。因此，在考虑赠送礼品的地点要注意公私有别。一般来说，商务交往中所赠送的礼品应该在商务场合赠送，如办公室、会客厅；在谈判之余、商务交往外或私人交往中赠送的礼品，则应在私人居所赠送，不宜在公共场所赠送。

（三）商务赠礼方式

赠送礼品是为了维护和巩固客商之间的合作关系。因此，商务赠礼最好选择当面赠送，不要选择邮寄或委托他人赠送。面送，是一种常见的赠送礼品的形式，即当着受赠者的面，亲自将礼品交给对方。采取这种形式赠送礼品，相对于其他形式来说，更易随机应变。在赠送礼品时，应注意以下几点：

1. 精心包装

不论礼品轻重、价钱如何，赠送客商的礼品事先要精心包装。礼品的包装就如同礼品的外衣，如不加任何包装就赠送他人，就像没有穿外衣去拜访客人一样，这是十分不礼貌的。尤其是向国际人士赠送礼品时，更要特别注意这一点。把礼品精美地包装起来，一方面是表示送礼人把送礼视为很隆重的事，以此表示对受礼人的尊重；另一方面，受礼人不能直接看到礼品。

图 4－10 商务馈赠礼品要精心包装

2. 适当说明

在正式商务交往中，将所选择的礼品赠送给他人时，要进行必要的说明，如要说明礼品的含义、具体用途及与众不同之处，以使对方加深对礼品的印象，同时表达礼品赠送人的善意。比如，美国人的习惯是当场打开包装，欣赏礼品，赠礼者会作一番介绍说明。

3. 态度自然

赠送礼品时，神态要自然，举止要大方，态度热情但不谄媚。平和友善的态度及落落大方的动作，才是赠受礼双方所能共同接受的，那种做贼似地悄悄将礼品置于桌下或房中某个角落的做法，不仅达不到馈赠的目的，反而会适得其反。

4. 由在场地位最高者出面

赠送礼品时，如果条件允许，应该由本单位或本部门在场之人中身份地位最高者亲自出面赠送。由领导亲自出面向客人赠送礼品，对方会有种被重视的感觉，这是对对方的尊重。

【阅读材料】

各国馈赠礼仪①

1. 美国喜爱奇特的礼品

美国人对礼品主要讲究实用性和奇特性。如果能送一些具有独特风格或民族特色的小礼品，美国人会很欢迎。例如，我国产的仿兵马俑，在美国人心中就是一种难得的礼品。此外，包装礼品时不要用黑色的纸，因为黑色在美国人眼里是不吉利的颜色。同时，要注意赠送礼物应在商务交谈结束的时候。

2. 英国不收贵重礼品

给英国人赠送礼品时，如果礼品价格很高，就会被误认是一种贿赂。送一些高级巧克力、一两瓶名酒或鲜花，都能得到受礼者的喜欢。但要注意，最好不要送印有公司标记的礼品。

3. 法国与艺术分不开

法国人崇尚艺术，因此，所送礼品最好带有一些艺术性，如有特色的仿古礼品，他们就

① 百度文库. 现代商务礼仪［EB/OL］. http://wenku.baidu.com/view/fb83a94033687e21af45aqd6?fr=prin.

会很喜欢。如果应邀到法国人家中用餐，应带上几支不加捆扎的鲜花，但菊花必须除外。

4. 德国不爱尖锐礼品

德国人很注意礼品的包装，礼品切勿用白色、黑色或棕色的包装纸或丝带包扎。另外，不要送尖锐的东西，因为德国人视其为不祥之兆。

5. 日本忌讳4和9

给日本人赠送礼品，不要一次送4个或9个数字的东西，因为“4”字在日文中与“死”谐音，而“9”则与“苦”字谐音。日本人喜欢名牌货，但对装饰着狐狸和獾的东西很反感。他们认为，狐狸是贪婪的象征，獾则代表狡诈。

6. 俄罗斯只爱西方名牌

在俄罗斯礼品只要送名牌，特别是西方名牌货，不论礼品价值高低，都容易获得他们的好感。从一盒万宝路牌香烟到一条LEVIS牌牛仔裤都会使他们十分满意。

7. 非洲国家注重实用

非洲国家对礼品的价值不大讲究，更重视礼品的实用性，不宜送高档礼品。

四、商务受礼

在商务活动中，赠礼往往是一种双向行为，即不单单自己时常需要向他人赠送礼品，而且自己时常也需要接受或拒绝别人所赠送的礼品。能够优雅地接受或拒绝别人的礼品也是一门技巧。我们往往在给别人送礼的时候煞费心机，可是在接受或拒绝礼物时却没有想过或注意这么多礼仪。但是，接受或拒绝礼物的方式不当也会让我们和送礼者处境尴尬。因此，我们应该了解一些接受或拒绝礼物的基本方式和礼仪。

（一）接受礼品

1. 双手捧接

当他人表示要赠送礼物时，应当立即中止自己所做的事情并起身站立，适当地迎向对方，做好准备。当对方递上礼品时，应双手捧接过来，最好不要用一只手去随便地接受礼品，特别是不要只用左手去接受礼品。在接受礼品时，一定要面带微笑、充满喜悦。如果接过来的是对方所提供的礼品单，则应从头至尾细读一遍。

图4－11　双手送礼，双手接礼

2. 表示谢意

我们在接受礼品时应向对方认真而恭敬地致以谢意。可以说："谢谢您""真不好意思，让你破费了""它太漂亮了，我很喜欢""它正是我所喜欢的"，等等，以此表示自己的谢意。此外，在接受礼品的时候就道谢还表明你谢的不是礼物本身，而是对方送给你礼物的这一举动。若所赠的礼品是他人转交的，在收到之后，应立即为此专门打一个电话，表示谢意。然后，还可再写一封道谢的书信，或寄给对方一枚道谢卡，或回送一样精致的礼品。

3. 不问价格

在接受礼品时，千万不要询问礼品的价格，因为这是很无礼的行为。不管礼物的价格是高还是低，都是对方的心意，你都应该感激。有时送礼人可能因为疏忽大意而忘了把礼品上的价格标签拿掉，也可能是故意不把标签拿掉，无论是哪种情况，你看到礼品价格后都应泰然处之，然后向送礼人表示感谢，说句"谢谢，以后请不要这么破费了"。这样的举动既不失自身风度，又会让送礼人感到欣慰。

（二）拒收礼品

在商业交往中，对于所赠之物，商界人士并非来者不拒。在某些情况下，我们必须对他人赠送的礼品加以拒绝。当然，在拒绝他人赠送的礼品时，必须依礼而行，并且讲究方式、方法，不可让对方难堪。

对于一些不想收的礼物，最好是当场就请送礼者带回，因为如果受礼者保留该礼物几天，送礼者就会认为该礼物被收下了。如果送礼者不肯将礼物带回去，受礼者可以事后 24 小时之内将礼物退回并附上字条或感谢信。如果送礼人是善意的，可以向他解释退回该礼物的原因，比如公司规定不能接受客户的礼品等，并再次表示感谢。如果送礼者是恶意的，如贿赂，则不需要向他解释退回的原因，只需要告诉他礼物不合适就可以了。在这种情况下，最好把退还礼物时的信复印一份，并注明退还礼物的日期及退还方式，然后保存起来，若是当场退回，记得附上一张便笺，上面写上退回的日期和方式，同样复印一下，保存起来，这是自我保护的办法，同时也避免了以后的麻烦。

退礼要讲究策略，在语言上应当依礼待人，既不能指责对方，也不要流露出自己的不屑之意；在神态上应当不卑不亢，真诚自然，既不能故作严肃，也不要表现出极不耐烦的神情。此外，退礼时还要找一些让对方能接受的理由，千万不能因退礼而伤害送礼者的感情，否则有损对方的关系。

第四节　世界各国商务交往礼仪

由于各国文化的差异，社会、宗教的影响和忌讳，送礼成了一种复杂的礼仪。如果运用得当，送礼能巩固双方之间的业务关系；运用不当则会有碍于业务联系。选择适当的礼物、赠送礼物的时机以及让收礼人做出适当的反应，都是送礼时要注意的关键问题。

一、亚洲国家

亚洲国家虽然在民族、宗教等方面都有所差异，但却在馈赠方面有很多相似之处。亚洲各国的交往都崇尚礼尚往来，而且更愿意以自己的慷慨大方表示对他人的恭敬。在亚洲，无论何地，人们都认为来而不往是有失尊严的，这涉及自身形象。因此，一般人都倾向于先送礼品予他人。而且，收到礼品，在回礼时则常在礼品的内在价值、外在包装上更下功夫，以呈现自己的慷慨和对他人的恭敬。同时，选择和馈赠礼品时十分注意馈赠对象的具体指向性，这是亚洲人的特点。一般来说，送给老人和孩子礼品常常是令人高兴的，无论送什么，人们都乐于接受。但若是送对方妻子礼品，则需考虑交往双方的关系及对方的忌讳。此外，对亚洲国家人士的馈赠，名牌商品或具有民族特色的手工艺品是上好的馈赠选择。至于礼品的实用性，则屈居知识性和艺术性之后，例如日本人非常重视礼品的牌子和外在形式。

（一）中国

1. 中国礼仪概述

中国文化博大精深，绚烂多彩，是东亚文化圈的主体，在世界文化体系内占有重要地位，而且还有多彩的民俗文化，有诗词、戏曲、书法和绘画等，而春节、元宵、清明、端午、中秋、重阳等均是中国重要的传统节日。

人们日常见面既要态度热情，也要彬彬有礼。如何与不同身份的人相见，都有一定的规矩。比如一般性的打招呼，可以行拱手礼。拱手礼是最普通的见面礼仪，方式是双手合抱（一般是右手握拳在内，左手加于右手之上）举至胸前，立而不俯，表示一般性的客套。现代商务及社交场合最为普及的见面或辞别礼节是握手礼，有时告辞握手后往往还要目送和摆手示别。中国人在见面时稍稍欠身弯腰是适当的，也可以握握手。中国人有时会很拘礼，在相互介绍时用全部职称头衔来称呼客人。

亲朋好友久别重逢时，也有施拥抱礼的。军人相见要行举手注目礼（即敬礼）。学生晋见老师，以及舞台演员谢幕时常用鞠躬礼，以表达崇敬。人们祝贺胜利或表示欢迎时，普遍以鼓掌为礼。

如果到人家做客，在进门与落座时，主客相互客气行礼谦让，这时行的是作揖之礼，称为“揖让”。作揖同样是两手抱拳，同时低头，上身略向前屈。作揖礼在日常生活中为常见礼仪，除了上述社交场合外，向人致谢、祝贺、道歉及托人办事等也常行作揖礼。

【阅读材料】

中国：拜贺礼[①]

中国自古是一个人情社会，人们相互关怀、相互体恤，在拜贺庆吊中有许多仪礼俗规。拜贺礼一般行于节庆期间，是晚辈或低级地位的人向尊长的礼敬，同辈之间也有相

---

① 搜狐网. 中华礼仪拜贺庆吊之礼［EB/OL］. http://mt.sohu.com/20160213/n437264311.shtm/

互的拜贺。如古代元旦官员朝贺，民间新年拜年之礼。行拜贺礼时，不仅态度恭敬，口诵贺词，俯首叩拜，同时也得有贺礼奉上。庆吊之礼，主要行于人生大事中。

人的一生要经历诞生、成年、婚嫁、寿庆、死亡等若干阶段，围绕着这些人生节点，形成了一系列人生礼仪。子孙繁衍是家族大事，诞生礼自然隆重热闹。婴儿满月时，亲戚朋友纷纷上门恭贺，并馈赠营养食品与幼儿鞋帽衣物等。

小孩长大成人时要行成年礼，成年礼在古代中国社会被称为冠笄之礼。

在古代中国，男子 20 岁时行加冠礼，重新取一个名号，表示该男子具有了结婚、承担社事务的资格。女子 15 岁时行绾发加笄礼，表示到了出嫁的年龄。现代成年礼的年龄在 18 周岁，学校会举行集体的成年宣誓仪式，强调青年人的成年意识。

婚嫁是人生的大事，社会十分看重。古代中国婚礼有六道程序，所谓“周公六礼”，即纳采、问名、纳吉、纳征、请期、亲迎。宋代简化为纳采、纳吉、亲迎三礼。婚礼的高潮在亲迎，新郎要到女家亲自迎娶新娘，新婚夫妇拜堂之后入洞房，行结发礼与合卺礼。大婚之日，亲友纷纷前来恭贺，主人要大宴宾客。

寿诞礼，一般在 40 岁以后开始举行。生日那天有庆生仪式，亲友送寿礼致贺。

最后一道人生仪礼是丧礼。中国人重视送亡，丧礼发达。人死于正命，是白喜事。亲戚朋友都来吊唁热闹。为了表示哀悼心情，人们要奉上挽联、挽幛或礼品、礼金。亡者一般在 3～5 天内入殓安葬。拜贺庆吊之礼显示了人们相互扶助的社会合作精神与社会团结的气象。

2. 商务礼仪

在中国，初次见到顾客，首先要以亲切态度打招呼，并报上自己的公司名称，然后将名片递给对方，名片夹应放在西装的内袋里，不应从裤子口袋里掏出。如果是事先约好才去的，顾客已对你有一定了解，或有人介绍，就可以在打招呼后直接面谈，在面谈过程中或临别时，可再拿出名片递给对方，以加深印象，并表示保持联络的诚意。

商务交往中经常有会见活动。而在中国，会见中问候时最好要点名道姓。迈进会客室的门，你的第一句话可能是：“您好，见到您很高兴。”但这却不如说：“张经理，您好，见到您很高兴。”中国人特别注重座次顺序，在会议及宴请的时候，座位安排与国际惯例不同，中国以左为尊，左为上，右为下，座次是“尚左尊东”“面朝大门为尊”。

中国有着独特的酒桌文化，吃饭喝酒是中国商场上善用的拉近人际距离的一种手段。当与中国人进行商业往来时，首先必须尊重中国人的这种酒桌文化。中国人喜欢在饭桌上谈生意。因此，无论是招待客人或者是商务活动，吃饭喝酒总是免不了的。中国有句俗话：“酒品即人品。”所谓“酒品”，就是喝酒者的品格，是酒桌上对聚餐者的道德评价。在一定的范围内，酒品好的人就容易得到积极的评价，就更容易有人缘，他人就愿意与之继续打交道，这一点在商务活动中也是如此。

3. 禁忌

（1）在信仰方面，中国主要宗教有佛教、道教、伊斯兰教、天主教和基督教等，无教派人占绝大多数。

（2）中国人忌讳颇多。忌讳旁人在自己面前吐痰、挖鼻孔、擤鼻涕，认为这些是不讲公德的行为。忌讳有人双目盯视自己，认为这是不怀好意的表现。忌讳礼物“送钟”，因其与“送终”同音，使人感到丧气。吃梨忌讳分着吃，或一梨切成几瓣分着吃，因为“分梨”与“分离”同音，是一种不祥的预兆。忌讳听到乌鸦的叫声，认为这是不祥的兆头。忌讳有人用筷子敲击碗碟，因为这会使人联想到乞丐要饭。忌讳黑色。认为黑色是葬礼的颜色。忌讳用红笔写信及签字，因为这含有断交之意。江浙地区的人对“13”也有所忌讳，他们常把呆笨、愚蠢的人称为“13点”。有些地方的人不喜欢“14”，认为“14”和“失事”音相似。

(3) 中国人的饮食习惯一般多是一日三餐，分早、午、晚餐。用餐时绝大多数使用筷子，以碗盛饭，以盘盛菜，这与西方人的用餐方法截然不同。

（二）日本

1. 日本礼仪概述

日本发达的制造业是国民经济的主要支柱，并且该国拥有大量的跨国公司和科研机构。此外，日本仍较好地保存着以茶道、花道、书道等为代表的日本传统文化。

日本十分注重穿着打扮，在交往中，政务活动及对外场合中一般都会穿西装，在民间活动中，如传统节日，他们会穿和服。因此在与日本人打交道时，衣着上应注意以下四点：

第一，日本人认为衣着不整便意味着没有教养或是不尊重对方。所以，在与日本人会面时，一般不宜穿着太过于随意，特别是不要光脚和穿背心。

第二，到日本人家中做客，进门前要脱下大衣、风衣和鞋子。

第三，拜访日本人时，切勿在未经主人许可时自行脱去外衣。

第四，参加庆典或仪式时，不论天气多热，都要穿套装或套裙。

日本人的一般问候是鞠躬而不是握手，鞠躬弯腰的深浅不同表示的含义也不同。弯腰最低，礼貌度最高，也称为“最敬礼”。但随着经济的发展，在国际交往中，日本人开始逐渐使用握手礼，尤其是年轻人或与欧美人士接触频繁的人，也开始有见面握手的习惯。

【阅读材料】

日本：不能送红色圣诞卡①

在日本，礼品被称为“精神交流的润滑剂”。

日本人送礼非常注重包装。一件礼物不管价格高低，通常都要里三层外三层包得严严实实，并写上“粗品”二字以表示谦逊。另外，包装纸的颜色也有讲究，在日本文化中，绿色表示不祥，白色和黑色则与死亡相联系，因而选择花色纸是最“安全”的。

日本人在探望病人时，忌用山茶花、仙客来及各种淡黄色花或白色花。另外，礼物的数目千万不能是4或4的倍数，因为日语中“4”和“死”音近。

---

① 百度文库. 外国人送礼讲究多［EB/OL］. http://wenku.baidu.com/view/01504fdf79563c1ec4da71c4.html.

日本人对绘有狐、獾等动物形象的礼品甚为反感。在他们心目中，狐狸是贪婪的象征，獾则代表狡诈。

此外，千万不要给日本友人寄送红色圣诞卡，因为在日本，丧事讣告通常是用红色印刷的。

2. 商务礼仪

在日本从事商务活动，宜选择 2～6 月，9～11 月进行，其他时间日本当地人多休假或忙于过节。名片在日本商务活动中尤为重要，在日本人看来，名片代表一个人的社会地位。因此在商务活动中要随身携带。日本商人也特别重视建立长期的合作关系，他们在商务谈判中十分维护对方的面子，同时希望对方也如此做。在赠送礼品时，日本人非常注重阶层或等级，在商务活动中，不要送他们太昂贵的礼品，避免它们认为你的身份比他高。

日本人待人接物的态度认真，办事效率高，并表现出很强的纪律性和自制力。在商务交往中，日本人强调准时，并且不喜欢针锋相对的言行以及急躁的风格，他们把善于控制自己的举动看成一种美德。他们主张以低姿态待人，说话时应避免凝视对方，通常以弯腰鞠躬表示自身谦虚有教养。在商务活动中，日本人常用自谦语言，如“请多关照”等，谈话也常用谦语。

在日本，交换名片是商务交流最简洁而又不使双方感到尴尬的方式。由于日本社会等级非常森严，在使用名片时，要注意以下事项：印名片时，最好一面印中文，一面印日文，且名片中的头衔要准确地反映自己在公司的地位。在会见日本商人时，记住要按由职位高到职位低的顺序交换名片。交换名片时，把印有字的一面朝上并伸直手，微微鞠躬后，各自把对方的名片接到右手上。

3. 禁忌

（1）日本人接待客人不是在办公室，而是在会议室、接待室，他们不会轻易领人进办公的机要部门。

（2）日本人有一种顾全大局的集团观念，集团的行动和纪律具有至高无上的约束力。如果有人在外面说自己集团的坏话，或透露家丑，必然会被大家孤立。因此在商务活动中切忌谈论集团的相关事项。

（3）日本人送礼时，一般送成双成对的礼物。赠送礼物时，通常是在社交性活动场所，如在会谈后的餐桌上。最好说些“这不算什么”之类的话。另外，要注意日方人员的职位高低，礼物要按职位高低分成不同等级。礼品包装纸的颜色也有讲究，黑白色代表丧事，绿色为不详，也不宜用红色包装纸，最好用花色纸包装礼品。

（三）韩国

1. 韩国礼仪概述

韩国人崇尚儒教，尊重长老，长者进屋时大家都要起立，问他们高寿。和长者谈话时要摘去墨镜。早晨起床和饭后都要向父母问安；父母外出回来，子女都要迎接后才能吃饭，吃饭时应先为老人或长辈盛饭上菜，老人动筷后，其他人才能吃。

在社会集体和宴会中，男女分开进行社交活动，甚至在家或餐馆里都是如此。在韩国，如有人邀请你到家吃饭，你应带上小礼品或者鲜花前往，或者带具有本国特色的礼品，不要送食物或贴有韩国制造或日本制造标识的东西。

韩国人用双手接礼物，但不会当着客人的面打开。不宜送外国香烟给韩国友人。酒是送韩国男人最好的礼品，但不能送酒给妇女，除非说明这酒是送给她丈夫的。在赠送韩国人礼品时应注意，韩国男性多喜欢名牌纺织品、领带、打火机、电动剃须刀等；女性喜欢化妆品、提包、手套、围巾类物品和厨房里用的调料；孩子则喜欢食品。如果送钱，应放在信封内。韩国人在称呼上多使用敬语和尊称，很少直接称呼对方的名字。

【阅读材料】

韩国送礼主要节日[①]

1. 收获月亮节

在某些方面这一节日与美国感恩节相仿。在这一天（农历八月十五日），人们准备一次盛宴，庆祝新谷和水果丰收。工人们通常可得到 3～4 天假期。他们回到自己老家，在祖坟前举行祭奠活动。家人、朋友及商务熟人之间送新收的庄稼或钓得的鱼是庆祝活动中一个重要内容。赏月是这天晚上的特色活动。

2. 农历新年

尽管人们一般也庆祝元旦（1 月 1 日～3 日），但更重要的庆祝活动是农历新年，即农历一月初一。这一天是法定假日，也被指定为国民日，它是以家庭祭祖仪式、特做饭菜、传统游戏及家人与朋友之间互赠礼品等形式来庆贺。

在这期间，人们给比自己更有权势或影响的人送钱，以期在来年会受到他们恩惠。“买”关系是很普遍的风俗。外国人会发现这个习俗对他们也有用。一位韩国妇女解释道：“就像去钓鱼，礼物是鱼饵而不是鱼。大家希望通过撒鱼饵钓到大鱼。”

3. 圣诞节

今天的韩国是世界宗教熔炉，最有影响的三大宗教是佛教、新教（耶稣教）及天主教。基督徒们和其他公民同西方人一样庆祝圣诞节。成人之间互赠圣诞礼物，孩子们则期待 12 月 24 日圣诞老人到来。

4. 其他送礼节日

包括儿童节、端午节和 5 月 8 日节（父母亲节）。儿童节通过为孩子举办各种活动来庆祝。父母们通常把孩子带去看特别节目或吃特别菜肴。孩子们还从父母及其他成年家庭成员那儿获得礼物。父母亲节，人们送些小礼品给父母亲以示庆贺。同一些西方国家一样，康乃馨已成为送给母亲的象征性礼物。情人节在年轻人中间正逐步流行起来。

5. 生日

韩国送礼习俗中有两个最重要的生日纪念：出生百日纪念和六十岁诞辰。在前者庆祝聚会上，孩子身穿彩色传统服装，坐在一堆甜饼、水果和米糕中间接受礼物。六十岁生日则是一个喜庆时刻，因为它被认为是人生旅途中一个重要里程碑。这时，摆一顿有

① 江沪社团. 韩国过节送什么［EB/OL］. http://st.hujiang.com/topic/163401611445/.

着丰盛菜肴的豪华寿宴，送上许多礼品以及祝愿长命百岁是庆贺时的主要内容。

6. 婚礼

韩国人婚礼方式有两种：传统式和西方式。现在，新郎新娘身着漂亮的传统礼服举行老式婚礼已很少见到了。现在许多婚礼均在婚礼堂内举行。大多数韩国人送钱作为结婚礼物。参加婚礼客人把装有钱的信封放在婚礼堂进口处桌子上。亲近朋友可根据他们喜好送件特别礼物。

外国人如果不去参加婚礼，若觉得送钱不自在话，可以把银器、水晶玻璃器皿、其他用具等作为礼品送至新娘或新郎家里。大多数新婚夫妇会收到一对传统木鸳鸯，一红一蓝，以示好运。结婚时送的礼物或贺词通常用金色或银色的纸包装装饰。

7. 生病康复

若某人生病，花和时令水果为常送礼品。

8. 葬礼

参加葬礼之人要将装有钱的信封放在门口。若送花去，按惯例一般送白色或黄色菊花。其他礼物或食品一般不会被接受。写一封慰问信也很合适。

2. 商务礼仪

在韩国的商务活动中，拜访必须预先约定。同时韩国人很重视交往中的接待，宴请一般在饭店或酒吧举行，且夫人很少在场。

韩国人见面时的传统礼节是鞠躬。晚辈、下级走路时遇到长辈或上级，应鞠躬、问候，站在一旁，让其先行，以示敬意。男人之间见面打招呼互相鞠躬并握手，握手时或用双手，或用左手，并只限于点一次头。鞠躬礼节一般在生意人中不使用。和韩国官员打交道一般可以握手或是轻轻点一下头。在韩国，女人一般不与人握手。

在馈赠礼仪中，韩国人使用双手接礼物，但不会当着客人的面打开。不宜送外国香烟给韩国友人。韩国人在工作场合或出席社交活动时，一般都是穿西式服装，系着领带，皮鞋擦亮，显得很庄重。

3. 禁忌

(1) 韩国人忌讳数字“4”，因为“4”在韩语中的发音与“死”字完全相同，是不吉利的数字，所以，韩国楼房没有四号房、酒店不设第四层、宴会中没有第四桌等。

(2) 政府规定，韩国公民对国旗、国歌、国花必须敬重。不但电台定时播出国歌，而且影剧院放映演出前也放国歌，观众须起立。外国人在上述场所如表现过分怠慢，会被认为是对韩国人的不敬。

(3) 韩国人禁忌颇多。逢年过节相互见面时，不能说不吉利的话，更不能生气、吵架。农历正月头三天不能倒垃圾、扫地，更不能杀鸡宰猪。寒食节忌生火。生肖相克忌婚姻，婚期忌单日。渔民吃鱼不许翻面，因忌翻船。忌到别人家里剪指甲，否则两家死后结怨。吃饭时忌戴帽子，否则终身受穷。睡觉时忌枕书，否则读无成。忌杀正月里生的狗，否则三年内必死无疑。

二、欧美国家

欧美国家与亚洲国家不同，在礼品的选择喜好等方面没有太多讲究，其礼品更注重实用的内容和漂亮的包装。西方人对礼品更倾向于实用，一束鲜花、一瓶好酒、一盒巧克力、一块手表，甚至一同游览、参观等，都是上佳的礼品。当然，如果再讲究礼品的牌子和包装，效果更佳。西方人馈赠时，受赠人常常当着赠礼人的面打开包装并表赞美后，邀赠礼人一同享受或欣赏礼品。一般情况下，西方人赠礼常在社交活动行将结束时，即在社交已有成果时方才赠礼，以避免行受贿之嫌。

（一）法国

1. 法国礼仪概述

法国人的衣着十分讲究，尤其是巴黎人以服饰的漂亮和华丽精致而享誉世界。在会谈时要尽可能穿最好的衣服，在法国从事商务活动时宜穿保守式的西装。

法国人很看重人际关系，而这种性格也会投射到商业的交涉上。通常情况下，在尚未成为朋友之前，法国人是不会与对方成交大宗买卖的。

法国人很喜欢花，生活中也离不开花，不管是探亲访友，还是应约赴会，总是带上一束漂亮的鲜花，人们在拜访或参加晚宴的之前，总是会送鲜花给主人，但忌送红玫瑰（表示情人的礼物）和菊花（表示对死者哀悼）。

法国人很重视时间，在与法国人交往时，按时赴约是最基本的礼貌。法国人不喜欢将公事和私事混合在一起，如果有商务事宜需要商榷，因此应提前商定时间，在交往时也不应询问私人问题。

法国人特别讲究礼貌，在举止行动上处处体现“女士第一”。法国人见面时通常会亲面颊或贴面颊。长辈对晚辈亲额头。

【阅读材料】

法国：送刀会“割裂”友情①

与多数欧美人一样，法国人通常在双方关系确定之后才互赠礼物，初次见面就送礼是很不恰当的。

法国人喜欢花，人们在应约赴会时，总要为主人带上一束美丽的鲜花。不过，千万不能带菊花及其他黄色的花朵，因为在法国（或其他法语区）菊花代表哀伤，只能用在葬礼上。而其他黄色的花朵则象征着夫妻间的不忠贞，也不宜送。另外，康乃馨在法语里与“扣眼”同音，被称为“魔鬼之眼”，属于不祥之物。

此外，花束不能捆扎、不能带土，还必须是单数——当然，要避开不吉利的“13”。除鲜花之外，法国本土出产的奢侈品，像香槟、白兰地、香水等，也是不错的选择。不过，男士可不能随便向女士赠送香水，因为这种做法有过分亲昵之嫌。

值得注意的是，刀剑、餐叉等有刃的东西也不能送。在法国人看来，这些“利器”会引起朋友间的争斗，从而“割断”友情。如果在不知情的情况下买了一把刀而且来不及更换的话，那就象征性地向对方索取一枚硬币，这样就能避免或缓解法国人对于收到

① 百度经验. 给外国朋友送礼的常识［EB/OL］. http://jingyan.baidu.com/anticle/d8072ac4298e5cec95cefde9.html

刀具礼物的不良感受。

2. 商务礼仪

和法国人谈生意，要避免商业淡季。在法国，8 月份全国都在放假，几乎不会谈生意。同时法国人也很喜欢度假，在很多时候，他们都不会错过或推迟一个假期去谈判。因此，在商务活动中，应尽量避免在法国人度假的时期访问法国，最好在 9 月之后去法国谈生意。法国人在贸易谈判中，通常有以下一些特点：立场坚定，坚持在谈判中使用法语，偏爱横向式谈判。把握这些特点，才能找到与法国人谈判的合适策略。

3. 禁忌

在法国，男人向女士赠送香水，有过分亲热和不轨企图之嫌。同时也不要送刀、剑、餐具之类的物品。如果送了，则意味着双方断绝关系。送花通常需要送单数，但不能选不吉利的数字“13”。法国人特别忌讳“13”，他们不会住 13 号房间，不坐 13 号座位，不允许 13 人共进晚餐。

（二）美国

1. 美国礼仪概述

美国是一个高度发达的资本主义超级大国，其政治、经济、军事、文化、创新等实力领衔全球。

相对而言，美国人平时对穿着打扮并不讲究。崇尚自然，偏爱宽松，讲究着装体现个性，是美国人穿着打扮的基本特征。喜欢 T 恤、运动装以及其他风格的休闲装。要想从服装看出一个美国人的身份地位是很不容易的，衣冠楚楚的美国人在实际生活中也不是没有。但是，要想见到身穿礼服或套装的美国人，大约是在音乐厅、宴会厅或者大公司的写字楼内，才比较容易。虽然说美国人穿着比较随便，但并不等于说他们穿衣不讲究。在正式场合，美国人就比较讲究礼节了，与美国人进行商务交往时，要注重整洁，最好穿着西装，皮鞋要擦亮，手指甲要干净。

美国人以生活比较随意自在、性格开朗、不太拘于礼节而著称。一般在非正式场合，人与人之间的交往是非常随意的，朋友之间见面时，也只需要招呼一声“hello”。美国人十分讲究“个人空间”，因此和美国人说话时，不可站得太近，一般保持在半米以外为宜。

【阅读材料】

美国人：送礼附上购物小票①

美国人常开玩笑地说，他们的送礼习俗源于伊甸园中夏娃递给亚当的那个苹果。

美国人送礼的显着特点是简洁、随意、务实。礼品的价值和形式并不重要，简单实用、略表心意即可，故而一束鲜花、一本新书、一盒巧克力或一瓶葡萄酒等，都是很受欢迎的礼物。

---

① 百度经验. 给外国朋友送礼的常识［EB/OL］. http://jingyan.baidu.com/anticle/d8072ac4298e5cec95cefde9.html

美国人送礼时，通常会保留包装和价格标签，并附上购物小票。这样，如果对方不喜欢礼物，还可以拿着小票去兑换其他商品。

有时，美国人干脆把自己需要的东西列出一张清单，以便想送礼的朋友们“有的放矢”，这样不仅省去了很多麻烦，也避免了铺张浪费。

另外，美国人喜欢户外活动，给他们送礼时，完全可以“以玩代礼”，比如，邀请他们到郊外野餐或一同去打高尔夫球等，一般来讲，对方都会欣然应允的。

2. 商务礼仪

和美国人做生意时，要特别注重美国的商务礼俗和美国社会的一些习俗。美国商人很少握手，即使是初次见面，也不一定非先握手不可，有时是点头示意，礼貌地打声招呼即可。

美国人很少用正式的头衔来称呼别人。正式头衔一般只用于法官、军官、医生、教授等人物。因此，多数美国人，无论男女老少，一般都比较喜欢别人直呼自己的名字，并认为这是亲切友好的表示。

美国人喜欢表现自己的“不正式、随和与幽默感”。能经常说几句笑话的人，往往容易被对方所接受。在美国商界，流行在早餐与午餐时间约会谈判，若答应参加对方举办的宴会时，一定要准时赴宴，假如因特殊情况不能准时赴约，一定要电话通知主人，并说明理由，或告知主人什么时间可以去。

美国商人法律意识很强，注重合同的推敲，“法庭上见”是美国人的家常便饭。

3. 禁忌

（1）美国人忌讳“13”“星期五”和“3”，认为这些数字和日期，都是厄运和灾难的象征；忌讳有人在自己面前挖耳朵、抠鼻孔、打喷嚏、伸懒腰、咳嗽等，认为这些都是不文明的，是缺乏礼教的行为。

（2）不要称呼黑人为“Negro”。Negro 在英语中是“黑人”“黑鬼”的意思，尤指从非洲贩卖到美国为奴的黑人。所以，在美国千万不能把黑人称为“Negro”，黑人会感到你对他的藐视，最好用“Black”一词，黑人对这个称呼会坦然接受。

（3）美国人饮食上忌食各种动物的五趾和内脏；不吃蒜；不吃过辣食品；不爱吃肥肉；不喜欢清蒸和红烩菜肴。

（三）德国

1. 德国礼仪概述

德国是一个高度发达的资本主义国家，欧洲四大经济体之一，其社会保障制度完善，国民具有极高的生活水平。

在德国，礼貌是至关重要的，故赠送时要注意礼品的适当与否，包装更要尽善尽美。玫瑰是为情人准备的，绝不能送给商务客人。朋友之间交往、遇有婚丧喜庆、做客赴宴、送往迎来、逢年过节、慰问病人等，自要送些礼品，这是人之常情。德国人不喜欢送重礼，所送礼物多为价格不贵但有纪念意义的物品，以此来表示慰问、致贺或感谢之情。大部分人会带束鲜花，也有一些男性客人带瓶葡萄酒，个别人会带一本有意义的书（或者是自己写的书）或者画册等。在欢迎客人（如车站、机场等场所）、探望病人时，也多送鲜花。在祝贺他人生日、节日或者婚嫁等时，可寄送贺卡，如送贺礼，则以实用和有意义为原则，而不是以价格高低论轻重。所送之礼物都要事先用礼品纸包好。许多人常在收到礼后会马上打开观看，并向送礼人表示感谢。

【阅读材料】

与德国人交往小贴士[①]

1. 守纪律，讲整洁

德国人非常注重规则和纪律，干什么都十分认真。凡是有明文规定的，德国人都会自觉遵守；凡是明确禁止的，德国人绝不会去碰它。

德国人很讲究清洁和整齐，不仅注意保持自己生活的小环境的清洁和整齐，而且也十分重视大环境的清洁和整齐。在德国，无论是公园、街道，还是影剧院或者其他公共场合，到处都收拾得干干净净、整整齐齐。

2. 守时间，喜清静

德国人非常守时，约定好的时间，无特殊情况，绝不轻易变动。德国人应邀到别人家做客或者是外出拜访朋友，都会按点到达，不会让主人浪费时间干等或者不得不提前招待客人。如有特殊原因无法准时赴约时，都会向朋友表示歉意，并请求原谅。

德国人多喜欢清静的生活，除特殊场合外，不大喜欢喧闹。比方说，许多人虽在城里上班，但却把家安在乡村或者城市附近的小镇，图的就是一个清静。就是那些住在城里的人，也十分注意住宅周围是否有噪音。

3. 待人诚恳，注重礼仪

通常来讲，同德国人打交道没有太多的麻烦。多数情况下，他们都比较干脆。凡是他们能办的，他们都会马上告诉你“可以办”。凡是他们办不到的，他们也会明确告诉你“不行”，很少摆架子，或者给人以模棱两可的答复。当然，人际关系和努力的程度对办事也绝非没有影响。和西方许多国家相似，德国人比较注意礼仪。

4. 初次相识

德国人初次相识，如果需第三者介绍，作为介绍的人应该注意：不能不论男女长幼、地位高低而随便把某人介绍给另一人，一般的习惯是从老者和女士开始。向老年人引见年轻人，向女士引见男士，向地位高的人引见地位低的人。双方握手时，要友好地注视对方，以表示尊重对方，否则是很不礼貌的行为。初相识的双方在自报姓名时，要注意听清和记住对方的姓名，以免出现忘记和叫错名字的尴尬局面。在德语中，与陌生人、长者以及关系一般的人交往，通常用尊称“您”；而对私交较深、关系密切者，往往用友称“你”来称呼对方。

5. 女士优先

在德国和其他西方国家，女士在许多场合下都受到优先照顾，如进门、进电梯、上车等，都是女士优先。男士要帮女士开轿车门、挂衣服、让座位等。女士对此只说声

---

① 百度文库. 德国［EB/OL］. http://wenk.baidu.com/view/cd83164fo3d8ce2f00662352?fr=prin.

“谢谢”，而不必感到不好意思，或者认为对方不怀好意。在同人交谈时，德国人很注意尊重对方。不询问人家的私事（如不问女性的年龄，不问对方的收入等），也不拿在场的人开玩笑。就餐谈话时，不隔着餐桌与坐得较远的人交谈，怕影响别人的情绪。

2. 商务礼仪

在德国，尽量以握手为礼，握手用右手，伸手动作要大方。如果对方身份高，须对方先伸手，称呼对方多用“先生”“女士”等敬语。

德国实行每周 5 天工作制，通常是早上 9 点至下午 5 点工作，中间有 1 小时午餐时间，一些商店星期六会开业，但银行周末都休息，其中 8 月份是多数企业的夏休时间。

在与德国商人交谈时应尽量说德语，最好携同翻译人员前往。因为用德语，会令德国人相当高兴。需要注意的是，不要在德国人面前谈及棒球、篮球或美式足球。可以谈谈德国的乡村生活、业余爱好以及英式足球之类的体育运动。

在时间安排上，德国商人在商务活动中不愿意浪费时间，因此在与他们交往之前，我们必须事先熟悉问题，单刀直入，准时到达。此外，在上午 10 点前和下午 4 点之后，都不应与德国人订约会。

3. 禁忌

（1）德国人视浪费为“罪恶”，极其讨厌浪费的人，所以，德国人一般都没有奢侈的习惯。

（2）如果你被邀请到德国人家中做客，千万不要带葡萄酒前往，因为此举动意味着客人认为主人对酒品味不够好。

（3）德国人对礼品的包装纸非常讲究，但忌用白色、黑色、咖啡色的包装纸装礼品，更不要使用丝带作外包装。此外，送德国人一束包好的花，也被认为是不礼貌的。

（4）德国人忌讳“13”和“星期五”。认为“13”是厄运的数字，如“13”与“星期五”在同一日，就更被视为不吉利。他们也认为核桃是不吉祥之物。他们忌讳四人交叉握手，认为这是不礼貌的做法。他们忌讳蔷薇、菊花，认为这些花是为悼念亡者所用的，因此，这些花是不能随意作为礼品送人的。他们不喜欢客人随便赠送玫瑰花，因玫瑰花在德国有浪漫的含义。忌讳他人过问自己的年龄、工资、信仰、婚姻状况等问题，认为这统统是个人的私事，无须他人干涉。

第五节　实践指导

一、实践任务

通过本章学习，要求学生能够熟练运用所学理论深入理解国际商务拜访、接待、馈赠礼仪，了解世界各国商务往来礼仪，并掌握商务往来礼仪的实践操作，以此更好地指导和完成商务往来工作。

学生应多角度、多方式、多渠道地收集有关资料，运用讨论交流的方式，由老师组织学生进行课堂讨论，通过课堂讨论，让学生更深地认识到在商务活动中对往来礼仪实践操作的重要性，同时通过理论与实践相结合，让学生掌握国际商务往来礼仪。

二、实践内容

国际商务往来礼仪分组讨论资料收集，包含以下实践内容：

（一）国际商务接待礼仪

（1）迎候礼仪。

（2）陪同礼仪。

（3）送别礼仪。

（二）国际商务拜访礼仪

（1）到办公室拜访。

（2）到居室拜访。

（3）到宾馆拜访。

（三）国际商务馈赠礼仪

（1）礼品选择。

（2）赠送礼仪。

（3）接受礼仪。

（4）拒绝礼仪。

（四）世界各国商务交往礼仪

（1）各国家的概括。

（2）各国家的社交礼仪。

（3）各国家的商务礼仪。

（4）各国家的相关禁忌。

三、实践步骤

（1）分组收集与商务往来礼仪相关的资料，以备课堂交流。

（2）组内讨论交流，课下进行礼仪短剧排练。

（3）短剧内容包括：接待礼仪、拜访礼仪和馈赠礼仪。

（4）在课堂上进行表演。

（5）组与组进行打分与评价，再由教师做适当点评。

（6）上交剧本。

四、实践要求

（1）剧本内容要与商务往来礼仪的内容相关，内容要丰富，形式要多样。

（2）小组内部讨论，通过头脑风暴整理剧本。

（3）表演要求仪态整洁大方，生动形象，符合要求。

（4）组与组之间互评，要求客观、公正。

拓展阅读

××集团客户接待工作的管理规定①

1. 目的

为让客户更进一步了解本公司在玻璃深加工方面的生产加工实力，让客户满意和为办事处在销售领域的成功签约服务。

2. 原则

针对客户考察目的进行热情、周到的服务并准备充分，包括硬件及软件、人员及内部部门间的协调沟通，为客户提供专业的讲解和技术服务。

3. 常规客户接待工作

(1) 客户考察备忘的填写：办事处联系客户考察的日期和行程，填写客户考察备忘表；注明客户考察日期，考察人员的组成，行程安排，需要接送的客户应注明航班号、列车车次，到达时间及到达地点和相关联系人员及联系方式；客户姓名、所在公司、职位，客户与我司的关系，等等。

(2) 考察备忘录上应有各办事处主要负责人或相关领导签字，注明考察工程项目名称或考察内容。考察的目的是属于催货还是属于实地考察。

(3) 客户考察前一天应做好准备，如交通，客餐，住宿，并向相关的领导汇报自己准备的工作，确认有没有需要相关领导接见。

(4) 对于催货的客户，将考察备忘复印一份通知订单预计组，办事处业务员应随同前来，订单预计组出面接待，对于没有业务员前来的，技术组接待专员迎接后，由订单预计组出面接待。订单预计组在客户到达之前，准备好工程相关生产、发货、欠款等情况说明，尽量避免催货的客户在车间进行参观。长期催货客户应签订进入车间的安全协议，不能在办公区逗留、不能直接进入车间。以宽容与平静的心理去劝说客户，稳住客户情绪。尽最大可能不麻烦领导、不能告知公司内部情况（包括业务员、办事处）。要注意保密，不能轻易在客户面前谈论价格、外协等敏感问题。

(5) 重要客户到达工厂后，接到会议室休息，并通知领导，由领导或相关负责人接见并对客户的问题给予针对性的回答。回答客户问题的时候上一定要谨慎，特别是对价格、原片的来源、利润等问题应准备好回避性的语言。

(6) 客户参观工厂必须有接待人员陪同，并严格按照工厂内的行走路线参观。

(7) 接待过程中不能以贬低竞争对手的话语来提高自己的企业形象。在相应的时间内带领客户用餐。

(8) 客户离厂时应事先安排好车辆，并由相应的人员陪送客户。

4. 海外客户接待

---

① 百度文库. 客户接待规定［EB/OL］. http://wenku.baidu.com/view/8eeabea/284ac850ad024228?fr=prin.

(1) 考察的准备。

①客餐准备：

根据需要填写客餐申请单，报总经理办公室准备。根据不同客户的习俗，准备不同类型的客餐。

• 欧美客户：喜甜食，不要太辣；食材不要动物内脏，鱼类要少刺、少骨，蟹虾要剥好皮，易食；准备刀叉。

• 日本客户：清淡，以海鲜为主，也可适当做一些中国特色菜。

• 酒水饮料：常备一些啤酒、可乐、葡萄酒和果汁。一般说来，欧洲客户喜欢啤酒(以青岛啤酒为主)、葡萄酒；美国客户喜欢可乐、矿泉水或果汁；日本客户喜欢啤酒。

②样片准备：

生产部技术人员的前期准备：如果客户是来讨论样片的有关事宜，技术服务组负责接待人员应提前联络生产部，请相关工程师做好准备。样片观察时采用黑色的检测台，并根据需要提前准备。

③会议室和茶水准备：

市场服务部填写会议申请单，总经理办公室负责前期准备工作。

(2) 对于重点客户，除一般准备外，应以备忘形式告知总经理办公室准备果盘和鲜花。准备茶水时，若用好茶，应选用瓷杯。冬天时应提前将预定的会议室和客餐雅间的暖气打开。如果客户考察备忘上显示出客户是直接从国外而来，相关人员应考虑告知行政部准备一些咖啡来提神，以预防时差带来的不适。

(3) 提前演练：如果客户考察的人数很多，应提前联络所有的相关部门做好准备，制定线路，做好安排，利用全公司的所有资源（包括人力资源）提前演练，届时执行计划，按分工带领客户分批参观工厂。

(4) 常准备一些特产给海外客户作为回赠。

5. 注意事项

(1) 接待完毕后应根据考察过程将重点信息小结并反馈办事处，讲解过程、对方的兴趣所在、建议等；

(2) 工厂所属办事处的客户到南方考察备忘要通过总工厂的安排；

(3) 与公司行政部联系车辆到指定地点迎接客户，确定招待客餐标准；

(4) 参观车间提前办理审批手续并通知生产、经营、质量、技术等部门；

(5) 视对方的级别、工程的重要性确定总经理部领导见面与否——凡需要总经理部出面接待的客户需要书面说明工程的情况并提前沟通；

(6) 客户进入车间不得照相，并注意安全；

(7) 大型的群体参观应首先与客户方接触，就参观路线和停留地点等细节问题达成一致，厂内参观时应注意不同小组之间的距离；

(8) 在会客区域接待来访客人，不得擅自带入办公区域，接待完毕后清理现场。

(9) 态度热情、谦和礼貌，力求周到，不得草率敷衍；

(10) 最好提前取得客户项目的效果图；

(11) 客户接待费用的分类：办事处有具体的工程费用归办事处；催货的客户、公司直接接待客户的费用归公司。

各国送礼的主要禁忌①

1. 日本人的主要禁忌

(1) 颜色忌。忌紫色和绿色。

(2) 数字忌。忌讳“4”和“9”。

(3) 送礼忌。日本人爱送小礼物，但不要送梳子、圆珠笔、T恤衫、火柴、广告帽。在包装礼品时，不要蝴蝶结。

(4) 鲜花忌。反感荷花，在探望病人时不要送山茶花、仙客来花等。

(5) 动物忌。讨厌金色的猫，对狐狸和獾极为反感。

(6) 筷子忌。日本人用筷时不可舔筷、移筷、扭筷、剔筷、插筷、跨筷等。

2. 韩国人的主要禁忌

(1) 数字忌。韩国人喜爱单数，忌讳双数，对“4”非常反感。

(2) 送礼忌。送礼时，不要送日本出产的物品；接受礼品时应用双手，一般不习惯当面打开礼品盒。

(3) 交谈忌。不宜谈政治腐败、经济危机、南北分裂、韩美关系、韩日关系、日本之长等话题。交谈时，发音和“死”相似的“私”“师”“事”等几个词最好不要使用。

3. 新加坡人的主要禁忌

(1) 颜色忌。忌黑色、紫色、白色和黄色。

(2) 数字忌。忌“4”“7”“13”等。

(3) 交谈忌。忌谈论政治、种族、宗教、配偶等话题。

(4) 筷子忌。忌把筷子放在碗和盘子上，不用时也不能叉开摆放。

4. 英国人的主要禁忌

(1) 数字忌。忌讳“3”“13”和“星期五”。

(2) 交谈忌。忌谈英王、王室、教会及地区矛盾；忌将任何地区的英国人都称为英国人。

(3) 图案忌。忌用大象、孔雀图案。

(4) 举止忌。忌讳当众打喷嚏。

5. 法国人的主要禁忌

(1) 数字忌。忌“13”和“星期五”。

(2) 送礼忌。忌送香水给法国女人；忌把刀、剑、剪和刀叉餐具作为礼物。

(3) 图案忌。忌仙鹤、黑桃图案。

(4) 颜色忌。忌黄色、墨绿色、紫色等。

6. 德国人的主要禁忌

(1) 颜色忌。忌红色、深蓝色和茶色。

① 百度文库. 世界各国送礼的规定与禁忌［EB/OL］. http://wenku.baidu.com/view/c65ad5d95022aaea998fofea?fr=prin.

（2）交谈忌。忌涉及纳粹、宗教和党派之争，忌谈篮球、棒球和美式橄榄球运动；忌在交际场合交叉谈话。

（3）送礼忌。忌将刀、剑、剪和刀叉餐具等作为礼物。

（4）图案忌。忌纳粹党党徽的图案。

7. 意大利人的主要禁忌

（1）数字忌。忌“3”“13”以及“星期五”。

（2）图案忌。忌仕女图案、十字花图案。

（3）交谈忌。不喜欢谈论美式橄榄球和美国政治；忌谈论“黑手党”、贪污腐败、政治暗杀等；忌打听个人年龄、婚姻、收入、宗教信仰等隐私。

（4）送礼忌。忌以手帕、丝织品与麻织品送人。

（5）鲜花忌。忌菊花，一般也不用玫瑰送人。

8. 美国人的主要禁忌

（1）数字忌。忌“3”“13”和“星期五”。

（2）动物忌。讨厌蝙蝠；忌讳黑色的猫。

（3）颜色忌。忌黑色。

（4）交往忌。忌打听别人的私事；忌政党之争、投票意向和计划生育等话题。

9. 加拿大人的主要禁忌

（1）交谈忌。忌插嘴、忌打断对方的话或是与对方强词夺理；忌议论性与宗教，评说英裔加拿大人与法裔加拿大人的矛盾，探讨魁北克省要求独立的问题，或是将加拿大与美国进行比较等。

（2）数字忌。忌“13”和“星期五”。

（3）颜色忌。忌送白色的百合花；忌铲雪；不喜欢黑色。

10. 澳大利亚人的主要禁忌

（1）数字忌。忌数字“13”和“星期五”。

（2）动物忌。视兔子为不吉利的动物。

（3）交谈忌。忌谈种族、宗教与个人私生活以及等级、地位等，不喜欢“外国”或“外国人”这一称呼。

（4）饮食忌。忌吃狗肉、猫肉、蛇肉，不吃动物的内脏与头爪。

案例与思考

案例1：

生气的日本代表团[①]

日本某政府机构为日本一项大的建筑工程向中国工程公司招标。经过筛选，最后剩

① 百度文库. 社交礼仪第十讲［EB/OL］. http://wenku.baidu.com/view/3fc7261a844769eae009ed2f.html?from=search.

下4家候选公司。日本方派遣代表团到中国亲自与各家公司商谈。当代表团到达上海时，A工程公司由于忙乱中出了差错，又没有仔细复核飞机到达时间，未去机场迎接日本客人。尽管日本代表团初来乍到不熟悉上海，但还是找到了上海商业中心的一家酒店。当日本代表团打电话给那位局促不安的中国经理，听了他的道歉后，日本方同意在第二天上午11点在经理办公室会面。第二天中国经理按时到达办公室等候，直到下午三四点才接到客人的电话说："我们一直在酒店等候，始终没有人前来接我们。我们对这样的接待实在不习惯。我们已订了下午的机票飞赴下一目的地。再见了！"

思考：

(1) 请指出文中不符合商务接待礼仪的地方。

(2) 在面对日本代表团如此生气的情况下，中方经理应如何处理该问题？

案例2：

知礼节的订单（自编案例）

美国A公司为获得中国B公司的订单，其经理安娜打算亲自上门拜访中国B公司市场负责人张经理，安娜通过收集资料，了解了中国人的习俗，特定选择中秋佳节前去拜访，并特意订购了一份精美的月饼。安娜提前让助理打电话告知张经理，并约定好了时间和地点。于是中秋佳节时，安娜按照约定的时间和地点上门拜访，并采用了中国人的礼节，给对方留下了好的印象。不久之后，安娜成功得到中国B公司的订单，完成了上千万的交易。

思考：

(1) 通过安娜的行为，分析在商务拜访中我们需要注意什么？

(2) 结合案例，阐述在商务活动中，商务拜访的重要性？

案例3：

九朵郁金香（自编案例）

日本一贸易公司与中国远达贸易公司有着多年的合作关系，两家公司老总关系相当好。一日，日本贸易公司总经理的母亲生病，中国公司总经理打算去医院看望，于是便吩咐秘书购买小礼物，秘书王女士不知道日本人忌讳数字"9"，按照中国送病人的习俗便选择了9朵郁金香，当中国公司总经理将鲜花送给日方总经理母亲时，对方脸上表示了愤怒的表情。此刻，通过中方知情人士的提示，才知原因是因为日本人忌讳数字"9"。于是，中方经理立即道歉，对方的脸色才稍微好些。

思考：

(1) 通过案例，总结在商务馈赠礼仪中，我们应该注意什么？

(2) 根据日常积累，总结其他一些国家在馈赠礼品中的禁忌。

案例 4：

被批评的小李[①]

小李大学毕业后在成都欣龙玩具厂办公室工作。中秋节前两天办公室张主任通知他，明天下午3点其公司的合作伙伴杭州胜利贸易有限公司的黄华副总经理将到本市，其主要目的是了解欣龙玩具厂是否有能力在60天内完成美国的一批圣诞玩具订单，欣龙玩具厂很希望拿到这份利润丰厚的订单，杨厂长将亲自到车站接站。由于张主任第二天有更重要的事，所以临时安排小李随同杨厂长一起去接黄副总。小李接到任务后，征得厂长同意，在一个四星级宾馆预定了房间，安排了厂里最好的一辆轿车去接黄副总。第二天上午，小张忙着布置会议室，准备欢迎条幅和水果，一直忙到下午2：30，穿着休闲服的小李急急忙忙同杨厂长一起去车站，不料，市内交通拥挤，到车站已迟到了10分钟，杨厂长不停地对黄副总表示抱歉。这时，小李拉开车前门请黄副总上车说："这里视线好，您可以看看我们成都的市貌。"随后，又拉开车右后门请杨厂长入座，自己则坐到了左后门的位置。车到达宾馆后，小李直奔总台，询问预订房间状况，由黄副总自己提行李。黄副总进入房间后，杨厂长与其交流着第二天的安排，但小李在房间里走来走去，片刻后杨厂长告辞。小李随杨厂长出来后，却受到了杨厂长的严厉批评。

思考：

(1) 小李哪些地方做得不对？应如何改正？

(2) 从案例中，我们得出在准备商务接待前应做好哪些准备工作？

① 百度文库．商务礼仪［EB/OL］．http://wenku.baidu.com/view/b481a1cf5fbfc77da269b17d.html.

第五章　国际商务办公室礼仪

第一节　办公室电话礼仪

一、电话形象

电话形象是指人们在使用电话时留给通话对象以及其他在场人员的总体印象。一般认为，一个人的电话形象主要是由他在打电话时的态度、神情、动作、言语、内容以及时间长短等方面构成的。

商务人员在办公室接打电话，要始终保持微笑。在电话里与人交谈时，声音的质量在第一印象中占70%，语言只占30%。许多人错误地认为，打电话时反正对方也看不到自己，举止、表情放松些也没有关系。殊不知，电话另一端的人透过你的声音语气是可以想象出你打电话时的形象的。另外，你的微笑会带动积极的情绪，进而影响你的用语和语调。因此，在拿起电话前就要面带微笑，并使用礼貌用语，平心静气地与对方沟通交流，时刻让对方感觉到亲切友好。

接电话时应掌握让对方等候的时间。在一般人的观念里，为查看东西或资料，让对方在电话里等5分钟大家会觉得非常不应该，而相比来说让对方等1分钟则是可以接受的。事实上，不管等多久，都会使对方感到很痛苦，因为在等待的时间里，对方必须把话筒放在耳边，什么事也不能做。所以在等待过程中，时间会被放大，1分钟的等待时间会让对方觉得有5分钟那么漫长。一般对方会问："大概需要多长时间?"假如你认为要15分钟，你就不能回答"15分钟或10分钟"，而应该说"大约需要30分钟的时间"。大部分人认为可能时间说得越短，对方会越满意。实际上如果在约好的时间内没有回电，反而会失礼。相反，本来预定30分钟，却在15分钟内完成，对方会觉得你很高效和重视这件事。

倾听电话要耐心。不管是哪一类公司，难免会接到顾客抱怨的电话，如果因为公司的错误，给对方造成困扰时，就算错误发生在与自己无关的部门，也应该诚心诚意地道歉。而且，此时最重要的一件事，就是要耐心地听对方的意见。因为一般接到这种电话，都希望对方尽早挂断，所以往往在对方说到一半时，就不知不觉地插嘴说："关于这件事……"这种行为是很失礼的。这种情况下，耐心倾听能消除对方的不满。

即使对方打错电话也应亲切应对。这种情形经常会发生，所以要特别注意应对的方式。最好的回答：“××公司，您好像打错电话了。”一定要表现出很客气的样子，以避免给对方留下不愉快的印象。一般人在电话中听到与自己单位无关的事，会不知不觉地使用很生硬的语气，这点必须注意。

电话是一种常见的通讯、交往工具，打电话的礼仪也是商务礼仪的重要内容。办公电话文明用语，看起来是小事，却反映出工作人员的思想素质和严谨的工作作风。实际工作中，往往会有些工作人员在不知道的情况下犯了打电话的禁忌，具体表现为以下几点。

1. 吃东西、喝水

通话中，如果让对方听到吃东西或喝水的声音，是非常不礼貌的，在打电话时切忌不能有咀嚼的动作。

2. 随意与旁人交谈

哪怕拿起话筒还没问候，此时有人来，也不能再把话筒放下，或者先与来人打招呼，这会给人以见异思迁的印象。如果对话的内容需要询问旁人，也要先知会对方“不好意思，您稍等，我去问问×××”。

3. 中途离开

打电话时如果中途有事，必须中断电话走开一下，一般时间不应超过 30 秒，并应恳请对方原谅。若有急事需立即终止通话，应简要说明原因，并表示稍后再回电话，方便的话可以说明回电话的准确时间以便对方等候。

4. 房间的背景声音干扰电话交谈

通话时如果同事的交谈声音过大，那么可以示意同事放低音量。如果遇到装修等不可抗原因，可尽量把话机挪到稍微安静的地方，或者向对方解释原因并对此带来的不便表示歉意。

5. 随意打哈欠、擤鼻涕、咳嗽、打喷嚏

通话过程中禁止打哈欠，这会让对方认为你对他的话毫无兴趣，这是非常不礼貌的表现。尽量不要擤鼻涕，除非鼻音很重，实在影响说话，那么应先向对方说明，然后远离话筒，擤完后立即说声“对不起”。对于不能控制的咳嗽、打喷嚏也应立即偏过头，捂住话筒，并说声“对不起”。

二、固定电话礼仪

（一）接电话礼仪

1. 左手持听筒、右手拿笔

大多数人习惯用右手拿起电话听筒，但是在与客户进行电话沟通过程中往往需要做必要的文字记录。在写字的时候一般会将话筒夹在肩膀上面，这样，电话很容易夹不住而掉下来发出刺耳的声音，从而给客户带来不适。

为了消除这种不良现象，应提倡用左手拿听筒，右手写字或操纵电脑，这样就可以轻松自如地达到与客户沟通的目的。

2. 电话铃声响过两声之后接听电话

通常，应该在电话铃声响过两声之后接听电话，如果电话铃声响三声之后仍然无人接听，客户往往会认为这个公司员工的精神状态不佳。若有事耽搁没有立即接听电话，那么接起电话后应先说："对不起，让您久等了。"

3. 报出公司或部门名称

在电话接通之后，接电话者应该先主动向对方问好，并立刻报出本公司或部门的名称，如："您好，这里是某某公司……"不要和周围人闲扯，把话筒搁在一边；在接电话时，切忌自己什么都不说，只是一味地询问对方："你叫什么名字?""你是哪个单位的?"一定不能用很生硬的口气说"他不在""不知道"等语言，这些做法都是极不礼貌的。随着年龄的增长，很多人的身段会越来越放不下来，拿起电话往往张口就问："喂，找谁，干嘛?"这是很不礼貌的，应该注意改正，彬彬有礼地向客户问好。

4. 确定来电者身份姓氏

接下来还需要确定来电者的身份。电话是沟通的命脉，很多规模较大的公司的电话都是通过前台转接到内线的，如果接听者没有问清楚来电者的身份，在转接过程中遇到问询时就难以回答清楚，从而浪费了宝贵的工作时间。在确定来电者身份的过程中，尤其要注意给予对方亲切随和的问候，避免对方不耐烦。

5. 听清楚来电目的

了解清楚来电的目的，有利于对该电话采取合适的处理方式。电话的接听者应该弄清楚以下问题：本次来电的目的是什么？是否可以代为转告？是否一定要被指名者亲自接听？是一般性的电话营销还是电话来往？重要的内容应简明扼要地记录下来，如时间、地点、联系事宜、需解决的问题等。

6. 记录并复诵来电要点

电话接听完毕之前，不要忘记复诵一遍来电的要点，防止记录错误或者偏差而带来的误会，使整个工作的效率更高。例如，应该对会面时间、地点、联系电话、区域号码等各方面的信息进行核查校对，以尽可能地避免错误。

7. 最后道谢

最后的道谢也是基本的礼仪。来者是客，以客为尊，千万不要因为在电话中不直接面对客户而认为可以不用搭理他们。实际上，客户是公司的衣食父母，公司的成长和盈利的增加都与客户的来往密切相关。因此，公司员工对客户应该心存感激，向他们道谢和祝福。

8. 让客户先收线

不管是制造行业，还是服务行业，在打电话和接电话过程中都应该牢记让客户先收线。因为一旦先挂上电话，对方一定会听到"咔嗒"的声音，这会让客户感到很不舒服。因此，在电话即将结束时，应该礼貌地请客户先收线，这时整个电话才算圆满结束。如果电话来得不是时候，自己手里正有事忙着，而对方谈兴甚浓，一时还不想挂断电话，可以委婉地告诉对方："真想和你多谈谈，可现在有件急事要处理，过后我打电话给您好吗?"通话完毕后，应等对方放下话筒后，再轻轻地放下电话，以示尊重。

（二）打电话礼仪

1. 选择适当的时间

一般的公务电话最好在对方上班 10 分钟后到下班 30 分钟前拨打，因为刚开始上班，对方可能会在忙于收拾桌面、整理资料，还没有进入工作状态，而临近下班时对方又往往急于下班，很可能得不到满意的答复。公务电话应尽量在工作时间打到对方单位，若确有必要往对方家里打时，应注意避开吃饭或睡觉时间，尽量不要在早上 8 点前，中午 12～14 点，晚上 18～20 点，以及晚上 21 点后拨打客户家里的电话。如果电话影响了对方的休息，拨打者要说“对不起，打扰您了”。

2. 打电话前拟定提纲

在主动拨打电话之前，先拟一个提纲，有所准备，这样可以节省打电话的时间，也可以避免内容遗漏，提高电话沟通的效率。拨通电话后，应该先做一个简单的寒暄，然后迅速直奔主题，不要闲聊天，东拉西扯，偏离要表达的主要内容。

3. 预先确认号码

查清对方的电话号码，并正确地拨号。万一弄错了，应向接电话者表示歉意，不要将电话一挂了事。拨号以后，如只听铃响，没有人接，应耐心等待片刻，待铃响 6～7 次后再挂断。如对方正巧不在电话机旁，匆匆赶来接时，电话已挂断了，这也是失礼的表现。

4. 自报家门

电话接通后，首先应通报自己的姓名、身份，如果自己不说却反问对方“你是谁”，是很不礼貌的表现。必要时，应询问对方是否方便，在对方方便的情况下再开始交谈。

5. 控制通话时间，注意通话态度

在用电话进行沟通的时候，内容要简明、扼要，一般应该把时间控制在 3 分钟以内，最长也不要超过 5 分钟。如果在电话中占用的时间过长，应该征得对方同意，并不忘在结束时表示歉意。电话用语应文明、礼貌，切不可表现出丝毫的粗鲁和暴躁。

6. 通话完毕时，不可贸然挂断电话

应该用简洁的语言为自己给对方带来的打扰表示歉意，说一声“再见”或“谢谢”，然后轻轻放下电话。

三、移动电话礼仪

正确使用手机，可以给商务往来带来极大的便利，但如果使用不当，手机对商务关系的破坏性比任何通讯方式都来得迅速。商务手机的使用要遵从以下礼仪规范：

1. 手机的摆放要合乎礼仪的常规位置

手机在没有使用的时候不要放在手里或是挂在上衣口袋外。放手机的常规位置：一是随身携带的公文包里，这种位置最正规；二是上衣的内袋里，但有时候，也可以将手机暂放在不起眼的地方，如手边、背后、手袋里，切记不要放在桌子上，特别是不要对着正在聊天的客户。

2. 拨号前，应考虑对方是否方便接听

尤其当知道对方是身居要职的忙人时，要有对方不方便接听的准备。在给对方打手机时，注意从听筒里听到的回音来鉴别对方所处的环境。如果很静，应想到对方在开会，有时大的会场能感到一种空阔的回声；当听到噪音时对方就很可能在室外，开车时的隆隆声也是可以听出来的。有了初步的鉴别，对能否顺利通话就有了准备。但不论在什么情况下，是否通话还是由对方来定为好，所以“现在通话方便吗”通常是拨打手机的第一句问话。其实，在没有事先约定和不熟悉对方的前提下，我们很难知道对方什么时候方便接听电话。所以，商务往来通常还是首选在工作时间拨打办公室电话。

3. 对方未接听时的注意事项

拨打他人的手机应保持耐心，如果对方未接听，拨打者挂断手机电话后，一般应当等候对方10分钟左右，在此期间，不宜再同其他人进行联络，以防对方回拨时，自己的电话频频占线。

4. 关闭手机或静音

在会议中以及和别人洽谈的时候，最好的方式还是把手机关掉，起码也要调到静音状态。有人在开会时喜欢把手机的声音调到震动状态，并直接放于桌面，当有电话进来时，震动声音很大，还是影响了会议的安静环境。有人觉得如果调成静音就不会有上述问题了，确实是这样，但是如果开会时有电话打进来，应该接还是不接呢？接，当然会在与会人员面前显得不礼貌；不接，或者直接挂断，这是对来电者的不尊重。所以，开会时最好的方式还是把手机关掉，并在语音信箱留言说明具体原因，告知来电者自己开完会后会及时回复，这样既显示出对与会者的尊重，又不会错过重要电话。

5. 收发手机短信时要注意场合

在一些不适合打手机的场合，如果一定要给对方回话，可以采用静音方式发送短信。不要一边和人说话一边发短信。

6. 手机通话时，要注意控制音量和挑选场合

在办公室等公共场合不可以旁若无人地使用手机，应该把自己的声音尽可能地压低一下，绝不能大声说话。最好离开办公室到楼道或者阳台、茶水间等处接听私人电话，以免打扰他人工作。

图5—1　开会时接听电话是不礼貌的行为

第二节　办公室环境礼仪

一、办公的环境礼仪

洁净舒适的办公环境能够使商务人士思路清晰、产生积极的情绪，提升工作业绩，反之就会降低工作效率，影响工作质量。办公室环境礼仪具体要求如下：

1. 不在公共办公区吸烟

在任何公共场合吸烟都是不文明的行为，特别是封闭的环境，会对同事的健康造成不良影响，引起同事的不满。如果想吸烟，应该到指定的吸烟区，至少是通风的阳台，尽量避开同事。

2. 不扎堆聊天、大声喧哗

办公时间应当保持安静和严肃，以免影响同事的工作。扎堆聊天也是工作态度散漫、工作效率低下的表现，应该尽量避免在工作时间聊天、看报、做与工作无关的事情。

3. 个人办公区要保持办公桌位清洁

非办公用品不外露，桌面码放整齐，禁止在办公家具和公共设施上乱写、乱画、乱贴，当有事离开自己的办公座位时，应将座椅推回办公桌内。办公桌像一面镜子，可以反映一个人是认真积极还是消极怠工，是心思缜密还是粗枝大叶，是有条不紊还是手忙脚乱，通过一个人的办公桌就能看出七八分。

图 5-2　杂乱的办公桌是工作效率低的表现（图片来自网络）

4. 办公桌的布置以简明、庄重为主要原则

办公桌的布置可以影响一个人的工作心情，一些职员喜欢把办公桌稍加装饰，以提高工作积极性，这想法本身是好的，但是有些职员布置得过于花哨可爱，影响了办公区域严肃的氛围，也可能给人留下工作不认真的印象。办公桌原则上不要做任何装饰，但如果想布置，放一两盆精致小巧的植物也是可以接受的，再多的装饰就要尽量避免了。

5. 不得擅自带外来人员进入办公区，特别是与工作无关的人员

有些职员会把家人、朋友带进办公区办一些私事，虽然时间不长，但这也是工作态度不严肃的表现。如果实在没办法要在工作时间办私事，也应该把自己的家人朋友约在办公楼外，事先向领导请示说明原因后再出去，办完事之后立即返回。

6. 最后离开办公区的人员应关电灯、门窗及室内总闸

下班离开办公室前，使用人应该关闭所用机器的电源，将台面的物品归位，锁好贵重物品和重要文件。

二、用餐的环境礼仪

现代工作节奏很快，单位职工或公司员工，不可避免地会在办公室中用餐。在办公室中，与同事一起进餐是件方便、愉快的事，但这时需注意一些小节，以免破坏了已在同事中树立的良好形象。这些细节如下：

（1）在办公室吃饭，拖延的时间不要太长。他人可能要即时进入工作，也可能有性急的客人来访，如果有人在办公室吃饭，双方都会有点不好意思。

（2）开口的饮料罐，长时间摆在桌上会有损办公室雅观，应尽快扔掉。如果不想马上扔掉，或者想等会儿再喝，可把它藏在不被人注意的地方。

（3）嘴里含有食物时，不要贸然讲话。他人嘴含食物时，最好等其咽完再对他讲话。由于大家围坐一堂，难免有人讲笑话，因此要防止大笑喷饭的情形，可以每口含食物不太多。

（4）避免容易溅出以及吃会发出很响声音的食物，以免影响他人。

（5）有强烈味道的食品，尽量不要带到办公室。即使个人喜欢，也会有其他人不习惯的。而且其气味会弥散在办公室里，有损办公环境和公司形象。

（6）食物掉在地上，要马上捡起扔掉。餐后将桌面和地板打扫一下，是必须做的事情。

（7）准备好餐巾纸，不要用手擦拭油腻的嘴，应该用餐巾纸擦拭。

（8）及时将餐具洗干净，用完餐把一次性餐具立刻扔掉，不要长时间摆放在桌面或茶几上。如突然有事情耽搁，也要记得礼貌地请同事代劳。

第三节　办公室语言举止礼仪

一、办公室的语言礼仪

办公室人员随时随地做着与他人沟通的工作，在语言方面要尤其注意。面对他人时，要使用文明用语，绝对不使用不礼貌的语言。与他人交谈时，应当保持姿势端正，无额外的小动作，表情自然大方，态度亲切、诚恳。谈话要清晰易懂，用词简练、准确，不卑不亢，注意语音、语调、语速及节奏感，避免给人无礼傲慢的感觉。

办公室的工作氛围是比较严肃的，办公时间不能大声谈笑，与他人交流问题时应起身走近，声音以不影响其他人员为宜。

二、办公室的举止礼仪

在公司内职员应保持优雅的姿势和动作，具体可从以下几个方面培养和树立举止礼仪。

1. 站姿

两脚脚跟着地，脚尖离开约 45°，腰背挺直，胸膛自然挺立，颈脖伸直，头微向下，使人看清你的面孔。两臂自然，不耸肩，身体重心在两脚中间。会见客户或出席仪式站立场合，或在长辈、上级面前，不得把手交叉抱在胸前。

2. 坐姿

坐下后，应尽量坐端正，把双腿平行放好，不得傲慢地把腿向前伸或向后伸，或俯视前方。要移动椅子的位置时，应先把椅子放在应放的地方，然后再坐。

3. 见面致意

公司内早上与同事见面时可互致“早上好”，平时相遇时点头微笑示意。

4. 握手

握手时用普通站姿，并目视对方眼睛。握手时脊背要挺直，不弯腰低头，要大方热情，不卑不亢，握手简短有力；应由年幼者或职级低者先向职级高或年纪长的握手；异性间女士先向男士伸手，男士方可回握，男士不宜先伸手。

5. 出入房间的礼貌

进入房间，要先轻轻敲门，听到应答再进。进入后，回手关门，不能太用力或粗暴。进入房间后，如对方正在讲话，要稍等静候，不要中途插话，如有急事要打断说话，也要抓住机会，而且要说“对不起，打断您们的谈话”，之后简明扼要地说一下要说的事。

6. 递交物件

如递文件等，要把正面、文字对着接收方的方向递上去，如是钢笔，要把笔尖向自己，使对方容易接着；至于刀子或剪刀等利器，应把刀尖向着自己。

7. 走通道、走廊时要放轻脚步

无论在自己的公司，还是在访问的公司，在通道和走廊里都不能一边走一边大声说话，更不得唱歌或吹口哨等。在通道、走廊里遇到上司或客户要礼让，不能抢行。

三、开、关门的礼仪

一般情况下，无论是进出办公大楼或办公室的房门，都应用手轻推、轻拉、轻关，态度谦和，讲究顺序。进出房门时，开关门的声音一定要轻，乒乒乓乓地关开门是十分失礼的。进入他人的房间前一定要先敲门，敲门时一般用食指有节奏地敲两三下即可。如果与同级、同辈者进入，要互相谦让一下。走在前边的人打开门后要为后面的人拉着门。假如是不用拉的门，最后进来者应主动关门。如果与尊长、客人进入，应当视门的具体情况随机应变，这里介绍通常的几种方法：

1. 朝里开的门

如果门是朝里开的，秘书应先入内拉住门，侧身再请尊长或客人进入。

2. 朝外开的门

如果门是朝外开的，秘书应打开门，请尊长、客人先进。

3. 旋转式大门

如果陪同上级或客人走的是旋转式大门，应自己先迅速过去，在另一边等候。

无论进出哪一类的门，秘书在接待引领时，一定要口手并用且到位，即运用手势要规范，同时要说诸如“您请”“请走这边”“请各位小心”等提示语。

需要特别注意的是，如果办公室内正在开会，则不要敲门，进入会议室后将写好的字条交给有关人员即可，以不打扰会议为主要原则。

四、乘电梯的礼仪

电梯是与大多数人生活密不可分的交通工具，但懂得电梯礼仪和乘坐电梯注意电梯礼仪的人并不多。下面就教大家一些电梯礼仪，这样在乘坐电梯时既安全又得体，能给对方留下美好的印象。

（一）搭乘箱式电梯的一般礼仪

如有很多人在电梯门口处等候，此时请勿挤在一起或挡住电梯门口，以免妨碍电梯内的人出来，而且应先让电梯内的人出来之后方可进入，不可争先恐后。靠电梯最近的人先上电梯，然后为后面进来的人按住“开门”按钮，当出去的时候，靠电梯最近的人先走。男士、晚辈或下属应站在电梯开关处提供服务，并让女士、长辈或上司先行进入电梯，自己再随后进入。在电梯里，尽量站成“凹”字形，挪出空间，以便让后进入者有地方可站，进入电梯后，正面应朝电梯口，以免造成面对面的尴尬。在前面的人应站到电梯间的边上，如果人多不方便进出时可先走出电梯，以便让别人出去。

（二）共乘箱式电梯所要注意的礼仪

1. 当与上司共乘电梯时

(1) 身为下属的你最好站在电梯口处，以便在开关电梯时为上司服务。上司的理想位置是在对角处，以使得两人的距离尽量最大化，并卸下下属的心理负担。

(2) 在电梯里讲话时不宜盯着对方的眼睛不放，目光可适当下移，以嘴巴和颈部为限。

(3) 因电梯空间很小，所以讲话时最好不要有手部动作，更不能指手画脚，动作过大。

(4) 打破沉默并不是下属的专利，上司也可利用这几十秒钟增进对下属的了解。

(5) 如果上司正在思考或明显不想开口，那也完全没必要非要找个话题。

(6) 酒后或吃大蒜后，最好嚼块口香糖再上电梯，而香烟则应在上电梯前掐灭。

(7) 上下梯时长者、女士优先。

2. 当与客人共乘电梯时

(1) 伴随客人或长辈来到电梯厅门前时，应先按电梯的呼梯按钮。轿厢到达厅门打开时，若客人不止 1 人时，可先行进入电梯，一手按“开门”按钮，另一手按住电梯侧门，礼貌地说“请进”，请客人或长辈们先进入电梯轿厢。

（2）进入电梯后，按下客人或长辈要去的楼层按钮。若电梯行进间有其他人员进入，可主动询问要去几楼，帮忙按下。电梯内可视状况是否寒暄，假如没有其他人员时可略做寒暄，有外人或其他同事在时，可斟酌是否必要寒暄。电梯内尽量侧身面对客人。

（3）到达目的楼层，一手按住“开门”按钮，另一手做出请出的动作，可说“到了，您先请”。客人走出电梯后，自己立刻步出电梯，并热诚地引导行进的方向。

3. 日常乘电梯时

（1）切忌为了等人，让电梯长时间停在某一楼层，这样会引起其余乘客的不满。但也不要不等就在电梯门口的人，一上电梯就关门。

（2）进出电梯要礼让，先出后进。遇到老幼病残孕者，应让他们先行。如果电梯里人很多，不妨静候下一趟电梯。

（3）拎着鱼、肉等物品时，要包裹严密，尽量放在电梯角落，防止蹭在他人身上。

（三）出入箱式电梯要注意的问题

出入箱式电梯时，首先要注意安全。当电梯在升降途中因故暂停时，要耐心等候，不要冒险攀缘而行。其次，要注意出入顺序。与不相识者同乘电梯，进入时要讲先来后到，出来时则应由外向里依次而出，不可争先恐后。与熟人同乘电梯，尤其是与尊长、女士、客人同乘电梯时，则应视电梯类别而定：进入有人管理的电梯，应主动后进后出。进入无人管理的电梯时，则应当先进去，后出来。先进去是为了控制电梯，后出来也是为了控制电梯。

进电梯的礼仪是以客人为先，上司为次。但在国外，特别是欧美国家，进电梯的礼仪准则却只有一条，那就是“女士优先”。“女士优先”的规则与职位高低、年龄大小毫无关系。通常进出电梯的次序是：年长女士、年轻女士、年长男士、年轻男士。就算是跟年长的男士，自己的上司在一起，他们也会请女士先进入电梯，因为女性应该享受和接受这种尊重。

（四）电梯礼仪十二项

（1）较靠电梯门口处，则为第二顺位。

（2）进出不站在近门处。

（3）面朝门的方向站立。

（4）依序进出。

（5）等待即将快步到达者。

（6）帮助不便按仪表者。

（7）不应当对镜整装。

（8）尽量避免交谈。

（9）绝不吸烟。

（10）避免过度使用香水。

（11）愈靠内侧，是愈最尊贵的位置。

（12）操作按键是晚辈或下属的工作，所以同电梯辈分最低的人可站在此处。

（五）箱式电梯十大陋习

（1）站在近电梯门处，妨碍他人进出。

（2）当电梯关门时，强行扒门挤入，或是在电梯人数超载时，心存侥幸，非进去不可。

（3）不依序进出电梯，插队，甚至冲撞他人。

（4）不等待即将快步到达者而关闭电梯门。

（5）不帮助不便按仪表者。

（6）对着电梯里的镜子旁若无人地理头发或者涂口红。

（7）大声喧哗，打情骂俏，大声打电话。

（8）吸烟和过度使用香水。

（9）带宠物进电梯。

（10）恶习中的恶习：性骚扰，这已经不是道德问题，而是违法行为了。

图 5—3　等电梯时，应排队站在电梯两侧

（六）使用楼梯和自动扶梯应注意的礼仪

传统的礼仪观认为上楼时，女士在前、男士在后，长者在前、幼者在后，此以示尊重。但是随着时代的变迁，礼仪的观念也在不断变化。有些专家认为，上楼时，男士应该走在女士的前面；而下楼时，才能适用“女士优先”的礼仪原则。上楼时男士优先的原因在于，如果还让女士先请，那么走在后面的男士的视线正好落在女士的臀部上，这会让女士感到不舒服，所以属于失礼行为。下楼时，男士在前，女士在后；幼者在前，长者在后。此为安全顾虑之故。当需要带领客人参观时，应走在客人的左前方做指引。

自动扶梯尽量单人乘坐，避免多人并行、拥挤，不要和前面的人靠得太近。如果自动扶梯较宽，应靠右侧站，左侧留为通道，以便让着急的人从左侧超过。在拥挤的楼梯上，跟随着人流，不论上楼还是下楼一般都应靠右侧走。当然，如果楼梯只有一侧有扶手，而有的人必须扶着扶手以保证安全，那么，其他人应服从其需要。在楼梯上催促他人是危险而不礼貌的，要么放慢脚步，要么超过他人，但不要强迫他人加速。

第四节　办公室人际交往礼仪

有一些自认为有能力的人可能不太在意办公室关系。但办公室政治是客观存在的，承认办公室政治的存在就相当于给别人留条后路。如果对此不太在意，就可能陷入种种矛盾和纠纷之中。对于很多职场人而言，每每提起这些事情，就会产生不寒而栗的感觉。不要说同事间了，就是在父母以及兄弟姐妹之间，也会发生诸如此类的猜疑。不谈办公室，是因为人们错误地把原本中性的“政治”等同于贬义词，把办公室与结党营私、钩心斗角、谗言诽谤、打击报复等不道德的行为混为一谈，以至于有“办公室政治猛于虎”的偏见，谈虎色变。所以，有必要让职场新人较为准确地把握办公室关系行为准则，并对此有正确的认识。

如何处理好办公室关系是职场人士一直关注的问题，办公室的人际交往要更讲究技巧。如果不想落入是非的枪口、不想沦为小团体间钩心斗角的牺牲品，而想在职场中不断前进、想虏获所有同事的心，那么下面的办公室处世原则可能会对职场中的人有所帮助。

一、与同事之间的交往礼仪

同事是与自己一起工作的人，与同事相处得如何，直接关系着自己工作、事业的进步与发展。如果同事之间关系融洽、和谐，就会感到心情愉快，有利于工作的顺利进行，从而促进事业的发展；反之，同事关系紧张，相互拆台，经常发生摩擦，就会影响正常的工作和生活，阻碍事业的正常发展。

（一）尊重同事、真诚合作

同事关系不同于亲友关系，它不是以亲情为纽带的社会关系，亲友之间一时的失礼，可以用亲情来弥补，而同事之间的关系是以工作为纽带的，一旦失礼，创伤难以愈合。所以，应该如何处理好同事之间的关系，最重要的就是尊重对方。同事之间属于互帮互助的关系，俗话说“一个好汉三个帮”，只有真诚合作才能共同进步。当同事遇到困难时，应该对同事表示关心，对力所能及的事应尽力帮忙，这样就会增进双方之间的感情，使关系更加融洽。在办公室中建立一种“雪中送炭”式的诚信，予人温暖是真正的助人为乐。患难见真情，患难出真交，每个人都会在内心记住那些在自己困难的时候帮过自己的人。我们每个人都应该追求这样的办公室状态，这种“雪中送炭”式的诚心帮助会使办公室关系更融洽。

（二）公平竞争

同事之间的竞争，有助于职员的共同成长，这是十分正常的。很多单位设绩效奖励，就是为了促进职员之间的竞争。但是竞争切记要公平，不能在同事背后耍心眼坑害同事，当同事有困难需要帮助的时候要尽力帮忙，落井下石不会有什么好结果。

（三）宽以待人

对自己的失误或同事间的误会，应主动道歉说明。同事之间经常相处，一时的失误在所难免。如果出现失误，应主动向对方道歉，取得对方的谅解；对双方的误会应主动向对方说明，不可小肚鸡肠、耿耿于怀。

（四）不翻看不属于自己负责范围内的材料及保密信息

在征得许可前不随便使用他人的物品；同事之间应相互尊重，借东西要还，并表示感谢。当他人输入密码时应自觉将视线移开。

（五）得意之时莫张扬

每当自己工作有成绩而受到表扬或者提升时，不少人往往会在没有宣布的情况下，就在办公室中飘飘然去四下招摇，或者故作神秘地对关系密切的同事细述，一旦消息传开来后，这样就可能会招同事嫉妒，引来不必要的麻烦。所以不要在办公室里当众炫耀。如果自己的专业技术很过硬，领导非常赏识你，自然会有得到表扬的时候，而不是自吹自擂。骄傲使人落后，谦虚使人进步。再有能耐，在职场生涯中也应该小心谨慎，强中自有强中手。

当然，除了在得意之时不要张扬外，即使在失意的时候，也不能在公开场合向其他人诉说种种上司或相关同事的不对，否则只能给工作和友谊带来伤害。

（六）拒绝八卦

不在背后议论同事的隐私。每个人都有“隐私”，隐私与个人的名誉密切相关，背后议论他人的隐私，会损害他人的名誉，引起双方关系的紧张甚至恶化，因而是一种不光彩的、有害的行为。

办公室搞八卦很有害处。八卦新闻一起，小集团就形成了。有人就会觉得自己被排除在外，受到伤害。其结果必然会造成相互之间不信任的环境。爱道是非者，必为是非人。如果张三整天跟你说他如何不喜欢李四，一种猜想便会在你的内心油然升起，那就是张三会不会也在背后编排你。在办公室工作要有职业精神，不要参与八卦新闻的制作活动，也不要让别人向你散布八卦新闻。别人向你谈论他人的时候，要告诉他找当事人当面去谈或者向上级报告。听别人散布八卦新闻就意味着默认八卦者的意见——不论你是否表达了这个意思。

职场人要洁身自好，不以讹传讹，不搬弄是非。想要处理好关系，最需要做的就是换位思考，善待别人，改变从自我出发的单向观察与思维，从对方的角度观察对方，替对方着想，也即由彼观彼。在此基础上，善解他人之意，同时就善待了自己。每个人不妨将最希望从他人那里得到的态度一条条写下来，自然会想到别人同样有这些希望。在这些条目上对他人慷慨大方，是处理人际关系最正确的态度。如此处理人际关系，就有了更多的合理方法。

周围总会有一些人喜欢整天挖空心思探寻他人的隐私，传播小道消息，搬弄是非，唯恐天下不乱。要摆脱这种局面，除了努力工作，以消除隐私外泄造成的不良影响以外，还要牢记让隐私离办公室远点。同事之间可以成为朋友，但走得近了并不意味着无话不说。你可以畅谈美食、时装、网络，但是千万不要在谈话中涉及自己的私生活、对同僚的褒贬、对未来的打算等。

（七）丢掉怨言

在这个社会中，没有一个人喜欢跟整天发牢骚、抱怨个没完没了的人在一起工作。要记住，你的同事是你的工作伙伴，不是牢骚收集站。如果你不喜欢自己的工作，不要四处抱怨、发牢骚，要振作起精神来，寻找一种摆脱困扰的方法。抱怨、发牢骚是不受欢迎的。

切忌不要把办公室当作诉说心事的地方，人们身边总有这样一些人，特别爱侃，性子又特别的直，喜欢和别人倾吐苦水。虽然这样的交谈能够很快拉近人与人之间的距离，使人与人之间很快变得友善、亲切起来。但心理学家调查研究后发现，事实上只有1%的人能够严守别人的秘密。

所以，当你的生活出现个人危机，如失恋、婚变之类，最好还是不要在办公室里随便找人倾诉，当你的工作出现危机，如工作上不顺利，对老板、同事有意见或看法时，你更不应该在办公室里向人倾诉。

（八）融入团队，敞开心扉

当你的团队确定某种工作目标并且全力以赴的时候，即使你不赞同或者不喜欢，也要做好分内工作，这样才能融入这个团队。没有人喜欢在一个团队里总有人天马行空，独往独来。团队的努力目标一旦确立，就要努力工作，如有可能就多做一些，还要做得比预想的好。千万不要自以为是，也不要热情有余行动不足。如此行为只能让你永远游离在这个团队之外，你也就永远不会有团体归属感。

敞开大门，既有敞开办公室大门的意思，也有敞开心理之门的含义。要让自己办公室的门开着，这样别人就容易接近你。开着门，就说明你希望团队里的成员进来跟你说话。敞开办公室大门不过是一种形式，更重要的是能向同事们敞开心扉，让人觉得你愿意倾听别人的意见，愿意跟别人讨论他们的想法。做一个很好的倾听者，就要学会提问题。千万不要自以为是，更不要固执己见。

（九）积极反馈

当一个同事工作出色的时候，要让人家知道他干得不错，这是对人家的支持。不论你是不是人家的上司，都不要摆谱，甚至对人家的优异表现视而不见。如果没有更多的时间给对方鼓励，仅仅说上一句“嗨，你干得真棒”也是不错的。你对人家表示祝贺，人家会很高兴。这种相互鼓励会促使大家高效率工作。

还有，别人帮助了你，使你的工作轻松完成之后，要向对方的上级汇报一下，这样大家都能分享相互帮助带来的成果。这样做不需要什么正式场合，有时候仅仅是点个头就可以了。让帮你的人及其上级分享你的表扬是很好的一件事情。

总之，对同事应当多理解。在办公室里上班，与同事相处得久了，对彼此之间的兴趣爱好、生活状态，都有了一定的了解。作为同事，我们没有理由苛求人家为自己尽忠效力，在发生误解和争执的时候，一定要换个角度，站在对方的立场上为对方想想，理解一下对方的处境，千万别情绪化。

二、与领导之间的交往礼仪

办公室工作人员在与上级相处时，很重要的一点是尊重上级，摆正关系。一般来说，上级在下级面前都有保持一定尊严和权威的心理。办公室工作人员在与其相处时，不能目空一切，无视上级，否则，会引起上级的反感。与领导相处，一定要把握分寸，分清场合。即使和领导私下里关系不错，在工作中仍然要保持严肃的上下级关系，不要和其过于随便、亲近。尊重上级并不就是对上级领导唯唯诺诺，而主要表现在对上级工作上的支持和服从。与领导交谈，要避免采用过分胆小、拘谨、谦恭、服从，甚至唯唯诺诺的态度讲话，而要活泼、大胆和自信，也要尊重、慎重，但不能一味附和。关键工作多向领导请示，征求他的意见和看法，是做好工作的重要保证。进领导办公室前一定要轻轻敲门，经允许后才能进门。即使门开着，走到门口的时候，也要用适当的方式，比如敲敲开着的门，或向领导打个招呼，提示一下有人进来了，这也会给领导一个及时调整体态、心理的准备。在递送材料、文件时，要正面朝向领导，双手恭敬地递送，以便对方观看。汇报工作时，可站在领导办公桌前方 1～1.5 m 处，不远不近。身体姿态要庄重、优雅。站着汇报工作时，应该身体直立，不可手舞足蹈或在领导面前走来走去。汇报时吐字要清晰，条理要清楚，不可东一句西一句，想到哪里就说到哪里，没有系统性。汇报结束时最好做个小结，重复一下要点。提供的情况一定要有理有据，准确、属实。汇报结束离开领导办公室时，要整理好自己汇报时用的材料，得到领导允许之后离开。

图 5-4　开会时的礼仪

在开会讨论时，不要跟在别人身后人云亦云，要学会发出自己的声音。老板赏识那些有自己头脑和主见的职员。如果你经常只是别人说什么你也说什么的话，那么你在办公室里就很容易被忽视了。有自己的头脑，不管你在公司的职位如何，你都应该发出自己的声音，应该敢于说出自己的想法。

当对领导有意见时，首先应该想到：任何一个上司，做到这个职位上，至少有某些过人之处。他们丰富的工作经验和待人处世方略，都是值得我们学习借鉴的，我们应该尊重他们精彩的过去和骄人的业绩。每一个上司都不是完美的，唯上司之命是听并无必要，但也应记住，给上司提意见只是本职工作中的一小部分，使工作尽力完善，迈向新的台阶才是最终目的。发现上级的缺点和错误，办公室工作人员应本着以事实为重的态度，对上级提出批评，但要注意方式方法，否则会导致上下级的人际关系紧张。向上级领导提出批评时，首先要注意选择提出批评的方式，下级应尽量使气氛轻松一些；其次要注意选择合适的时间，避开上级领导情绪激动、心情不好的情形；最后要注意选择合适的批评场合，如在一些非正式的场合提出批评。

当领导做出业绩时，可以给予适当的肯定和赞许，这是对领导工作的理解和尊敬，每个人都需要偶尔的称赞，领导也不例外。但是不能太轻易或者经常过度地赞扬领导，因为这样会让领导觉得你比较虚伪。这不是必须要做的事，如果是不太会说话的人，或者不愿意说，那么宁愿不说，以免造成相反的结果。

三、与下属之间的交往礼仪

对下属应多帮助、细聆听。上下级只有职位上的差异，大家在人格上都是平等的。在员工及下属面前，我们只是一个领头带班人而已，没有什么了不得的荣耀和得意之处。要多帮助下属，其实这是帮助自己，员工们的积极性发挥得愈好，工作就会完成得愈出色，也会让自己获得更多的尊重，树立开明的形象。而聆听更能体味到下属的心境和了解工作中的情况，为准确反馈信息、调整管理方式提供了翔实的依据。

（一）与下属在办公室相处时要注意的事项

1. 尊重下属，平等待人

表现在能虚心听取下属的意见，对于下属工作中的成绩给予实事求是的评估。

2. 廉洁奉公

应确立全心全意为人民服务的观念，严格要求自己，杜绝以权谋私，在群众中树立良好的形象。

3. 体察下情，关心和爱护下属

当下属有好的发展机会时，要尽量为下属争取。当下属在工作、生活中遇到困难时，应尽力设法帮助解决。当下属在工作中出现差错时，可以提出意见，也要注意保护其工作积极性。

4. 实事求是，公正处事

对于下属应一视同仁，赏罚分明，公正评价。

5. 言而有信，敢于承认错误和承担责任

领导者说话要言而有信。

6. 以身作则

在工作中，要积极带头，起到表率作用。

（二）与下属在日常交往中要注意的问题

1. 注意淡化上下级的角色差异

以平等的身份与下属沟通信息，在日常交往中交流感情，上级不以领导自居，不摆架子。具体的方法如不用命令口吻讲话，闲谈时避免谈及工作问题，主动交流自己生活中的喜怒哀乐等。这种淡化角色差异的方法对于融洽上下级的人际关系具有积极的作用。

2. 日常交往中角色的选择

在日常交往中，在有意识地淡化角色差异的同时，对待不同的交往对象还应注意：

在与年长者交往时，应以尊敬的态度，以晚辈的身份与之交往；与年轻的下属交往时，以慈祥的长者形象出现，应该表现出对下属的关心、爱护、理解和支持；与同龄的对象交往时，以朋友的身份以诚相待。

3. 积极主动的交往态度

上级积极、主动的交往态度是相当关键的。有些信息是在工作交往中难以获得的。通过有效的日常交往，还能提高领导者非职权性的影响力。此外，上下级通过积极的日常交往，还可以丰富日常生活。

4. 上级应有意识地培养多方面的兴趣爱好

共同的兴趣爱好可以促进上下级关系的融洽。在共同的兴趣爱好的基础上形成的人际关系效果较好，交往也较为自然。

四、与职能部门的交往礼仪

1. 积极合作，相互配合

必须注意尊重职能部门及其职权，维护他们的威信，不干预职能部门的工作，也不对职能部门的工作妄加评论。本着积极合作相互配合的精神处理好与职能部门的关系。

2. 坚持原则，分清是非

在处理涉及原则性问题时，要敢于坚持原则，不妥协、不让步。对于一些无关紧要的“小事”，则应采取谦和忍让、豁达大度的态度，不要过于斤斤计较。在处理有关矛盾时，注意防止将矛盾随意公开化和扩大化，避免使用过激言辞，不要伤及对方的尊严。

3. 经常沟通，不互相排挤

与职能部门之间应经常沟通信息、交流思想，这有利于增进相互之间的合作和了解，增进感情，融洽相互之间的关系。相互猜忌、互相排挤会导致双方关系紧张。

4. 职责分明，不争功诿过

在涉及一些需要与职能部门共同处理的问题时，应职责明确，分工合作，相互配合，而不能互相推诿，争功诿过。

5. 互相学习，取长补短

办公室与职能部门之间双方应互相学习，取长补短，切忌嫉贤妒能，互相拆台。

五、男女同事之间的交往礼仪

在办公室里都说“男女搭配，干活不累”。但是，男女关系好比双刃剑，处理不当难免自伤其身。所以在办公室应尽量避免发生恋情，既然是来工作的，就应以工作为主。男女同事间共同工作也好，闲聊也罢，相互欣赏鼓励是无可非议的，善于欣赏他人，就是给予他人的最大善意，也是最成熟的人格，但异性同事间一定要在办公室把握好一个度。据研究，男女相距 46 cm 以内被视为调情或表示亲昵，50～60 cm 是私人的空间距离，60 cm 以外才是与人交往的正常距离。因此，身体距离最好控制在 60 cm 之外，才不会引起不必要的误会。与异性相处时应当注意以下几点：

1. 消除与异性相处的不自然感

工作人员在与异性相处时，最忌讳的是不自然感和非友谊性的动机。办公室工作人员与异性交往时要自然、坦诚。

2. 要把握好交往的度

与异性交往的方法要适合当前社会多数人的接受程度，严格把握友谊的界限。在尊重他人的同时，保持自己的自尊。

3. 自信是成功的前提

自信是一个人对自己具有某种能力的信心，是一种健康的心理状态。当然自信也应有个限度，傲慢、清高、妄自尊大、盲目自信，会使异性感到厌恶。自卑感是一种妨害心理健康的不良心理状态，在与异性相处时，应克服自卑感。

4. 相互信任在异性相处时是很重要的

与异性相处时双方都应以诚相待、相互信赖，信任能缩小异性间的心理距离。

5. 既要尊重别人，也不能失去自尊

切忌为讨好对方而盲目附和对方的观点，丧失自己的独立性，这不但意味着不尊重对方，同时也是失去自尊的表现。

6. 谦虚也是十分重要的

办公室工作人员对自己应实事求是，做出中肯评价，同时又要虚心地接受他人的批评，这样才能受到异性欢迎。

【阅读材料】

与男士们交谈时，女士应尽量使自己的观点和意见与男士们保持一致，并相应地提一些问题，微笑着倾听，这会使你受到男士们的欢迎。

——卡耐基《人性的弱点》

独处于女士中的男士们，应该结合女人的特点，从她们感兴趣的话题逐步引向男女可以共同讨论的领域。

——卡耐基《人性的弱点》

如何应对职场骚扰

现在的职场加班越来越频繁，男男女女硬生生地被挤在一个办公室里，相处的时间比家人还长，办公室性骚扰事件频发，如何应对性骚扰应做到以下几点：

(1) 着装得体，不暴露，不给男同事想象的空间，不穿短裙、迷你裙等。

(2) 言行举止不轻浮，平时不参与男同事间的带“色”聊天。男同事间可能会讲讲黄色笑话之类的，当作没听见即可。

(3) 收到男同事的黄色骚扰短信，应严厉拒绝。可以警告说，再发类似的消息，就把他所发的消息，在单位办公室里公开。

(4) 不随意接受男同事的邀约。随便接受男同事的邀请，可能会被认为是比较轻浮的人，就有可能会成为别人的骚扰对象。

(5) 面对动手动脚的同事，应大声告诉对方，这样绝对不行。往往很多女性因为胆小、害怕、害羞而忍气吞声，这样反而会使对方越来越大胆，乃至肆无忌惮。

(6) 主动宣传自己已经结婚，或者已经有男朋友。男同事邀约你下班逛街，你可以说下班后我老公或者男朋友会来接我的，改下次吧。

（7）不和男同事单独共处一室或者长时间共处一室。这样可以避免闲言闲语，可以减少不必要的麻烦，也可以避免被男同事骚扰。单独进异性的办公室，举止应该大方而自然，房门保持打开的状态，若对方示意关门，或者房间内开着空调，那最多就虚掩着门不要锁上。

（8）最好不要喝酒。有些商务人士因职业之故不可避免地要与同事或客户在餐桌上喝酒，此时应保持清醒的头脑。不会喝酒的女士千万不要喝，一旦开了头，后面就很难控制。不要顾虑对方怎么看你，更不要考虑面子问题，因为现在文明社会，一般情况下，男士不会劝女士喝酒，如果有异性劝你喝酒十有八九是心怀不轨，这种情况下得罪他又何妨。如果觉得餐桌上有可能被灌醉，餐前应提前告知家人或朋友，以便他们及时出现，避免意外发生。

六、办公室纠纷的应对方法

在长时间的工作过程中，办公室同事间产生一些小矛盾是很正常的。不过在处理这些矛盾的时候，要注意方法，尽量避免你们之间的矛盾公开激化。办公场所是公共场所，同事之间难免会因工作而产生一些小摩擦，所以千万要理性处理摩擦事件，不要表现出盛气凌人的样子，非要和同事做个了断、分个胜负。退一步讲，既使有理，要是得理不饶人的话，同事也会对你敬而远之的，觉得你是个不给同事余地、不给他人面子的人，以后也会在心中时刻提防你，这样就可能会失去一大批同事的支持。

其实，办公室关系，最根本的就是“做人”的问题。与身边同事处理好关系，平时有效沟通则是在职场中生存的基础，这点确实很重要。不少职场专家表示，办公室里适当“串门”可提升沟通效力，舒缓工作中的紧张气氛，心情也会变得开朗。

首先，做好本职工作，这是最为核心的，要主动、积极地进行工作专业技能上的提升。通过部门内和“串门”定期或不定期地沟通各方关系，往往会出现意想不到结果。最难得的是获得一帮有默契、能提升自己工作能力，而且自己有难时会出手相助的同事。既是同事又能成为朋友并不是可遇不可求的事情，要打造凝聚力强的团队不仅与上司的管理水平有关系，员工自身也要努力融入集体中。

其次，要多参与公司举办的各类聚会、活动，让同事能从其他方面了解、认识自己，增进友谊。与抱有正面理想的人为伍，要避免问那些“为什么”的问题，将焦点集中在工作上，学会心胸开阔。

最后，就是工作时与同事甚至是跨部门的同事进行更多的沟通交流，了解大家对工作职责的看法。

妥善处理同事间的矛盾，要注意以下几点：

（1）不要轻易责怪、批评和抱怨别人。

（2）不在领导面前诋毁或贬低其他同事。

（3）当同事利益受损时，即使同事不在，也不能幸灾乐祸，应挺身而出进行维护。

（4）不散布他人隐私和秘密，不要过分干涉别人的私生活。

（5）不扩大矛盾的知悉范围。

(6) 对不同意见，应存大同求小异。

其实在办公室的日常工作过程中，办公室人员所需要的遵守的业务礼仪不仅限于这几个方面，而是反映在日常工作的所有细节中。办公室的重要职能和作用要求办公室人员要更加严格地要求自己，在工作中做到微笑多一点，嘴巴甜一点，动作轻一点，说话柔一点，行动快一点，办事稳一点，脑筋活一点，效率高一点，度量大一点，凡事忍一点，尽心尽力、尽职尽责地做好办公室工作。

第五节　实践指导

一、电话礼仪实践指导

(1) 实践任务：熟悉并会运用打电话、接电话的礼仪。

(2) 实践内容：电话礼仪。

(3) 实践步骤：一位学生扮演打电话者李杰，另一位学生扮演接电话者赵亮，再一位学生扮演小王要找的人王梅，模拟演示以下情节：

①李杰（A公司员工）：打电话找B公司的王梅，告诉她明天早上10点，李杰会来A公司找王梅谈合作项目。

②赵亮（B公司员工）：接到李杰打来的电话，此时王梅正在开会。了解清楚来电目的后，等王梅开完会后转告王梅。

③王梅（B公司员工）：开完会后回到办公室，赵亮告诉她李杰的来电内容。

(4) 实践要求：

①器材：两台电话机，两个笔记本，两支笔。

②在以上情节的基础上可以适当发挥，考验对方的应变能力。模拟过程中注意用语规范、简明，态度温和。

二、与领导之间的交往礼仪实践指导

(1) 实践任务：了解与领导之间对话应该注意的各种事项。

(2) 实践内容：办公室交往礼仪。

(3) 实践步骤：一位学生扮演职员王田，另一位学生扮演领导刘部长。模拟演示以下情节：

①刘部长：王田做的报表，每次都没有完全按照要求来做，所以决定把他叫到办公室，一来了解原因，二来对他进行指导以免下次再犯类似错误。

②王田：最近工作量很大，报表做得比较粗糙，没有检查，大概清楚领导让自己去办公室是什么事儿。

(4) 实践要求：

①器材：一张办公桌，两把椅子。

②在以上情节的基础上可以适当发挥，考验对方的应变能力。模拟过程中，领导与

职员都要注意文明用语，举止得当。

拓展阅读

影响同事关系的五种言行[①]

第一，有好事儿不通报。单位里发物品、领奖金等，你先知道了，一声不响地坐在那里，像没事似的。这样几次下来，别人自然会有想法，觉得你太不合群，缺乏共同意识和协作精神。以后有这类好事儿，也就有可能不告诉你，如此下去，彼此的关系就会不和谐了。

第二，进出不互相告知。你请假不上班，或即使临时出去半个小时，也要与同事打个招呼。这样，倘若领导或熟人来找，也可以让同事有个交代。如果你什么也不愿说，进进出出神秘兮兮的，受到影响的恐怕还是自己。互相告知，它表明双方互有的尊重与信任。

第三，不说可以说的私事。有些私事不能说，但有些私事说说也没有什么坏处。例如，可以谈谈你的男朋友或女朋友的工作单位、学历、年龄及性格脾气等；如果你结了婚，有了孩子，就可以谈谈关于爱人和孩子的话题。在工作之余，都可以顺便聊聊，它可以增进了解，信任是建立在相互了解的基础之上的。

第四，有事不肯向同事求助。虽然轻易不求人是对的，但有时求助别人反而能表明你对别人的信赖，能融洽关系。例如你身体不好，你同事的爱人是医生，你可以通过同事的介绍去找，以求更好得到解决。倘若你偏不肯求助，同事知道了，反而会觉得你不信任其他人。你不愿求人家，人家也就不好意思求你；你怕人家麻烦，人家就以为你也很怕麻烦。良好的人际关系是以互相帮助为前提的。当然，求助要讲究分寸，尽量不要使人家为难。

第五，拒绝同事的“小吃”。同事带点水果、瓜子、糖之类的零食到办公室，休息时分吃，你不要一概拒绝。有时，同事中有人获了奖或评上了职称什么的，大家高兴一起聚餐，也应尽可能积极参与。如果人家热情分送一些零食，你却每每冷拒，时间一长，难免给人以清高和傲慢的印象，觉得你难以相处。

对女同事的称呼[②]

现在很多称谓不能乱叫，在国际上称××小姐可以，但是到了中国称“×小姐”，很多时候会让女孩子感到不舒服。大家都知道“小姐”这个词在今天的中国，有很多令人误解的意味，在正规场合叫“×小姐”不会被人误解，但是在日常沟通中往往会令人不悦。例如，要称呼一位女同事，如果你年龄比她大，可以叫“小王”；如果你年龄比

① 迁安人才网．影响同事关系的五种言行［EB/OL］．http://www.qarc.cn/news/2467.html.

② 百度文库．办公室公务交往礼仪［EB/OL］．http://wenku.baidu.com/link?url=gxrvf621vwgfloHyze5Gk53216W66VNO7IcCPJATzZhtQpnhORiQ6-SnyidmWb18L70VnOBu23D214aNB_Tz3dIpls8F0EcCNVVgrPSN22y.

她小，可以叫她的职务、职称或者职业，例如“王主任”。这里有个通用的称呼，一般不会叫错，那就是“老师”。“老师”不仅限于学校，在很多场合都可以叫，表示对对方的尊敬，特别是当你不知道对方的职务、职称的时候，一般情况下叫“老师”是没有问题的，而且还会显得你很谦虚。但是如果明知道对方职位、职称比你低，叫“老师”就不太合适了。

个人隐私五不问①

在办公室交往中，哪些个人隐私不大适合去随便打探呢？个人隐私有五不问。

1. 不问收入

在现代社会上，一个人的收入往往是其个人实力的标志，你问这个人挣多少钱，实际上是问这个人本事如何，这是不合适的。

2. 不问年龄

在市场经济条件下，竞争比较激烈，那么一个人的年龄的问题，实际上也是个人的资本。

3. 不问婚姻家庭

家家都有一本难念的经，别去打探别人的隐私问题。

4. 不问健康问题

跟年龄一样，现代人的健康状况其实也是其个人的隐私，你要谈这事有时候比较不合适。有人就是对人关心过度，见人喜欢问，你怎么脸色不太好，你看上去又黑又瘦，你怎么长黑眼圈了，等等。大家千万不要这样去询问他人，免得令人不高兴。

5. 不问个人经历

老家是哪里的，什么专业毕业的，哪所大学出来的，现在是干什么的，以前在哪里干过。这又不是查户口的，问这么多干吗呢？英雄不问出处，一个人的学科背景、学历、学校重点非重点之类，有教养的人都不会询问。

案例与思考

案例 1：

该谁先进电梯——来自一位女士的自述②

刚工作不久，与西方某国老板前去温哥华五帆酒店开会，与我们会谈的是一个在其行业里从业 30 多年的职业人，他头发花白，言谈恳切，令我很是敬重。会议进行得很愉快。可是会后我却遇到了麻烦——走到电梯前，花白头发人按了电梯，请我先进去。我想，与我同行的，一个是老板，一个是长者，怎么也不该轮上我呀。可两位男士却连说带比划，坚持让我先进。我只好忐忑地先走进电梯，两只脚迈得很不肯定。短短的几

① 海原党校. 现代公务礼仪 [EB/OL]. http://www.360doc.cn/article/4705667—128656957.html.

② 猎聘网. 该谁先进电梯 [EB/OL]. http://artide.Liepin.com/2013012/157177.shtml.

秒钟，感觉很漫长，因为确实不知道如何才妥当。

在回办公室的途中，我忍不住问老板，当时的情况到底应如何处理。他的说法是："女士优先"的规则与职位高低、年龄大小毫无关系。通常进出电梯的次序是：年长女士，年轻女士，年长男士，年轻男士。老板当时说了一句有意思的话："虽然我是老板，但有个事实谁也改变不了，我是男人，你是女人，你自然应该享受和接受这种尊重。"我刚习惯了这种规矩没几天，却又遇到了令人不知所措的事情。这次是国内的一个代表团来我公司谈项目，中午一起去吃工作餐，进电梯的时候，我又自觉不自觉地按照中国的习惯，让中国代表团的领导先进，而他看到我的老板比他年长，拼命让我的老板先进；而我的老板这时一脸困惑，不知道是该让我这个女士先进还是让客人先进。大家在电梯口让了半天，最后还是我先跳了进去，说："我来按电梯。"

其实仔细想一想，谁先进电梯虽然事小，背后却有许多的文化和习俗的差异。中国人自古以来尊重权威、尊重长者，在这种场合肯定要让领导和长者优先；而西方人已经养成了女士优先的习惯，任何年长的老板也要靠后，而且还有替女士开车门，为女士挪椅子，帮女士穿大衣的规矩，"绅士"风度一应俱全。其实这些都无所谓对错，不能说一种规矩就比另一种更好、更优越。

所以，在温哥华西人的公司上班，我乐得享受永远的"女士优先"；要是回国出差，或者是接待从国内来的客户，我仍然不会忘了领导第一、老板第一。

思考：

（1）中国的电梯礼仪是什么？

（2）外国的电梯礼仪是什么？

案例 2：

琳达的故事①

在我做高级技术销售工程师的那段时间里，因为工作成绩比较显著，得到了老板的认可。为面对不断扩展的业务和持续增加的销售指标，老板要给我配备一名初级技术销售人员做助理，并由我来负责对这位助理的面试和培训工作。就这样，琳达被人推荐给了老板，受雇做了我的助理。老板选择她的理由是她精通与顾客沟通的技巧，能与我的技术专长相得益彰。然而等她正式上岗后，一个棘手而尴尬的问题摆在了我的面前：她年龄几乎大我 20 岁，高学历、高学位的同时还获得了 MBA，而我却只有工程学位；但因为我来到公司的时间比她长，又有良好的工作表现，得到了老板的信任，因此我成了她的上司，要"管理"她。只有我知道琳达对于要经常向一个工作资历比自己浅、学位比自己低的人汇报工作一直耿耿于怀，因此经常对我阳奉阴违，但对外，她却是另一番说辞，她对同事们说能在我的手下工作、亲耳聆听我的教诲是一件多么幸福的事儿。

刚开始时，我邀请她加入我们的项目团队，帮她为客户建立一些演示模型，希望在此过程中能教会她如何使用我们的产品。然而未待模型完成，她就捷足先登，独自将快

① 蒋佩蓉，李佩仪. 佩蓉谈商务礼仪与沟通［M］. 北京：中华工商联合出版社，2012.

要完成的模型展示给客户，在获得客户的认可并有签单意向后，马上让老板和同事知道是她在短时间内成功做成了这个买卖，而我还被蒙在鼓里。接下来，老板和同事都对她赞许有加，大家表扬她加快进度赶制了产品，获得了潜在客户的认可，刚开始工作就能很快变成“熟手”。她一边大方接受大家的表扬，告诉大家这是“团队努力”的结果，感谢大家对她的帮助；一边持续地从我的工作中邀功。

如果此时我表示不满或者摆出证据、以正视听，那会给人以小气，或者不够大度、爱嫉妒的印象，因此我保持了沉默，但是我并没有懈怠，而是经过一番深思熟虑，总结这次得来的教训，用于以后的工作实践：我开始养成使用书面商业信件来记录我工作进程的新习惯，白纸黑字使得一切都黑白分明，哪项工作由谁来做，做了多少也一清二楚。之后，我发现她早已开始向上级管理层发动一场“颠覆运动”，试图颠倒她是我的下属的事实。实际上，她想管理我，因为她有MBA的学位，而我只有工程学位。我和她之间的沟通因为有了书面的谈话备忘录和E-mail通信的记录，确保了有关责任和工作范围的归属；而同样，我也将此内容拷贝给了我的老板，这些记录表明她将功劳全归自己是站不住脚的。同时，这样做也保证了有第三者清楚每个人在一个共同参与的项目中的贡献。

在工作中，我并不爱独占功劳，也一直都在无私地为团队中的其他人提供力所能及的帮助。但这件事让我学会如何在团队工作中保护自己的合法权益和劳动成果，如何明确团队合作中各自的权限和承担的责任，如何不被暗中存在的政治手段所操纵。接下来，我们仍然斗志昂扬地一起完成下面的工作，但我的书面记录微妙地告诉她我很清楚她在做什么，也不会苟同于她借政治手段完成职业生涯的跨越。一年后，她主动转到了另一个部门工作，我们友好地分开了。她的到来帮助了我，从那以后我就在工作中养成了以书面的形式与同事或客户沟通和确认的习惯，一直持续到今天。

思考：

(1) 琳达在办公室交往中有哪些缺陷?

(2) 在与琳达的交往中“我”汲取了哪些经验?

第六章 国际商务文书礼仪

文书，一般有其特定的含义。它是人们用来记录信息、交流信息和发布信息的一种工具。一般来说，文书可以分为法律文书、军用文书、公函和商务文书等。商务文书，是指商业事务中的公务文书，是企业在生产经营管理活动中产生的，按照严格的、既定的生效程序和规范的格式创作的具有传递信息和记录作用的应用性文字。它是企业经营运作的信息载体，是贯彻企业执行力的重要保障性因素。在日常生活中，商务文书包括商务请柬、商务信函、合同协议、电报和电子邮件等。规范严谨的商务文书，已经成为现代企业管理的基础，是不可或缺的内容。因此，商务公文写作能力常常作为评价员工职业素质的重要标准之一。只有深入了解商务公文写作的原则、格式和技巧，规范日常工作中的商务公文写作，才能更好地落实和传达企业要求，提高企业的持续竞争力。同时，在经济全球化的大背景之下，为了顺利开展国际商务活动，加深合作伙伴关系，就必须熟悉国际商务文书的礼仪规范。

第一节 商务文书写作礼仪

一、商务文书概述

商务文书是指企业在经营运作、贸易往来、开拓发展等一系列商务活动中所使用的各种文书的总称，是企业专门用于市场经济活动中，处理企业商贸关系的一种文书，是企业实现由生产环节向交换和消费环节转换的重要手段。企业的商务活动所涉及的内容丰富且环节众多，因此商务文书的种类十分繁多。以商业组织所使用的文书为例，就有市场调研报告、市场营销方案、招商引资说明书、商务谈判方案、合作协议书、企业规章制度表、进出口贸易报关单和商务函电等。一旦离开商务文书，商务工作就将无法开展。只有正确撰写商务文书，并恰当运用和流转，才能够促进组织内部关系协调，促进行政管理部门、商务合作伙伴、顾客群体乃至竞争对手的关系协调。这是影响整个商务工作活动成功与否的重要因素之一。

21 世纪的商务人才，要在实际“做”的基础上具备成功地“说”和“写”的能力。如今的商务工作中，绝大多数的信息传递是靠书面文书来完成的。书面文书的写作能力是现代商务人才必备的基本素质。通过“写”，可以使人的思维能力、交际能力和实践能力得到进一步强化。为此，大多数的商业组织都把“写”的能力作为培养和选拔商务人才的一条重要途径。完美的商务文书是商务工作现代化人才的知识结构和能力结构的重要体现。

二、商务文书的种类

（1）根据商务文书的行文方向，可以分为上行文、下行文和平行文。

上行文指下级企业单位或业务部门向所属上级企业单位或业务主管部门上报的文书。如商务经营文书中的质量分析报告、产销分析报告、财务分析报告、经济活动分析报告、市场预测报告、审计报告、企业预（决）算报告和可行性研究报告等。

下行文是指上级企业单位或业务主管部门对所属下级企业单位或部门发送的带有部署工作性质的文书。如商务事务文书中的备忘录、商务信函等。

平行文是不同行业、企业单位和部门之间的一种行文。如商务事务文书中的商务合同文书、招标书、投标书以及商务法律文书等。

（2）根据商务文书的内容，可以分为商务经营文书、商务事务文书、商务策划文书、商务法律文书、商务运作文书、商务礼仪文书等。

（3）根据商务文书的写作形式，可以分为文字式文书、合约类文书、表格式文书、条据类文书、信函类文书等。

（4）根据商务文书的表现形式，可以分为普通商务文书和电子商务文书。

电子商务文书是指采用数字化电子方式进行商务数据交换和开展商务业务活动的文书。电子商务文书（EC）主要包括利用电子数据交换（EDI）、电子邮件（E-mail）、电子资金转账（EFT）及因特网（Internet）的技术在个人、企业和国家间进行无纸化业务信息交换的文书。

三、商务文书的主要特点

（一）内容上的专业性与技术性

商务文书的内容是以商务现象、商务工作和商务科学理论写作为对象，具有特定的商务活动范畴和商务科学的专业特点，其专业性和技术性是非常明显的。

（二）目的上的针对性与时效性

商务文书写作一般要针对商务工作的具体需求，在一定的时间、范围内解决一定的问题，具有明确的目的性和实效性，讲求工作效果、经济效益和社会效益。特别强调目的、依据、程序、时间、地点、范围、原则、措施、方法、步骤、主张、效力、效果等因素。

（三）对象上的特定性与明确性

商务文书写作以商务工作项目的主体（如我方）与涉及的客体（如对方），以及有关方面的组织或人员为特定的阅读或致送对象。读者对象明确、具体，针对性很强。行文的走向非常明确。

（四）表达上的适用性与说明性

商务文书写作主要运用定性、定量的说明、议论与叙述三种基本表达方式，科学、严密地表达写作的内容，强调的是理性思考与科学表达。说明这种文体在商务文书中使用频率很高。产品说明书、企业规章制度、合同、计划、经济活动分析等大量文书都是以说明为主要表达方式的。议论和论证也是商务文书的主要表达方式，是使文章增强理论性，以理服人的重要手段。叙述仍是商务文书的基本表达方式之一。

（五）格式上的规定性与约定性

商务文书的结构应客观如实地反映经济科学和经济工作的特点、本质和规律，强调客观性和科学性，较少主观想象和“艺术变形”。商务文书的文体大都具有硬性规定或约定俗成的程式化的结构格式、行文惯例和文本形式，规定非常严格、细致。开头和结尾在某些文种中规定极为严格，尤显重要。商务文书的结构具有很强的针对性和实用性。能针对写作目的和写作对象提供适当的思维模式，使作者节省花在谋篇布局上的精力，专注于思想内容上的考虑与表达，增添文章及写作的时效性。

（六）语意上的说理性和情感性

人们在商务活动中，难免对同一事物发生意见分歧，同时随着商务活动的开展，人们相互了解的深入势必产生情感上的交流。商务文书作为连接商务伙伴的重要纽带，显然具有一定的说理性和情感性。

（七）语言上的科学性与平实性

商务文书不同于文学作品，它具有直接的实用性和实践性。为此，对语言的要求极为严格，即要讲求语言的科学性与平实性，谨慎使用特定的专业术语，并应特别注意数字的使用和表达。它的基本特点是正确（correct）、清晰（clear）、完整（complete）和简洁（concise），简称为4C原则。

1. 正确

“正确”是写作的首要原则，也就是说，写出的文章材料要真实可靠，观点要正确无误，语言要恰如其分。尤其是对文章主旨的把握，在写作前一定要下一番工夫，明了写作的意图，正确地传递想要传达的信息，从而实现有效沟通。

2. 清晰

在正确表达的基础上，应该力求清晰，清晰的文章能引起读者的兴趣，更能使读者正确领会作者的含义。要做到清晰，除了选用符合文章的格式外，还应该注意文章的整体布置，包括标题、大小写、字体、页边距等，尤其是要留下适当的空白，若是把所有的文字都挤在一起，则很难阅读；如果是手写，则不能太潦草，以免影响读者的阅读，甚至影响到文章的准确性和影响力。

3. 完整

写作的一大优势就是使我们有充分的时间思考问题，完整地表达想要表达的思想、观点，完整地描述事实，“完整”是写作的一个要则。在电话或是当面交谈时，常常会遗漏很多想要交流的事项，这是由这些沟通方式的特点决定的，在写作时，为了完整地表述，应该反复检查思考，不断增补重要的事项。

4. 简洁

“简洁”与“完整”似乎是矛盾的，这其实是一个“度”的把握问题，“完整”是为了表达想要沟通的重要方面，但并不意味着要把所有的事实、观点罗列出来。可以通过排序的方法，把不太重要的事项合并或删除，也可以对文字进行评估，把琐碎的、没有太大价值的文字精简掉，使得文章言简意赅。

四、商务文书的作用

（一）科学决策的客观依据

在商务活动过程中，及时准确地做出符合企业实际、符合市场经济规律、符合商务活动规律的决策，不仅是有效进行商务活动的关键因素，也是企业领导者日常工作的首要任务。要完成这样一个艰巨的任务，不能离开商务文书。从这个意义上说，准确、及时、可靠的商务活动信息是做出科学决策的前提和基础。商务文书通过对商务活动信息的有效收集和获取、深入分析、精确评估，深刻揭示商务活动的变化特点和原因，预测其发展趋势，为企业领导机构和管理人员提供决策的客观依据，使企业领导机构和管理人员能够在复杂多变的现代商务活动中高瞻远瞩，总揽全局，取得预想的效果。

（二）科学预测的表现形式

商务文书的基本任务是收集、整理、分析、研究有关的商务活动信息，并且在此基础上预测商务活动动向和市场经济规律以及市场变化趋势。科学预测是商务文书的基本功能之一，商务文书正是通过相应的文字载体进行表达，以使预测的内容条理化、精确化、科学化，以期减少和降低商务活动预测的盲目性和粗略性，获得最佳经济效益。

（三）商务活动的服务工具

商务文书具有突出的实用性，即直接为企业的经营活动服务。每份商务文书都是因事而发，言之有物，目的明确，作用显著，即一切以服从和服务于经营活动需要为前提，以为企业赢得最大的经济效益为根本目标。

（四）联系沟通的桥梁纽带

在现代信息社会，一个企业的生产经营以至生存和发展，不仅会受到企业内部条件的限制，也会受到外部环境的各种条件制约。企业实现再生产的先决条件是：必须面对市场，开拓横向的、纵向的经济联系，以期与外界建立一种长期稳定、不断发展的合作关系，这样才能使企业进行周而复始、复杂多变的再生产运动，且具有稳定的信息来源、物资来源、资金来源、人才来源和技术来源，真正成为协调企业内外联系作用的主要手段。

（五）经营活动的原始凭证

商务文书是企业经营活动的真实记录。企业单位处理商务活动的各种信息通过文书得以确认并存储，它不仅印证了商务文书作者的合法身份，记录了各种经营活动的性质、状态和过程，保留了商务文书在运转处理过程中的各种原始轨迹。如合同履行、买卖交易、客户联系、商务洽谈等，也是发生经济纠纷后，成为有效维护自身权益的证据。即使在商务文书完成其历史其作为使命、现实作用消失后，原有的凭证和依据作用被转移到历史档案中，仍可以继续发挥其作为考察企业发展历程的原始凭证的作用。

第二节　商务请柬礼仪

商务请柬，是公司或企业用于邀请有关单位或个人参加某种活动而发出的礼仪文书。从交际这一角度来看，邀请在实质上就是一种双向的约定行为。当一方邀请另一方或多方人士前来自己的所在地或者其他地方约会，以及出席某些活动时，就不能仅凭自己的一厢情愿行事，而是必须取得被邀请方的同意。作为邀请者，不能不自量力，无事无非，自寻烦恼，既麻烦别人，又自讨没趣。作为被邀请者，则需要及早地做出合乎自身利益与意愿的反应。不论是邀请者，还是被邀请者，都必须把邀约当作一种正规的商务约会来看待，绝对不可以掉以轻心，大而化之。

一、商务请柬的类别

商务请柬的形式根据不同标准可分为不同类别。

（一）按照内容用途来划分

1. 礼仪活动邀请函

礼仪活动邀请函又称礼仪活动邀请信或者礼仪活动邀请书，是礼仪活动主办方（单位、团体或个人）邀请有关人员出席隆重的会议、典礼或某些重大活动时发出的利益性书面函件。凡精心安排、精心组织的大型活动与仪式，如商务宴会、舞会、纪念会、庆祝会、发布会和公司的开业仪式等，只有采用礼仪活动邀请函邀请嘉宾才会被人视之为与其档次相称。某礼仪活动邀请函范文见表 6－1 和表 6－2。

表 6－1　××公司新年庆祝活动邀请函

×××小姐/先生： 　　仰首是春、俯首成秋，×××公司迎来了她的第 8 个周年。我们深知在发展的道路上离不开您的合作与支持，我们取得的成绩中有您的辛勤工作。久久联合、岁岁相长。作为一家成熟、专业的公司，我们珍惜您的选择，我们愿意与您一起分享对新年的期盼。故在此邀请您参加×××公司举办的新年酒会，与您共话友情、展望将来。 　　如蒙应允，不胜欣喜。 ××××××公司 地点：×××××× ××××年××月××日

表 6－2　开业典礼邀请函

<table>
<tr><td>
尊敬的××先生/女士：
　　您好！
　　经批准，××集团财务有限公司已正式成立，并于 2010 年 12 月 28 日上午 10 点在××××大酒店会议中心举行开业典礼。我们诚挚地邀请您拨冗出席，共襄盛会。

　　我们期待着您的光临！

××集团公司 敬邀
×××年××月××日
</td></tr>
</table>

2. 商务合作邀请函

商务合作邀请函是指为了促成双方开展相互交流、相互合作而发出的邀请信件。商务合作邀请函可以有多种形式：商务考察邀请函、商务洽谈邀请函、政府招商邀请函和商务签证邀请函等。商务考察邀请函范文见表 6－3。

表 6－3　商务考察邀请函

<table>
<tr><td>
××××公司：
　　由于我方项目的需求，特邀请贵公司专业顾问人员对我方项目进行实地考察，届时将与贵公司商议双方合作事宜。
　　考察日期：××××年××月××号
　　考察人数：××
　　考察内容：×××
　　所有考察费用由我方负担，考察人员的住宿条件将不低于三星级酒店的标准。
　　我方联系人：×××
　　联系方式：×××××××××××

　　请贵方予以确认并回复。

单位负责人签字：×××
单 位 公 章：×××
××××年××月××日
</td></tr>
</table>

（二）按照语言种类来划分

1. 中文商务请柬

中文是世界上最古老、最优美的语言之一。作为一名商业人员，在工作中不可避免地要使用中文文书。只有对本国语言有着烂熟于心的掌握才能够有精确干练的文书表达。

2. 外文商务请柬

在国际商务活动中，英文是最主要的交流沟通和信息传递的工具。因此，本章中提到的外文商务请柬是以英文为例来进行讲解的。但是，值得注意的是，英文只是国际商务活动中的语言基础，如果有着商务合作的双方能够在此基础上，理解并使用对方的母语文字，例如中方企业能够熟练使用西班牙语或者阿拉伯语，将会更有利于中方企业与合作方的相互交流和相互理解，有助于双方的合作成功。

（三）按形式来划分

1. 书信贺卡类商务请柬

书信贺卡类商务请柬往往具有优美的外观，体现出邀请方对于被邀请方的重视程度。

2. 电子商务请柬

电子化信息的快速发展，改变着人们信息传递的方式，使得交流沟通变得越发方便和快捷。相比于书信类商务请柬，电子商务请柬成本低廉、制作方便且高效快捷。因此，在商务活动中，信息传递电子化已经成为主流模式。电子类商务文书的写作方法和注意事项跟书信类商务文书有较大区别，我们在本章第三节会有详细讲解。

二、商务请柬的格式

（一）版式

请柬一般有两种样式：一种是单面的，直接由标题、称呼、正文、结尾（敬语）、落款构成。另一种是双面的，即折叠式：一面为封面，写上“请柬”或“邀请函”，另一面为封里，包含称谓、正文、敬语、落款等内容。

（二）结构

从撰写方法上说，不论哪种版式的请柬，一般都是由标题、称呼、正文、结尾和落款五部分构成。值得说明的是，英文商务邀请函中也同样含有这 5 个部分，只是在格式上略有区别，在本小结中会有专门的介绍。接下来对这 5 部分分别进行讲解。

1. 标题

折叠式请柬的封面上一般应写明“请柬”或者“邀请函”。为了追求请柬的艺术外观，一般应对标题做些艺术加工，可以采用名家书法、字面烫金或加以图案装饰等。对于单页请柬，标题应写在页面顶端的第一行正中间，字体较正文稍大。

2. 称呼

称呼，也称“起首语”，是对收信人的称呼。称呼可以是单位名称或个人姓名，要在正文的第一行顶格写起，其后加冒号，冒号后不再写字。个人姓名后要注明职务或性别，如“××经理”“××女士”。

3. 正文

另起一行，前面空出两格开始书写正文部分。正文部分应展示邀请方要表达的主要内容，如开座谈会、公司年会、商务晚宴、开业典礼或者促销盛典等。除此之外，还应写明活动的内容、时间和地点。如果活动需要门票才能参与，还应该在请柬中将入场券附上。若有其他要求也需注明，如“请准备一个简短的发言”“请准备一个 10 分钟的节目”或“请确认能否参与该活动”。

4. 结尾

结尾部分一般要写上“敬请（恭请）光临”“此致敬礼”等礼节性的问候语或恭候

语，在古代这叫作“具礼”。

5. 落款

署上邀请者（单位或个人）的名称和发送请柬的日期，也可以加盖个人或单位的印章，使得整个请柬看起来更加正式。

请柬的篇幅有限，书写时应根据具体场合、内容、对象，认真措辞，行文应达、雅兼备。达，即文字表达准确；雅，即文字优美。在遣词造句方面，有的使用文言语句，显得古朴典雅；有的选用较平易通俗的语句，则显得亲切热情。不管使用哪种风格的语言，都要庄重、明白，使人一看就懂，切忌语言的乏味和浮华。

（三）尺寸

传统的请柬主要分三种形式：正方型、长方型、长条型。它们的外形和尺寸都有一定的比例和大小。过大或过小都会给视觉和感官造成不适。大了显得蠢笨、不精致，小了则不大气、不稳重。

正方型请柬：尺寸范围在 130 mm×130 mm 至 150 mm×150 mm。在国外，通常在卡内增加副卡，如路线卡、回复卡、项目卡等)。副卡一般可以做到 100 mm×100 mm 左右。

长方型请柬：尺寸范围在 170 mm×115 mm 至 190 mm×128 mm。卡片尺寸应在该范围内进行调整，要符合黄金分割。如有副卡不宜太大。

长条型请柬：尺寸范围在 210 mm×110 mm 至 250 mm×110 mm。卡片尺寸应在该范围内进行调整，打开方式只适合横向和单边打开。

（四）英文商务请柬的写作方法

和中文商务请柬的写作格式一样，英文的商务邀请函也是由标题、称呼、正文、结尾和落款这 5 部分构成，且每一部分的内容也同中文商务请柬大体一致。但是英文不同于中文，有其固定的格式和措辞，因此要求国际商务从业者对这些英文术语能够熟练掌握和使用。英文文书术语的中英文对照见表 6－4。

表 6－4　常用英文文书术语

常用的称呼	Mr. ＋ last name (any man) Mr. ＋ 姓（任何男士） Mrs. ＋ last name (married woman who uses her husband's last name) Mrs. ＋ 姓（用丈夫姓的已婚女性） Ms. ＋ last name (married or unmarried woman; common in business) Ms. ＋ 姓（已婚、未婚女性皆可，常用于商业场合） Miss ＋ last name (unmarried woman) Miss ＋ 姓（未婚女性） Dr. ＋ last name (some doctors or professors go by Dr. ＋ first name) Dr. ＋ 姓（医生或学者使用“Dr. ＋ 名”的称呼）

续表6－4

常用的措辞	request the pleasure of... 恭请…… It is my pleasure/a great honor for me to invite you to... 非常荣幸邀请你参加…… The favor of a reply is requested. 敬赐复函 Please confirm your participation at your earliest convenience. 是否参加，请早日告之 We have decided to have a party in honor of the occasion. 为此我们决定举办一次晚会 The reception (meeting) will be held in …, on … 招待会（会议）定于……在……举行 We would be looking forward to your coming. 我们期待着您的到来 Please oblige me with your presence. 务请光临

在国际商务活动交往中，邀请函或者请柬是必不可少的准备工作。这二者虽然都是用于社交活动的信件，但是请柬比邀请函更加正式，因此需要在写作形式上将两者区别开来。请比较下面两个实例。

1. 英文邀请函

Dear sir/madam,

We would like to invite you to an exclusive presentation of our new product.

The presentation will take place at [location], at [time] on [date]. There will also be a reception at [time]. We hope you and your colleagues will be able to attend.

[×× Company] is a leading producer of high-quality. As you well know, recent technological advancement have made it increasingly affordable to the public. Our new models offer superb quality and sophistication with economy, and their new features give them distinct advantages over similar products from other manufacturers.

We look forward to seeing you on [date].

Call our office at [phone number] and we will be glad to secure a place for you.

Yours sincerely,

[name]

[title]

[time]

2. 英文请柬

Mr. J. Teller
request the honor of your presence
at the art exhibition opening ceremony
of Mr. & Ms. Hutchinson
Sunday, the first of May
two thousand and fifteen
at eleven o'clock
New York International Hotel
R. S. V. P.

与英文邀请函相比，英文请柬在内容安排上可按照以下格式写作：

（1）邀请者。

（2）套语（request the pleasure/honor of the presence of）。

（3）被邀请者。

（4）邀请之意（活动内容）。

（5）时间。

（6）地点。

通过对英文邀请函和英文请柬的对比，可以发现两种信件内容基本相同，但形式完全不同。邀请信实际上是一封普通的私人信件，而请柬却是一种十分正式的信函，它有其特殊的格式。

（1）请柬应排成两边整齐对称的锯齿形，用第三人称书写，且行文不用标点符号。

（2）在书写邀请人的姓名之前需要使用套语，如"request the pleasure/honor of the presence of"。邀请别人出席活动等也可用"request the pleasure/honor of the company of"。有时不必写明被邀人就用"request the honor/pleasure of your presence, request the pleasure/honor of your company"。套语后是被邀请人的姓名，其前面应带称谓或头衔。接着写邀请的具体内容，然后是时间。时间安排的顺序是星期几，几月几日，年和钟点，数字都要用英语数字写，不能用阿拉伯数字，最后是地点。

（3）写请柬的日期一般不写在请柬上。需安排座位的宴请活动，应要求被邀者答复能否出席。"R. S. V. P."是法语缩略词，意思是"请赐复（A reply is requested)"。

（4）若邀请人对被邀者出席时有着装要求，可在请柬的左下角加以注明。请柬一般提前一周至两周发出。

（5）同中文请柬一样，英文请柬在语言上也应简洁明了，措辞庄重文雅。

三、商务请柬的注意事项

不管是在商务请柬的写作中还是在请柬的递送或回复中，有很多事项需要注意。

（一）请柬的递送方式

在古代，无论远近都要登门递送，以表示真诚邀请的心意；而现当代亦可邮寄。一般而言，请柬最好不要托人转递，转递是很不礼貌的行为。

（二）正文三要素

请柬（邀请信）的正文中有三个基本要素不可缺少：事由，时间，地点。邀请对方参加自己举办什么活动的缘由，这部分必须书写清楚，给被邀者决定是否参加提供依据。举办活动的准确时间，不但要书写年、月、日、时，甚至要注明上下午。如果活动地点比较偏僻，或者对于部分人来讲不熟悉，就要在请柬上注明行走路线、乘车班次等。

（三）结束语

在正文后可根据不同的情况采用“敬请光临”“恭请光临”“请光临指导”等结语。在一些请柬上我们时常可以看到“请届时光临”的字样，“届时”是到时候的意思，表示出邀请者的诚意。但是，如果请柬中把“届”改成了“准”字，就成了命令式，显得邀请者的高高在上，对被邀请者显得不尊敬，因此在请柬中应避免出现“准时”两字。

（四）致敬

在当代的请柬中一般用“此致，敬礼”的祝颂语作最后致意。在文面的右下角签署邀请人的姓名。如果是由单位发出的请柬，要签署主要负责人的职务和姓名，以主邀请人的身份告知对方。发文日期最好用汉字大写，以示庄重正式。有些舞会、音乐会、大型招待会的请柬还写有各种附启语，如“每柬一人”“凭柬入场”“请着正装”等，通常写于请柬正文的左下方处。

（五）能否赴约都应以书面形式告知

应邀信是被邀人接到主人的邀请信后，同意赴约而给主人的复函，古时也称“谢帖”。应邀信的发出，体现了被邀人对活动的重视和对主人的尊重。应邀信一般由称谓、正文、祝颂语、署名落款四部分组成，表明接受邀请的态度，以“我将准时出席”做结语。最后的祝颂语可用“祝活动圆满成功”等表达。谢绝信是被邀请人收到邀请信后，因为某种原因不能应邀赴约而写给邀请人婉言谢绝的礼仪文书。从礼仪上讲，不管何种原因不能应邀赴约，一定要以书面形式及时告知邀请人，以体现尊重他人。从信中文字讲，更要字字讲究，句句谨慎，避免产生误会。

第三节　电子邮件礼仪

电子邮件是一种用电子手段提供信息交换的通信方式，它又称为电子信函。通过全球化的电子网络系统，用户可以以非常低廉的价格和非常快速的方式与世界上任何一个角落的网络用户联系。它的存在极大地方便了人与人之间的沟通与交流，成为国际商务和国际贸易活动中人们沟通和交流的主要方式。

一、电子邮件写作注意事项

电子邮件的本质就是把平时的手写信函以电子化的形式表现出来。因此电子邮件在写作格式上和信函是一致的（电子邮件写作格式请参考本章第一节内容）。但是，作为在商务活动中广泛使用的商务电子邮件有其自身的特点，需要注意以下要点：

（一）搞清发送邮件对象、邮箱地址

发送邮件之前，必须搞清楚发送邮件的对象、职位（以便称呼对方）以及邮箱地址；接收者邮箱地址是否正确，这涉及电子邮件能够准确送达，相关信息能否通知到位；主题，即这份电子邮件的主要内容是什么。每一项都必须保证完全正确，简单明了地写清楚是什么事即可。

（二）明确邮件目的

一般来讲，商务电子邮件主要分为以下几种：表达感谢、答复消息、表达歉意、通知、提醒、确认信息、提出要求、询问原因、提出建议等。在撰写电子邮件时，最好能把邮件的主要目的展示在邮件标题中，让邮件接受者一目了然。切记不要用空白标题。

（三）正文内容直奔主题

商务邮件不需要过多的寒暄，恰当的称呼和招呼之后就可直接进入主题。第一句说明邮件的目的，比如：表明邮件的目的是商讨会议准备，接下去再展开具体内容。商务邮件也不宜过长，阐述清楚即可，不需要过多修饰。尽量一次邮件交代完整信息。如果事情复杂，最好按顺序列几个段落进行清晰明确的说明。保持你的每个段落简短干练，避免在正文中使用表情符号。

（四）注意语气和措辞

除了文字不出错，说话的语气和措辞也要格外注意。同级之间、较为熟悉的工作伙伴之间可以采用非正式表达，而向上司汇报工作、和客户沟通则需要用正式的措辞。

（五）检查文字

确保发送的邮件不要有文字上的错误。这虽是小事，却反映出办事的态度，千万不要因为文稿上有错字而给对方造成不好的印象。因此，在点击发送邮件之前，务必仔细检查，做到文字和内容无误。

（六）其他注意事项

1. 如果邮件带有附件，应在正文里面提示收件人查看附件

附件应按有意义的名字命名，最好能够概括附件的内容，方便收件人下载后管理。附件数目不宜超过4个，数目较多时应打包压缩成一个文件。如果附件是特殊格式文件，应在正文中说明打开方式，以免影响使用。如果附件过大（不宜超过 2 MB），应分割成几个小文件分别发送。

2. 签名信息不宜过多

电子邮件消息末尾加上签名是必要的。签名档可包括姓名、职务、公司、电话、传真、地址等信息，但不宜行数过多，一般不超过 4 行。签名档文字应选择与正文文字匹配，字号一般应比正文字体要小一些。

3. 关于文件收件人及抄送

如果发给多个客户，职位高的邮箱地址应该放在最前面，然后再对其他客户邮箱地址按职位高低依次排列。将公司文档发给客户时，一般收件人为客户，并同时将邮件抄

送给公司领导或部门领导。如果该邮件需要提供给公司领导知道，又不想让其他人知道，可以选择加密抄送给公司领导。

4．小心病毒

要保持防病毒软件的及时更新，降低接收病毒邮件或可能带病毒的垃圾邮件的风险。对来历不明的邮件必须谨慎处理，若无法确认其是否有毒，最好是用杀毒程序先行扫描后再进行其他操作。

5．及时回复

收到他人的重要邮件后，往往需要及时回复对方。对于每天要大量处理电子邮件的商务人士而言，应按照接收顺序和重要程度来回复邮件。针对紧急且重要的邮件回复一般应在 2 个小时内。对于一些优先级低的邮件可集中在一段特定时间内处理，但一般不要超过 24 小时。如果事情复杂，你无法及时给出准确回复，那至少应该告知发件方"收到了，我们正在处理，一旦有结果就会及时回复"等。如果你正在出差或休假，也应该定期查看邮件以免有重大事件的发生。现在的邮箱功能中都有自动回复功能，个人可以根据自己的的要求对回复内容和回复时间进行设置。

要区分"Reply（单独回复）"和"Reply All（回复全体）"。如果是只需要某人知道的事，单独回复给某一个人就行了，切记不要使用"Reply All"。这样可以避免泄露重要信息和保护别人的隐私。

电子商务邮件范文见表 6—5。

表 6—5　电子商务邮件范文

××总经理： 您好！ 非常荣幸能够代表我公司与您联系。附件是××文件，请查阅。今天将您所感兴趣的我司产品报价及相关介绍发送给您。如果邮件中有任何不清楚的地方或者您需要我们提供任何帮助，您可以联系我。 恭祝商祺！ 行政助理：张×× 成都××××科技有限公司 联系电话：028—××××××× 地址：成都市锦江区红星路×××大厦××××××

二、英文电子邮件写作注意事项

英文电子邮件和英文信函的写作基本格式是一致的，这里就不多阐述了，具体内容参考本章第一节相关内容。商务英语电子邮件的正文写作应该遵循 5C 原则，即准确（correctness）、简洁（conciseness）、完整（complete）、清楚（clarity）和礼貌（courtesy）原则。

（一）准确原则

由于商务英语电子邮件涉及的是商务活动双方的权利、义务关系，其准确性对商务治理与沟通至关重要。具体而言，不仅电子邮件的英语语法、标点符号和拼写要做到准确无误，电子邮件内容还要叙述准确，以免引起误会纠纷。

（二）简洁原则

简洁原则是商务英语写作最重要的原则，指在不影响完整性和礼貌性的前提下，尽量使用简单句子和简短词语。一封拖沓冗长、措辞复杂的电子邮件既浪费时间，也会给阅读者带来不必要的麻烦，故商务英语电子邮件应以简明扼要为第一要务。在具体写作中，商务英语电子邮件呈现出的句法特征是句子结构简单明了，有大量省略句和不完整句。其词汇特征是用语简洁、语言简明扼要。另外，为了节约时间和空间，在电子邮件中可使用缩略语，如“U”表示“you”，“Pls.”表示“please”，“Info.”表示“information”，“Qty.”表示“quantity”，“FOB”表示“Free on Board”等。

（三）完整原则

商务电子邮件内容应力求具体、明确、完整，提供读者所需要的信息，尤其像询问贸易条件等需要回函的电子邮件，更需要清楚完整，因为只有包含具体信息的邮件，才能达到良好的沟通效果。邮件是否完整，可以用 5W1H 来检验，即 who、when、where、what、why 和 how。

（四）清楚原则

商务英语电子邮件的写作要做到层次清楚，用词准确。具体表现在：

例 We will deliver your goods soon.

上述例子中 soon 表示不久、很快，语义不明确，没有指出具体的供货时间，可改为具体的年月日。

（五）礼貌原则

商务英语电子邮件应遵循措辞婉转、礼貌的原则。鉴于电子邮件直接影响到整个交易的成败，买卖双方应十分注重措辞方式，要婉转、礼貌，使对方轻易接受。在写作电子邮件时，可以通过使用虚拟语气、委婉语气等方法迂回地表达观点，提出要求。

例 1 If it is not for the larger orders we receive from a number of regular customers, we could not have quoted for suppliers even at that price.

例 2 I would appreciate it if you could give me your best quotations for 65000 pieces.

例 1 中虚拟语气和例 2 中委婉语气的使用，缓和了商务谈判的语气，既明确了自己的立场，又维护了接收者的面子，语气自然诚恳，礼貌得体，很轻易为对方接受。

第四节　实践指导

一、实践任务

通过本章学习，要求学生能够运用所学知识深入了解国际商务文书礼仪，并熟练掌握国际商务交往活动中文文书礼仪的实际操作。

因为出色的商务文书的写作需要很强的动手能力，因此学生在掌握文书基本写作的基础上需要进行大量的实践训练，让学生能够更快地掌握国家商务交往中的文书礼仪。

二、实践内容

国际商务文书礼仪的实践操作包含以下内容：

1. 国际商务文书写作礼仪

(1) 中文商务信函写作礼仪。

(2) 英文商务信函写作礼仪。

2. 国际商务请柬礼仪

(1) 中英文商务请柬写作礼仪。

(2) 接收和回复商务请柬的礼仪。

3. 商务电子邮件礼仪

(1) 中英文电子邮件写作礼仪。

(2) 发送和回复电子邮件的礼仪。

4. 不同主题的商务文书写作

(1) 询价和回价信函。

(2) 交易条款和价格磋商函。

(3) 邀请函。

三、实践步骤

(1) 分组搜集与国际商务文书礼仪相关的资料，为课堂交流做好准备。

(2) 小组内部积极交流讨论，课下进行商务文书的写作。

(3) 商务文书写作的内容包括3类：中英文的询价和回价，交易条款和价格磋商及商业活动邀请。

(4) 课堂进行小组作业陈述。

(5) 组与组进行相互评审和打分，老师进行点评。

(6) 上交小组作业。

四、实践要求

(1) 商业文书的写作要严格遵循商务文书的写作技巧和礼仪，主题鲜明，表达准确，不拖泥带水。

（2）小组内部积极讨，分工明确。

（3）组与组之间的评审工作要求客观公正。

拓展阅读

美国总统就职典礼　邀请函值千金[①]

2013年1月20日，是四年一度的美国总统就职典礼日。由于奥巴马这次是连任，四年前已经举办过一次，所以这次他打算一切从简。不过据说20日就职当天，仍有150万～200万人从全美各地赶到华盛顿观礼，但这些人中有邀请函能进入演讲和晚会现场的人数很少。有些获得邀请函的有生意头脑的人，甚至将邀请函放到Ebay上去拍卖，最高价喊到25000美元。

想要获得美国总统就职典礼的邀请函，一般可以通过3个途径：

第一，公众申请：提交申请，等待抽签。根据惯例，美国国会参议院内的部分参议员，无论其党派亲疏，每人均有大概400～600张免费的总统就职典礼入场券，以供各自选区的选民索取。众议院的一些众议员也享受同等待遇，只不过门票数量减半。然后，美国公民可以在自己居住的地区，上网登记，等待抽签，这种情况如果被抽到，一定非常幸运。

第二，奥巴马竞选团队成员或者亲属获赠。一位总统的当选，背后凝聚了上千万人的辛勤工作。他们很多都是义务劳动，多数都持有相同的政治理念，是该总统候选人的铁杆粉丝。所以，为了答谢他们，一般候选人当选总统之后，就会邀请一些出力多，贡献大的成员，去观看就职典礼。

第三，捐款或赞助获得。美国新总统的就职典礼虽然是一场重大的政治活动，但同样也蕴含着浓厚的商业气息，其中有很多“商业运作”的方式：受邀请的人需要自掏腰包，就算对新总统在竞选中给予巨大赞助的商人和企业家，很多都要购买门票。

与4年前就职典礼不同，奥巴马这次没有给典礼捐款金额严格设限。就职委员会早些时候说，企业捐款最多不得超过100万美元。任何捐款25万美元的个人和捐款100万美元的企业将在就职典礼几天前收到邀请函，包括就职仪式观礼券、就职前一晚“烛光庆祝”活动嘉宾券以及观看庆祝游行的前排座位票。

① 新浪博客．美国总统就职典礼 邀请函值千金［EB/OL］．http://blog.sina.com.cn/s/blog_4addc22f0102e1ru.html.

商务邮件常用英语[①]

If you have any questions please let me know. 如有任何问题，请告诉我。

Please refer tentative schedule as follow：请参照下面的暂定计划：

We are following your instruction on the basis of your confirmation. 我们在您确认的基础上按您的指示行事。

How are you doing? 还好吧？

Thanks in advance and best regards. 提前感谢，祝你一切顺利。

Looking forward to seeing you soon. 期待尽快能与你见面。

Here's why：原因如下：

Please review，and let's discuss how we should move forward. 请检讨，并让我们一起讨论我们应该怎样继续。

We would like to lock up this business. 我们想锁定这笔生意。

Once you respond to the above questions，we will decide which option we would like to pursue. 你们对上述问题回复后，我们会立即决定我们会选择哪个方案。

Thanks for your understanding. 谢谢您的谅解。

Also please let me know if you need any other information. 另外，你们还需要其他信息吗？

We will get back to you ASAP. 会尽快回复你。

Let's discuss this then. 到时我们讨论下这个问题。

Please review the below email and advise. 请查看以下邮件并进行回复

Please discuss the above schedule and let us know the results. 请检讨以上计划并把结果告诉我们。

Please review and advise with any comment. 请检讨，如果有意见请回复。

Noted and thanks for reminding. 知道了，谢谢提醒。

Please see the attached file first. 请先看附件的文件。

This is a very urgent matter，and please make sure everything is on the right track. 这是非常急迫的事情，请务必确保一切事情有序进行。

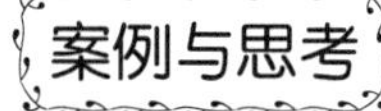

案例 1：

商务贺信[②]

欣悉你公司圆满完成全省卷烟工业企业联合重组，在全国烟草行业率先实现省级工

① 百度文库. 65 个商务邮件常用语中英对照［EB/OL］. http://wk.baidu.com/view/291ec574f7ec4afe05a/df16?pcf=2.

② 百度文库. 商务文书写作范文［EB/OL］. http://wk.baidu.com/view/09c441760lf69e31433294ce?pcf=2.

业公司与所属企业一体运作，成为年产销规模超200万箱的大型卷烟企业。在此，谨向你们表示热烈的祝贺！

××××工业公司成立三年多来，在国家烟草局的正确领导下，坚持以科学发展观为指导，按照“完善体制机制、优化资源配置、增强竞争实力、全面提升水平”的要求，深化改革，开拓创新，企业规模快速扩张，品牌形象日益提升，运行质量和效益稳步提高，为全省经济社会发展做出了积极贡献。

当前，全省上下正在按照“抢抓机遇、乘势而上、奋力崛起”的总体要求，奋力开启“十一五”发展的新征程。希望××××工业公司以联合重组为新的契机，进一步增强发展意识、竞争意识和责任意识，始终保持奋发有为的精神状态和求真务实的工作作风，围绕把企业打造成全国重点骨干企业之一、把“××”品牌打造成全行业重点骨干品牌之一。进一步整合资源，强化营销，加强管理，不断提升综合竞争实力，努力把××卷烟工业做大做强，为我省推进跨越式发展、实现奋力崛起做出新的更大的贡献！

××××××

2006年9月26日

思考：

如何写一封商务贺信？

案例2：

邀请函[①]

尊敬的教育工作者：

2013年在美国密苏里州圣路易斯举办的“第65届美国国际教育者协会”是中国教育发展研究中心与美国国际教育者协会（NAFSA）合作举办的一场教育工作者的盛会，我们非常荣耀地邀请您拨冗参加！

通过此次会议，可与来自各个国家地区的教育工作者进行互相交流，建立良好的合作关系，并获得关于高等教育和国际教育研究的最新时讯。

全球教育者将共同探讨教育理念影响世界的深远意义，新的50年里，如何更进一步发展国际教育水平，增进教育交流，将国际教育推向一个新的水平！

诚挚邀请！

中国教育发展研究中心

北京环球博睿国际信息技术研究院

2013年3月19日

思考：

如何写一封邀请函？

---

① 北京环球博睿国际信息．2013年第65届美国国际教育者协会年会邀请函［EB/OL］．http://blog.sina.com.cn/s/blog_79598d430101cdoz.html.

第七章　国际商务会议礼仪

据英国媒体报道，人力资源集团罗博特·沃尔特对13个国家的数千名上班族进行了一次国际调研，研究各公司为什么有那么多无聊会议。研究结果显示，有八成的被访者认为，他们公司至少一半的会议是没有意义的，纯粹是在浪费工作时间。沃尔特认为，良好的日程安排和前期准备可以降低员工的失望感。

第一节　会议概述

一、会议

“会议”是一个动态的合成词。从字面含义上讲，“会”的基本意思是聚会、见面、集会等；“议”的基本意思是讨论、商议。现代意义上的会议，是有组织、有领导地召集人们商议事情的活动。它体现了会议的4个基本条件：有组织、有领导、商议事情和集会。

一个会议的构成，包括以下要素：会议名称、会议时间（含开始时间和终止时间）、会议地点、会议人员（出席人员、列席人员和工作人员）、会议组织、会议主题等。

（一）会议的意义

会议是一个集思广益的渠道。通过会议使不同的人、不同的想法汇聚一堂，相互碰撞，从而产生“金点子”，可以显示一个组织或部门的存在，同时也是一种群体沟通的方式。

（二）会议的目的

开会是为了解决特定的问题，包括开展有效沟通、传达资讯、监督员工、协调矛盾、达成协议与解决问题、资源共享、开发创意等。会议目标的实现可以用图7－1来示范。

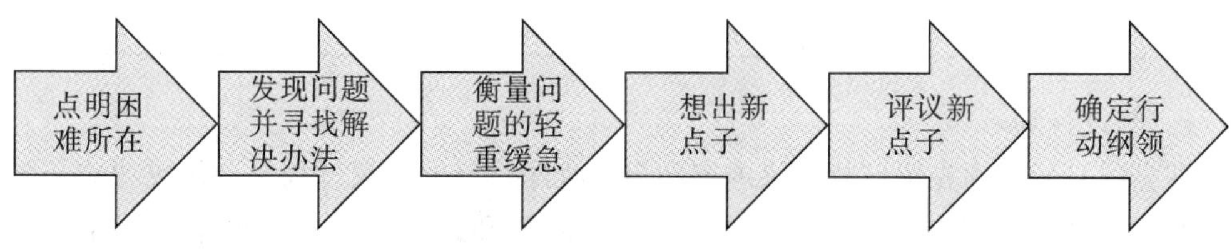

图7－1　会议目标的实现过程

（三）会议的基本概念和构成要素

1. 会议目标

会议目标是组织会议的期望所在，是具体会议所要完成的具体任务。

2. 主办者

不同的会议主办者也有区别，例如：由相关领导机关主办，如全国人民代表大会；由会议的发起者主办 ，如广交会；由成员轮流主办，如东盟年会；或者通过一定的申办程序确定，如奥运会等。

3. 承办者

承办者即具体落实会议组织的机构或个人。一般情况下，会议的主办者即承办者，但有时也有所区分。承办者可以是主办方内部或外部的人选。内部承办者多为主办方内部或下属组织；外部承办者则多为专业的提供会议承办服务的公司。例如：广交会的主办者是商务部和广东省政府，而承办者则是中国对外贸易中心，中国对外贸易中心是商务部的直属事业单位，其职责就是全面负责组织、管理和承办中国进出口商品交易会(即广交会)，属于内部承办者。

4. 与会者

包括正式成员、列席成员、嘉宾、工作人员等。

5. 会议地点

包括主会场和分会场，主会场是会议活动的主要场所，会议的主要环节都安排在此；分会场的设置主要是为了解决主会场容量不足的问题以及现代远程会议的需要。

6. 会议议题

即根据会议目标确定并提交会议讨论或解决的具体问题。议题可以准确具体地体现会议目标，为会议的目标服务；可以引导和制约会议的发言，确定会议交流发言应围绕的中心 。

例如：博鳌亚洲论坛 2002 年至 2007 年年会的会议主题如表 7－1 所示。

表 7－1　2002－2007 年博鳌亚洲论坛历届年会议题

时间	年会会议主题
2002 年	新世纪、新挑战、新亚洲——亚洲经济合作与发展
2003 年	亚洲需求共赢：合作促进发展
2004 年	亚洲寻求共赢——一个对世界开放的亚洲
2005 年	亚洲寻求共赢：亚洲的新角色
2006 年	亚洲寻求共赢：亚洲的新机会
2007 年	亚洲制胜全球经济——创新和可持续发展

7. 会议计划

即会议开始前预先拟订的会议内容和会议程序。好的会议计划是会议成功的必要前提，会议计划大致可包括：会议名称；会议的时间和地点；会议的领导机构和工作机构；与会人员名单；会场的设置；议题、议案、议程；会议的经费预算；列席人员和邀请人员名单；会议外其他活动安排等。

8. 会议议程

即会议议事次序，是对会议所要解决问题的基本安排。

9. 会议讨论

即对会议议题发表见解、交换意见或进行辩论，是会议上解决问题的主要环节，也是会议民主的集中体现。

10. 会议时间

也称为会期，是会议从正式开始到结束的时间跨度，或者周期性会议召开的固定时间。会议时间安排主要取决于出席会议的主要成员的时间安排，以及经济环境、政治环境、气候因素等。

二、商务会议

旨在进行经济、教育、科学、文化、体育等传播交流，采取商业活动运作模式，具有一定规模，跨组织进行的、向社会公开的会议，都属于商务会议。

（一）影响商务会议质量的主要因素包括

（1）衡量是否具有召开会议的必要；

（2）会议准备是否充分；

（3）会议期间能否排除各种干扰；

（4）环境条件、与会者的学识等其他条件。

（二）商务会议的分类

1. 根据商务会议的性质分类

（1）正式会议。会议规模较大、层次较高或涉及公司的发展方针、战略时，需要举行正式会议。其特点为：必须按照会议规范的要求召开，要合乎法律程序，有明确的议题和规范的议程，议程的完成由会议主席有效控制。

（2）非正式会议。在商务活动中，非正式会议较为普遍，主要用于解决特定问题，而不是讨论整体性的主题。其特点为：程序简单，人数较少，人员之间沟通交流较为频繁。

2. 根据与会者所代表的地域范围分类

（1）国际性会议，如世界贸易组织年会、中国国际电子商务大会。

（2）全国性会议，如2015年全国电子商务创新推进大会。

（3）区域性会议，如西部博览会。

3. 根据商务会议的技术手段分类

（1）传统会议，全体人员集中在会场中面对面交流。

（2）现代电子会议，包括远程视频会议、网络会议、电话会议等。

4. 根据商务会议的职权和功能分类

（1）法定代表性会议，成员具有法定代表资格；会议议题和议程具有法定性；会议的结果具有法定效力。如股东大会、董事会。

(2) 信息发布性会议，为发布信息而举行的会议，如新闻发布会。

(3) 专题性工作会议，围绕某项重要工作进行专题研究讨论。

(4) 谈判商洽性会议，旨在达成合作事项、签订合作协议的会议，如招商会、订货会。

(三) 商务会议的特点

1. 合法性

与其他社会活动一样，商务会议的召开要符合国家的法律、法规和政策；有些国家专门用法律、法规加以规范的会议，要严格按照法律规定进行；商务会议要符合商务组织自己制定的章程、规章和制度。

2. 经济性

商务会议的议题，主要围绕经济效益展开；商务会议的目的可能是直接获取利润。

3. 工具性

商务会议主要是为了解决某项实质性的问题而举行的。

三、中西方商务会议礼仪差异

东方文明和西方文明是截然不同的两种文明，在这样的文化差异下，中西方也呈现出各有特色的商务会议礼仪特点。

(一) 称谓的差异

中国人对称谓有泛化使用的倾向，年轻人通常对长辈称“叔叔”“阿姨”，对平辈称“大哥”“大姐”，而西方对于亲属称谓相对模糊，而且指称宽泛。在会议人员初次见面时的称谓是商务礼仪的展现，作为中方的代表要称外方的代表中的女士为“Miss+姓”或者“Mrs. +姓”，而男士为“Mr. +姓”，不必拘泥于其职位。相反地，东方人则比较在乎职位，外方要常将其职位挂在对中方的称谓后面。只有这样的称谓才会让双方都舒服且能合理地接受。

(二) 问候的差异

在召开商务会议前的打招呼，主要用以向对方询问安好，表示关切，或者致以敬意。中国人问候的同时习惯于同对方握手，而西方人则有时候会热情地拥抱。简单的问候之后，人与人之间会有简单的寒暄，即人们在平日问候他人时所讲的一些应酬话。外国人见面的寒暄习惯是从天气开始，如果用中国人的习惯去问候个人问题就会被认为是在关注窥视隐私，是不尊重对方的行为。所以，在会议前的寒暄时双方一定要多注意对方的禁忌，说话讲求适度合理。

(三) 交际语言的差异

在商务会议中，由于文化的差异而引起的语言习惯的不同会不同程度地影响到会议的成功与否。在中国的文化价值观念中，谦逊是一种美德，面对别人的夸奖，中国人通常都喜欢说“不行，不行，还不好”“哪里，哪里，还不够”等自谦性质的语句，而在西方的文化价值观念里，夸别人的人总是希望被夸奖者对他的赞扬做出认可。例如，在商务会议中，称赞外国人时，他们而则会毫不犹豫地说声“Thank you”，这样的举动在中国人看来可能是不够谦虚的，而中国人的做法在外国人看来却比较虚伪。因此，双方都需要深入了解两国的文化背景及价值观念，更多地去考虑对方，用双方都可以接受的话语交谈。

（四）时间观念的差异

中国传统文化里的时间观念深受儒道两家思想的影响，因此对时间是一种环形认识，使用时间灵活性较强，一定程度上也可以说，对时间的随意性较强。但是，在一些国家会有严格的时间安排，如在美国、西欧的商务会议活动应提前两个星期，甚至更长时间来安排好议程。由于观念的不同，中西方在商务活动中对时间的处理方式也不同。例如，西方人认为时间是金钱，会谈开始就直入主题，在会谈的过程中，他们多是速战速决。而中国人在贸易往来中比较注重细水长流，通过宴请或非正式会晤等商业活动，慢慢和对方建立良好的合作关系。

（五）商务交涉礼仪的差异

在商务会议中对方发言时，中国人总是习惯于默默地听着，并且认为此时提出问题打断别人讲话是非常不礼貌的，是不谦逊和爱挑剔的一种表现。而西方国家的人则对此感到非常疑惑，认为这样做表示没有好好听，或者就是厌倦和生气了。在西方国家，如英国或者美国，他们在听别人讲话时总是不断做出各种反应，提出各种问题，通过积极热情的回应表示对讨论内容的重视。曾有一个笑话说“中国人用没有问题假装听懂了，美国人用提问题假装听懂了”。虽然是笑话，但生动地反映出两者的不同交际文化，涉外商务会谈中一定要加以注意。

（六）馈赠礼品的差异

会议双方互赠礼品已成为不可缺少的确认伙伴关系的形式，不仅中国人有送礼的习惯，外国人同样讲究送礼之道。但是，中外对送礼的认识却是截然不同的，外国人不会送非常贵重的礼物，他们讲求的是文化格调与艺术品位，以及浪漫的情调，比如本国有纪念意义的工艺品，而且他们非常在意礼物的外在包装，体现感情的深厚。即所谓的“礼轻情意重”。然而，中国人更偏好送出较为贵重的礼物，这样反而让西方人不知如何是好。

（七）商务会议后宴请礼仪的差异

商业会议结束后的宴请，已经成为中西方非常有潜力的商业工具，商务人士都认为餐桌是绝佳的会谈地点，轻松愉快的用餐更有利于促进合作关系。中西方宴请、餐桌礼仪区别显著，本书第九章将对此内容进行详细说明。

第二节　会议管理

精心安排的会议可以使参会人员很好地把握会议议题和议程，做好会议准备，提高会议的效率，会议流程的安排尤为重要。一个好的会议，在会前、会中、会后三个阶段都要悉心安排，每个阶段都会对会议进程产生重要影响。会议管理流程如图 7-2所示。

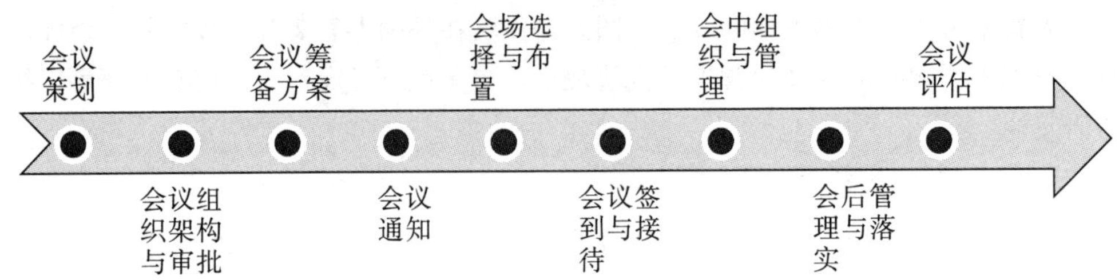

图 7－2　会议管理流程

一、会议筹备阶段

（一）制定会议方案

组织会议的一般原则如下：

（1）减少会议次数原则；

（2）严守时间原则；

（3）会议通知的明确性原则（开会的年月日和星期、会议开始和结束时间、会议场所、会议出席人、会议议题和准备事项）；

（4）缺席迟到的事前联络原则；

（5）效率性原则。

（二）会议筹备方案

1. 会议的主题与议题

会前必须确定会议的主题，以便参会者有针对性地准备资料，提高会议的效率。

2. 会议名称

会议名称一般由“单位＋内容＋类型”构成，应根据会议的议题或主题来确定。

3. 会议日程和议程

（1）会议日程是指会议期间逐日的主要活动安排，包括各种仪式、报告、发言、有特色的活动等

（2）会议议程即大会召开的主要事项或程序。主要涉及主持人、发言代表、讨论主题、开会方式、会议总结等。

（3）安排会议议程和日程的注意事项：

第一，把握会议的目的；

第二，先考虑关键人物的时间，同时注意根据多数人的意见安排日程；

第三，例会要定时召开，时间不宜过长；

第四，几个议题同时并存的，要根据重要性安排先后顺序。

4. 会议的时间和日期

先考虑公司主要领导、主管负责人和主持人的时间是否适宜；有外部人员参加的会议，要考虑有关负责人和嘉宾是否能到会；考虑本单位运作、生产、经营的规律；在效率较高的时候开会效果更佳，因此重要会议通常安排在早上；会议连续进行的时间尽量控制在 3 个小时之内。

5. 会议地点

安排会议地点时要注意以下内容：

(1) 会场位置尽量离负责人和与会者工作地点较近，方便其前往；

(2) 会场的大小应与会议规模相符；

(3) 场地要有良好的设备配置；

(4) 场地应尽量不受外界干扰，避开闹市区；

(5) 考虑场地租借成本和停车等具体细节。

6. 会议所需的工具和设备

(1) 必备用品：各类会议都需要的用品和设备，包括文具、桌椅、茶具、扩音设备、照明设备、空调设备、投影和音像设备等。

(2) 特殊用品：一些特殊类型的会议，如谈判会议、庆典会议、展览会议等所需的特定用品和设备。

7. 会议与会代表的组成

根据会议的目的和议题，综合考虑与会人员的层级、人数、分组的大小，以及食宿安排等问题。

8. 会议文件的准备

会议文件的印制和发放，包括：议程表和日程表、会场座位分区表和主席台及会场座次表、主题报告、领导讲话稿、开幕词和闭幕词及其他会议材料等。

(1) 为上司准备文件资料，根据指示为上司草拟会议文稿，送上司审阅并修改、打印；

(2) 组织发言人文稿，联系发言人确定文稿，打印、分发，并存档；

(3) 为与会者准备资料袋，放置议程、日程等会议安排，也可放置会议记录表和文具等工具。

9. 会议的筹备机构

包括会务组、宣传组、秘书组、文件组、接待组、保卫组等，各组之间各司其职，密切配合，共同为会议顺利召开保驾护航。

10. 制发会议通知

(1) 会议通知的内容包括名称、时间、地点、与会人员、议题及要求等；

(2) 会议通知的种类有书信式和柬帖式；

(3) 会议通知的发送形式有正式通知和非正式通知，正式的会议通知一般通过邮件传递，或亲自送达受邀人手中，一般的双边或多边商务会议都要采用正式的会议通知，以示重视。非正式通知常用于企业内部，或密切往来的熟悉企业之间，通过电话等方式实现。

11. 制作会议证件

会议证件的内容有会议名称、与会者单位、姓名、职务、证件号码等。有些重要证件还要贴上本人照片，加盖印章。证件类型包括：

(1) 会议正式证件：代表证、出席证、列席证、来宾证、旁听证等。

(2) 会议工作证件：工作证、记者证、出入证等。

12. 会场布置

会场布置是在商务会议的筹备期特别需要注意的工作内容，不当的会场布置甚至可能使全部的商务会议筹备工作付诸东流。会议前准备工作可以用图 7－3 会前筹备事项流程来概括。

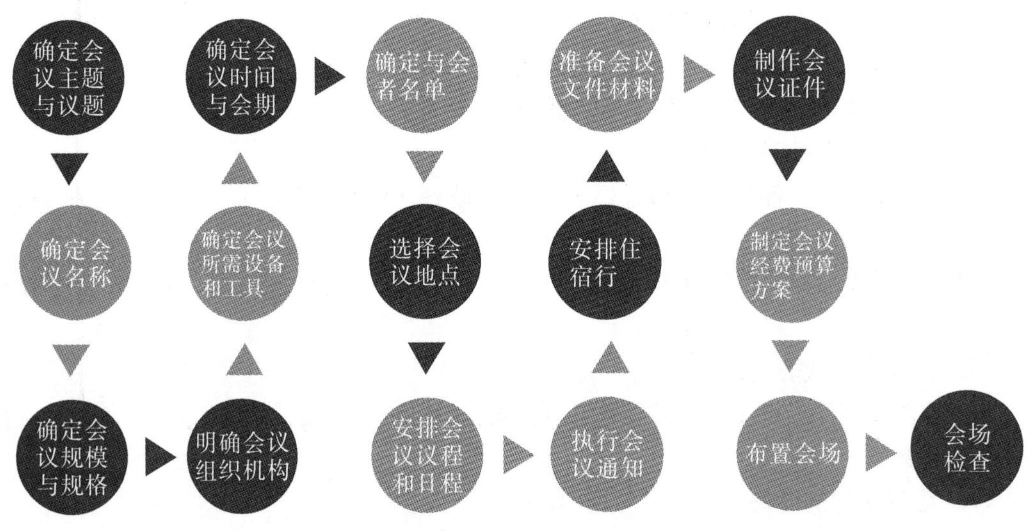

图 7－3　会前筹备事项流程

（三）会场布置

布置会场是一项十分重要的工作，参会人员的座次安排必须依照会议特点和来宾身份等做出妥善安排。会场布置的基本原则可以概括为：以右为尊（遵循国际惯例，中国惯例则是以左为尊）；居中为尊（中央高于两侧）；前排为尊（适用所有场合）；以远为尊（远离房门为上）；面门为尊（良好视野为上）。

1. 大型会议座次安排

（1）主席台排座。大型会场的主席台，一般应面对会场主入口。在主席台上的就座之人，通常应当与在群众席上的就座之人呈面对面之势。在其每一名成员面前的桌上，均应放置双向的桌签。主席台排座，具体又可分为主席团排座、主持人座席、发言者席位三个方面。

①主席团排座：主席团在此是指在主席台上正式就座的全体人员。按照国际惯例排定主席团位次的基本规则有三：一是前排尊位高于后排，二是中央尊位高于两侧，三是右侧尊位高于左侧。判断左右的基准是顺着主席台上就座的视线，而不是观众视线。

根据中国的礼仪习俗原则：左为上，右为下。当领导同志人数为奇数时，1 号首长居中，2 号首长排在 1 号首长左边，3 号首长排右边，其他依次排列如图 7－4（a）所示。当领导同志人数为偶数时，1 号首长、2 号首长同时居中，1 号首长排在居中座位的左边，2 号首长排右边，其他依次排列，如图 7－4（b）所示。

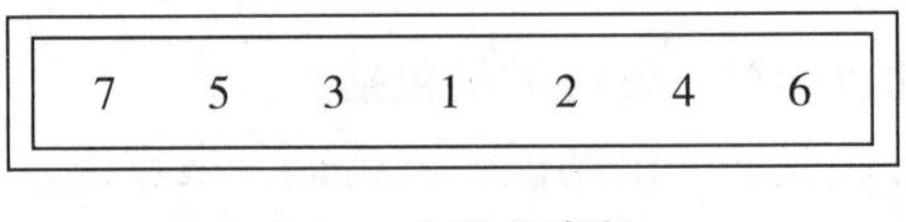

（a）　**人数为奇数**

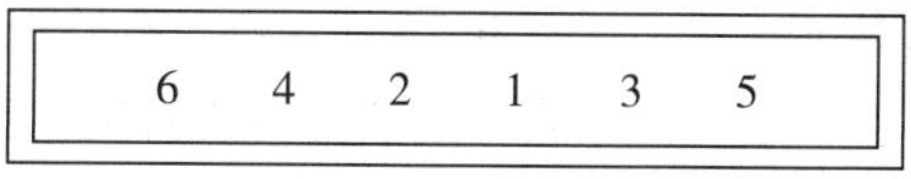

6	4	2	1	3	5

（b）　人数为偶数

图 7－4　主席台列席图示

但如果是涉外会议，国际惯例是以右为尊，座次顺序要根据与会者的国别特点做出相应调整。

②主持人座席：会议主持人，又称大会主席。其具体位置之所在有 3 种方式可供选择：一是居于前排正中央；二是居于前排的两侧；三是按其具体身份排座，但不宜令其就座于后排。

③发言者席位：发言者席位，又叫发言席。在正式会议上，发言者发言时不宜就座于原处发言。发言席的常规位置有两种：一是主席台的正前方；二是主席台的右前方。

（2）群众席排座。在大型会议上，主席台之下的一切座席均称为群众席。群众席的具体排座方式有二：

①自由式择座：即不进行统一安排，而由大家各自择位而坐。

②按单位就座：它指的是与会者在群众席上按单位、部门或者地位、行业就座。它的具体依据，既可以是与会单位、部门的汉字笔画的多少、汉语拼音字母的前后，也可以是其平时约定俗成的序列。按单位就座时，若分为前排后排，一般以前排为高，以后排为低；若分为不同楼层，则楼层越高，排序便越低。在同一楼层排座时，又有两种普遍通行的方式：一是以面对主席台为基准，自前往后进行横排；二是以面对主席台为基准，自左而右进行竖排。

大型会议会场布置概图如图 7－5 所示。

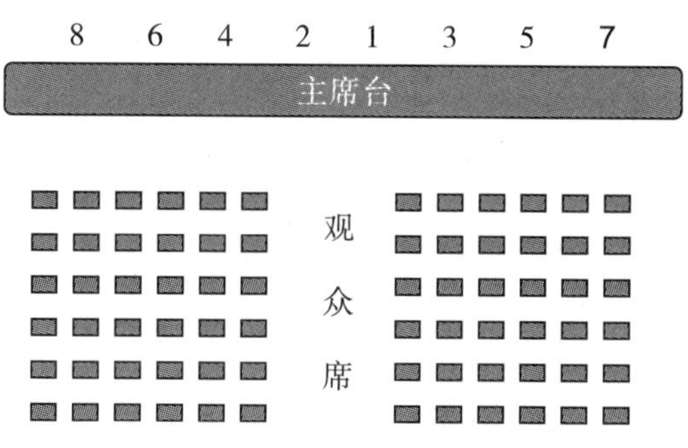

图 7－5　大型会议会场布置概图

（3）注意事项。

①主席台必须排座次、放名签，以便领导同志对号入座，避免上台之后互相谦让。

②对上主席台的参会者能否届时出席会议，在开会前务必逐一落实。参会者到会场后，要安排在休息室稍候，再逐一核实，并告之上台后所坐方位。如主席台人数很多，还应准备座位图。如有临时变化，应及时调整座次、名签，防止主席台上出现名签差错或座位空缺。

2. 小型会议座次安排

可以把会场布置成圆桌型或者方桌型，领导和会议成员可以互相看得见，大家可以无拘无束地自由交谈，这种形式适合于召开15～20人左右的小型会议。如工作周例会、月例会、技术会议、董事会。它的主要特征是全体与会者均应排座，不设立专用的主席台。小型会议的排座，目前主要有以下两种具体形式。

（1）面门设座。一般以面对会议室正门之位为会议主席之座，即尊位。通常会议主席坐在离会议门口最远的桌子末端。主席两边是参加公司会议的客人和拜访者的座位，或是给高级管理人员、助理坐的，以便能帮助主席分发有关材料、接受指示或完成主席在会议中需要做的事情，如图7－6所示。

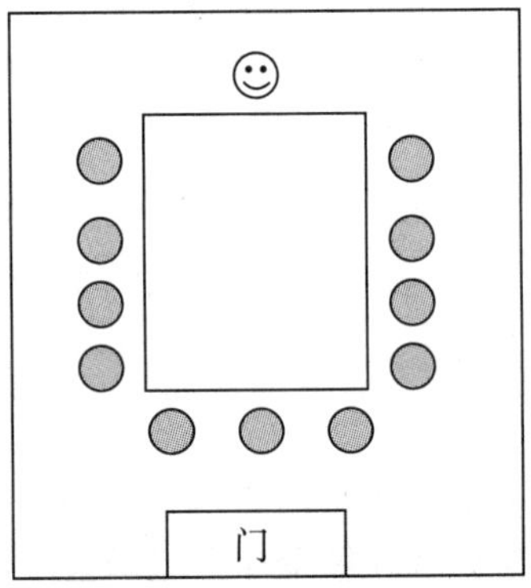

☺表示尊位：主席(会议主持 人)

图7－6　面门设座

（2）依景设座。指会议主席的具体位置，不必面对会议室正门，而是应当背依会议室之内的主要景致之所在，如字画、讲台等，如图7－7所示。

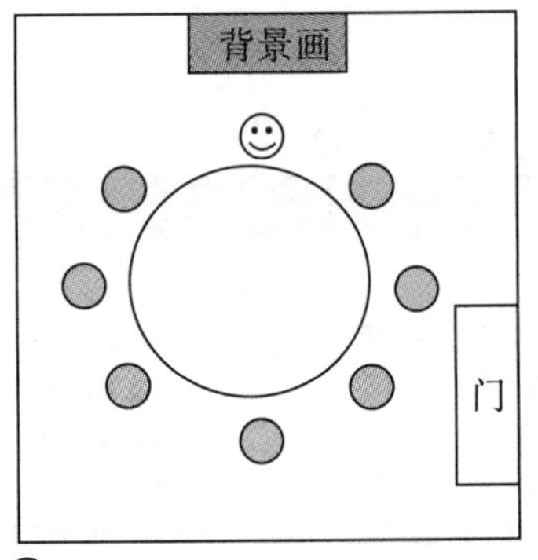

☺表示尊位：主席(会议主持 人)

图7－7　依景设座

3. 不同会议室布局的座位安排

一般情况下会议室中是长方形（包括椭圆形）的桌子，就是所谓的方桌会议，方桌可以体现主次。在方桌会议中，要特别注重座次的安排。假如只有一位领导，他一般坐在这个长方形的短边，或者是比较靠里的位置。即以会议室的门为基准点，靠里侧是主宾的位置。假如是由主客双方来参加的会议，一般分两侧来就座，主人坐在会议桌的右边，而客人坐在会议桌的左边。还有一种是为了尽量避免这种主次的安排，而以圆形桌为布局，就是圆桌会议。在圆桌会议中，则可以不用拘泥这么多的礼节，以门作为基准点，比较靠里面的位置是比较主要的座位（面门为尊）。在涉外性质的会议时，则须依照国际惯例的“以右为上”原则来安排具体座次。

（1）长方形会议桌。根据正门方向有两种排列方式，如图 7-8 所示。

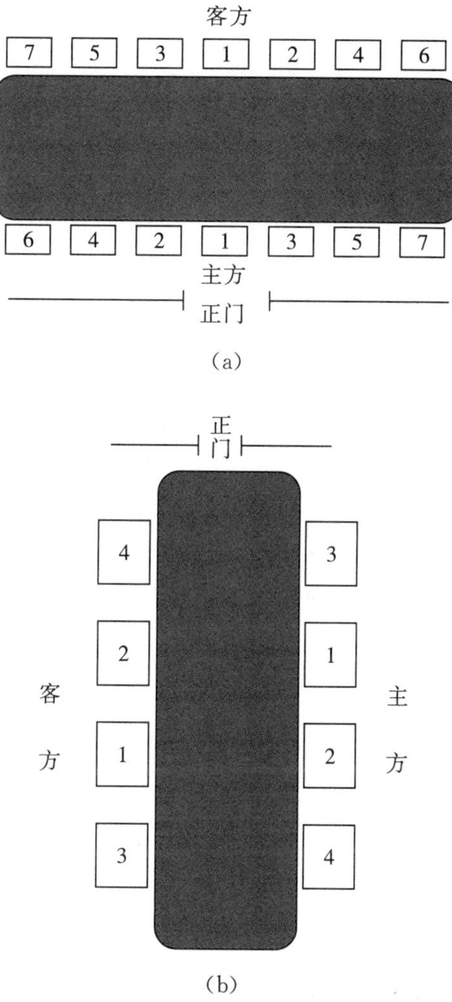

图 7-8　长方形会议桌排列方式

（2）沙发室。参会人数较少时，可以选择沙发室开会。沙发室中，与会来宾可以坐得更为接近，在沙发室待客，更能体现出主办方的重视。沙发室的座位设置如图 7-9 所示。

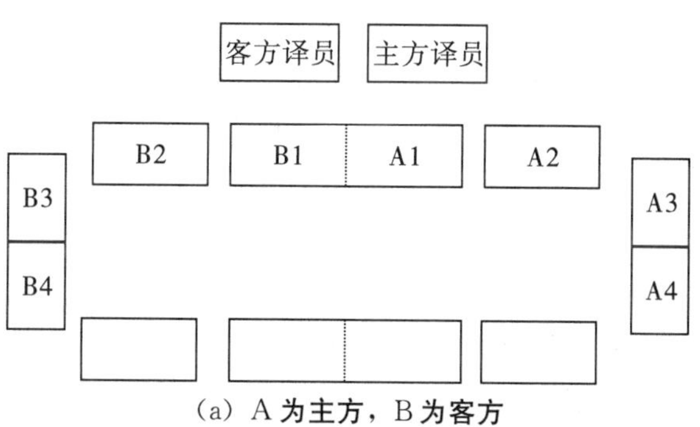

(a) A 为主方，B 为客方

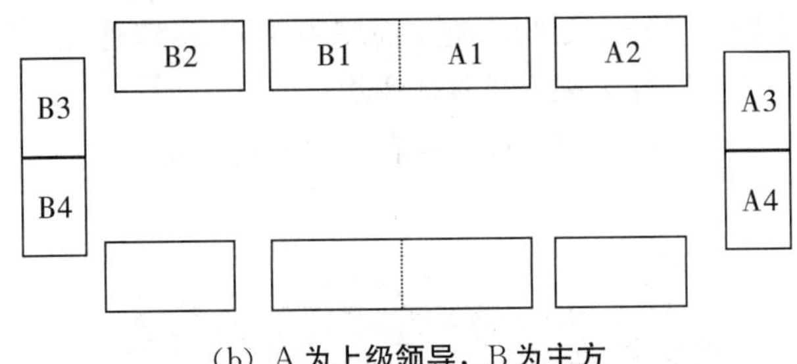

(b) A 为上级领导，B 为主方

图 7－9　中外会谈沙发室列席图示

二、会议进程阶段

会议进程阶段是商务会议的主体阶段，是商务洽谈能否成功的关键环节，会前的精心准备在此阶段得以全面体现，同时与会者在参会期间也能直接地感受到会议主办方和承办方的心意，表现出商务往来的诚意。会议进程阶段的主要环节如图 7－10 所示。

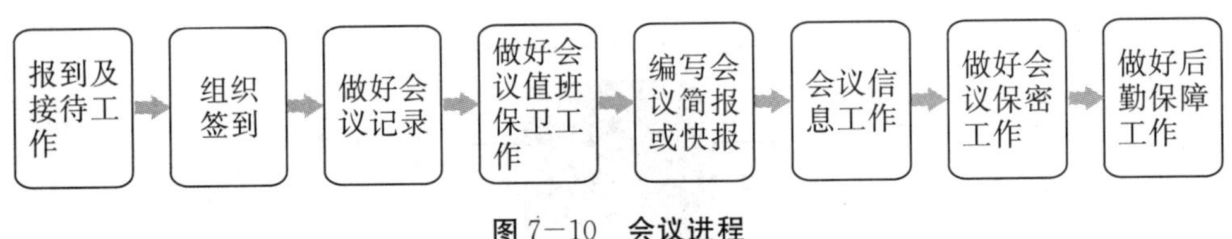

图 7－10　会议进程

（一）会议进度流程

1. 会前的最后检查

检查内容包括会议文件材料的准备情况、会场的布置情况、会议保卫工作的检查、其他内容（根据会议需要而定）。

2. 组织签到和登记

组织到会者在签到本或签到卡上签到，签到工作结束之后，会务秘书应及时将与会者的到会情况报告会议主持人，发现未到会的要及时催请。

3. 会议记录和录音工作

会议记录格式是指会议记录会议内容时所编写的格式要求，在会议过程中，由记录人员把会议的组织情况和具体内容记录下来，就形成了会议记录。“记”有详记与略记之别。略记是记会议大要，会议上的重要或主要言论。详记则要求记录的项目必须完备，记录的言论必须详细完整。若需要留下包括上述内容的会议记录则要靠“录”。“录”有笔录、音录和影像录几种，对会议记录而言，音录、影像录通常只是手段，最终还要将录下的内容还原成文字。笔录也常常要借助音录、影像录，以之作为最大限度地再现会议情境的保证。负责会议记录的秘书，或者负责录音、录像的人员，应事先熟悉会议议题、程序、发言人员名单、器材安置情况等。

（1）会议记录的特点：一是真实性，二是资料性，可作为研究、编发、查找会议的重要原始资料长期保存。

（2）会议记录的格式。一般会议记录的格式包括两部分：一部分是会议的组织情况，要求写明会议名称、时间、地点、出席人数、缺席人数、列席人数、主持人、记录人等；另一部分是会议的内容，要求写明发言、决议、问题，这是会议记录的核心部分。常见会议记录格式如表 7－2 所示。

表 7－2　常见会议记录格式

会议主题		会议时间	＿＿＿＿年＿＿＿月＿＿＿日
会议地点		记 录 人	
参会人员			
请假人员		迟到人员	
发言记录：			

对于发言的内容，一是详细具体地记录，尽量记录原话，主要用于比较重要的会议和重要的发言。二是摘要性记录，只记录会议要点和中心内容，多用于一般性会议。会议结束，记录完毕，要另起一行写“散会”二字；如中途休会，要写明“休会”字样。

【阅读材料】

×××有限公司办公室会议记录[①]

时间：20××年×月××日星期×

会议地点：×××

会议主持人：×××

会议记录人：××

出席人：公司各部门人员

缺席：×人

会议内容：公司召开了业务会议，为了公司的良好发展，提出了以下内容。

×××经理提出：

① 百度文库．商务会议礼仪案例分析［EB/OL］．http://wenku.baidu.com/view/bbeffqc8efqaef8951e.

（1）关于公司人员的重新分配，从今天开始，×××着重投入于网络的优化，做好网页的宣传，而新入职的办公室助理则接手×××之前担任的行政工作内容，其他人继续做好自己的岗位工作。

（2）严格管理业务部，业务是最重要的模块，要加大力度抓紧和投入。

（3）严格执行考勤制度，一个月内迟到两次的人员要相应地扣除工资，遵守打卡制度，如有特殊情况，须提前通知请假，然后请假的员工需在次日到×经理处补请假条。

（4）有关座位的重新编排，把业务部的人员规划在一起，让公司有一个严谨、规范的形象。

（5）最后，规范一个专门对外接受咨询的qq号，每天专门由×××一人负责登录，然后分派给业务员，到月末进行统计网上咨询了解公司产品和信息的客户人数。这样有利于决定加大还是保持公司的投入力度。

总经理××提出：

（1）加强生产、销售，销售是重点，需要用心做，另外还提议员工多走车间，这样才能更好地了解产品的参数和构造。

（2）对商品的投放力度要加大，努力完善网站的优化。

（3）尤其外贸部这一模块，需对其进行更详细的细化、整理。

最后，×××总结出做业务最重要的是快和专业。

×××提出：

（1）由于下班时候办公室没有业务员的情况下仍然有电话打进，×××建议将电话转接到业务员的手机，这样就能够及时接到电话。

（2）办公室的仪容要靠大家一起整理，小至每一个人的座位，大至公司的财产保护，尽力改善公司的形象，让别人看到公司的规范。

（3）同事之间应该互相提出建议，一起进步和努力。

最后，×××总结了今天的会议内容，每一个员工都需要用心投入，付出与收获是成正比的，公司的发展离不开每一位员工的努力。

4. 提供会议资料与联络协调

会务秘书应列出详细的任务分工表，人手一份，以备检查和落实。各岗人员要熟记本岗职责，发现问题及时沟通汇报，互相补漏。

5. 做好会议的保密工作，注意场地、人员、食宿的检查

6. 组织好会议的后勤工作

7. 会议信息工作

（1）收集会议信息。

（2）编写会议简报。

（3）搞好对外宣传。由会务秘书撰写新闻报道稿件，向媒体发送；邀请有关报社、电台、电视台派记者驻会随访，发布信息；会议结束时，召开记者报告会，由会议领导直接介绍会议情况，亲自回答记者提出的问题。

（二）会议进程中的礼仪事项

1. 会议发言人的礼仪

会议发言有正式发言和自由发言两种。前者一般是领导报告，后者一般是讨论发言。正式发言者，应衣冠整齐，走上主席台应步态自然，步伐刚劲有力，体现一种成竹在胸、自信自强的风度与气质。发言时应口齿清晰，讲究逻辑，简明扼要。如果是按书面发言，要时常抬头扫视一下会场，不能低头读稿，旁若无人。发言完毕，应对听众的倾听表示谢意。

自由发言则较随意，发言应讲究顺序和秩序，不能争抢发言；发言应简短，观点应明确；与他人有分歧，应以理服人，态度平和，听从主持人的指挥，不能只顾自己。

如果有会议参加者对发言人提问，应礼貌作答，对不能回答的问题，应机智而礼貌地说明理由，对提问人的批评和意见应认真听取，即使提问者的批评是错误的，也不应失态。

2. 会议参加者礼仪

会议参加者应衣着整洁，仪表大方，准时入场，进出有序，依会议安排落座，开会时应认真听讲，不要私下小声说话或交头接耳，发言人发言结束时，应鼓掌致意，中途退场时要轻手轻脚，不影响他人。

3. 主持人的礼仪

各种会议的主持人，一般由具有一定职位的人来担任，其礼仪表现对会议能否圆满成功有着重要的影响。

（1）主持人应衣着整洁，大方庄重，精神饱满，切忌不修边幅，邋里邋遢。

（2）走上主席台应步伐稳健有力，行走的速度因会议的性质而定，例如热烈的会议步频则应较慢。

（3）入席后，如果是站立主持，应双腿并拢，腰背挺直。持稿时，右手持稿的底中部，左手五指并拢自然下垂。双手持稿时，应与胸齐高。坐姿主持时，应身体挺直，双臂前伸。两手轻按桌沿，主持过程中，切忌出现搔头、揉眼等不雅动作。

（4）主持人言谈应口齿清楚，思维敏捷，简明扼要。

（5）主持人应根据会议性质调节会议气氛，或庄重，或幽默，或沉稳，或活泼。

（6）主持人对会场上的熟人不能打招呼，更不能寒暄闲谈，会议开始前，可点头、微笑致意。

三、会后整理阶段的注意事项

商务会议举行之后要进行系列整理工作，主要工作内容可用图 7－11 来表示。

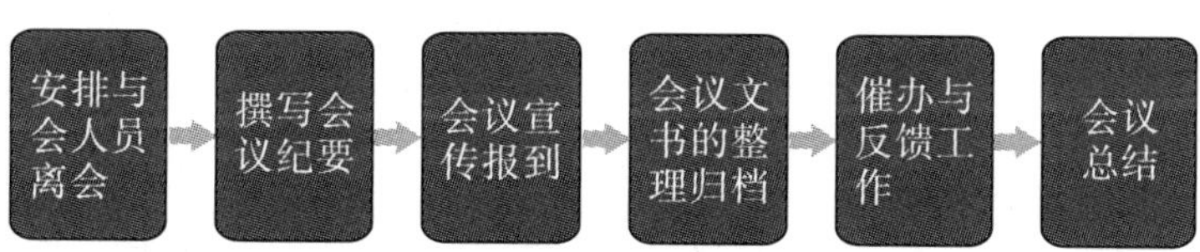

图 7－11　会后整理事项

（一）安排与会人员离会

安排车辆时要注意车内座次的安排，轿车中，重要客人坐后排，以右为尊；在中巴或大巴车中，重要客人坐前排，以前为尊。

（二）综合会议信息

1. 会议记录的整理

按照清晰、准确、规范化的原则对会议记录进行整理和完善。

2. 会议信息的编写

会议纪要是为宣传、贯彻会议主旨服务的，将会议上产生的重要信息“纪实”和“扼要”地归纳概括而形成文字材料。

会议纪要与会议记录是两个不同的概念，二者的区别十分明显。会议纪要是一种法定的公务文书，其撰写与制作属于应用写作和公文处理的范畴，必须遵循应用写作的一般规律，严格按照公文制发处理程序办事。而会议记录则只是办公部门的一项业务工作，属于管理服务的范畴，它只需忠实地记载会议实况，保证记录的原始性、完整性和准确性，其记录活动同严格意义上的公文写作完全是两码事。二者在载体样式、称谓用语、适用对象、分类方法、内容重点等诸多方面都有明显区别。

3. 编写会议简报

会议简报是反映会议动态、进程和主要内容的简要信息材料，包括报道式简报和转发式简报。

4. 编写调查报告

编写调查报告可为会议提供大量具体可靠的实际材料，作为会议参考或解决问题的依据。

5. 会议文件的立卷归档

（1）会议信息存放的要求：

①便于管理；

②便于体现内容；

③便于反映客观实际；

④便于利用。

（2）存放的方法：

①一会一夹；

②按信息形成阶段设夹；

③按时间阶段设夹；

④按专题和名称设夹；

⑤按信息的性质分类设夹。

第三节　常见商务会议礼仪

一、新品发布会

新品发布会，简称发布会。对商界来说，举办新品发布会，是自己沟通、协调与客户之间相互关系的一种最重要的手段。

新品发布会的常规形式是由某一单位或几个有关单位出面，将相关客户或者潜在客户、媒体等邀请到一起，在特定时间与地点举行一次会议，宣布新产品。

（一）新品发布会流程

筹备新品发布会时有众多工作需要统筹，其中最重要的几项是，要选择好时间、职员的安排、记者的邀请、会场的布置和材料准备等。

1. 时间的选择

在确定新品上市发布会的时间时，应掌握的要点是：避开节日与假日，避开本地的重大活动，避开其他单位的发布会，还要避开与媒体宣传报道重点相左或冲突的时间节点。选择合适的时间是新品发布会取得成功的重要保障之一。

2. 人员的安排

新品上市发布会的人员安排关键是要选好主持人和发言人。主持人应由主办单位的公关部长、办公室主任、秘书长或者请与产品相契合的专业主持人担任。基本条件是：仪表堂堂，年富力强，见多识广，反应灵活，语言流畅，幽默风趣，善于把握大局，引导提问和控制会场，具有丰富的主持会议的经验。

新闻发言人最好由本单位的主要负责人担任，对其基本要求是除了在社会上口碑较好、与媒体关系融洽之外，还需要具有良好的修养、渊博的学识、灵敏的思维、流利的口才等。

新品上市发布会还要精选一批礼仪人员，一般由相貌端正、工作认真负责、善于交际应酬的年轻女性担任。值得注意的是，所有出席发布会的人员需在会场上佩戴同一制作的胸卡，胸卡上面要写清姓名、部门与职务。

3. 嘉宾的邀请

一般情况下，出席新品发布会的嘉宾应是与企业产品相关的人士，按照举办地点酌情邀请，确定好邀请嘉宾名单后，请柬最好提前一星期发出，重要嘉宾会前还应再做确认。

4. 会场的布置

首先需要根据企业级别、新品内容和预设要产生的传播效果选择酒店，在选择酒店时要考虑到地理位置与交通便利程度，包括泊车是否方便等。

其次发布方在寻找新品发布会场地时，还应考虑到下列情况：

(1) 会议厅可容纳的人数，主席台的面积，投影设备、电源等是否方便接通，布景、麦克风等设备是否好用。其他相关服务，如住宿、酒品、食物、饮料的提供，价钱是否合理等。

（2）背景布置。需要准备主题背景板，内容含主题、会议日期，有的还会写上召开城市，需要注意的是颜色、字体是否美观大方。

（3）酒店外围布置。如酒店外横幅、竖幅、飘空气球、拱形门等，此项需要和酒店沟通，看酒店是否允许，或者酒店是否提供该项服务。

5. 材料的准备

在举行新品发布会之前，主办单位要事先准备好如下材料：

（1）发言提纲。它是发言人在发布会上进行发言时的内容提要，需紧扣主题，全面、正确、生动、真实地展现产品。

（2）互动题目提纲。为了使发言人在现场正式回答提问时表现自如，可以对被问的主要题目进行猜测的基础上，形成问答提纲及相应答案，供发言人参考。

（3）资料提纲。事先必须精心预备一份以有关数据、图片为主的资料提纲，并认真打印出来，在新品发布会上提供给来宾。在资料提纲上应列出本单位的名称、联系方式等，便于日后联系。

（4）形象化视听材料。这些材料可供与会者利用，可增强发布会的效果，包括图表、照片、实物、模型、录音、录像、影片、幻灯片、光碟等。

（二）发布会进程中的礼仪事项

1. 做好会议签到

新品发布会的签到工作，需要让来宾在预备好的签到簿上签下自己的姓名、单位、联系方式等内容，然后由礼仪人员引导嘉宾入座。

2. 严格遵守程序

要严格遵守会议程序，主持人要充分发挥主持者和组织者的作用，公布会议的主要内容、提问范围以及会议进行的时间，一般不要超过 2 小时。主持人、发言人讲话时间不宜过长，过长会影响来宾提问。对来宾所提的题目应逐一予以回答，不可与来宾发生冲突。会议主持人要始终把握会议主题，维护好会场秩序。

3. 各部门相互配合

在新品发布会上，主持人和发言人要相互配合。为此首先要明确分工，各司其职。在发布会进行期间，主持人和发言人通常要保持一致的口径，不应公然冲突，甚至相互拆台。

4. 态度真诚、主动

发布会自始至终都要注意对待来宾的态度，因为接待来宾的质量如何，直接关系到新品发布会的成败。

（三）新品发布会的善后事宜

发布会举行完毕后，主办单位应在一定的时间内，对其进行一次认真的评估善后工作，主要包括：

1. 整理会议资料

整理会议资料有助于全面评估发布会的会议效果，为今后举行类似会议提供借鉴。

发布会后要尽快整理出会议记录材料，对发布会的组织、布置、主持和回答题目等方面的工作进行回顾和总结，从中汲取经验，找出不足。

2. 收集各方反映

收集与会者对会议的总体反映，检查在接待、安排、服务等方面的工作是否有欠妥之处，以便今后改进。

【阅读材料】

苹果新品发布会[①]

苹果所推出的产品固然出色，但苹果的营销手段同样高明，下面来看已故“帮主”乔布斯是如何准备一场发布会的。

(1) 精心策划。据外媒报道，乔布斯通常会提前数月准备自己的新品发布会以及其他一些公关场合的出席安排，并会对此进行细心的预演。

(2) 确定主题。乔布斯在准备发布会时会预先设定好主题，并在发布会刚开始时就展现主题，以达到开门见山的效果。

(3) 逻辑清晰的提纲。乔布斯在演讲之前已经把提纲罗列好，在演讲之中更是时时展示大纲。

(4) 图形化的幻灯片。乔布斯在发布会上使用的幻灯片非常简单，只有一些具有启发性的图片和简单的字，比如乔布斯在讲到“我今天想要告诉你们的第一件事”之时，幻灯片上只显示了一个数字“1”。

(5) 细心策划高潮场景。一场演讲一定要有一个令人印象极其深刻的时刻。在乔布斯的发布会上，会提前设计好高潮场景。比如乔布斯发布 Air 的时候说，它非常薄，可以装进一个信封，然后他就从一只信封里拿出了一台 Air，全场惊叹。

(6) 排练、排练、再排练。乔布斯在演讲之前会大声排练数小时，科技记者布兰特·施兰德曾看到他“花了一整天展开了数次彩排，并对包括演讲稿色调、聚光灯角度以及为了更好的演讲节奏而调整了 PPT 的顺序这些细节进行了微调”。

二、招商会

招商会是指招商组织通过举办各种类型的会议，向外界介绍、宣传、推广自身的投资环境、招商项目，促进沟通，以吸引客商前来投资的一种招商引资活动。在当下经济发展的有利条件下，它不仅是招商组织有效开拓国际市场、吸引跨国公司前来投资的重要途径，也是招商组织推销自身形象、扩大社会影响的积极方式。因此，在国内外举办招商会议，越来越受到各界招商组织的重视，并已成为当前招商引资的重要内容和手段之一。

① 根据苹果公司新品发布会整理而成。

（一）招商会议的类型和特点

招商组织如何根据自身的条件，确定招商的主题、内容、对象，选择合适的招商会议类型，是招商组织做好招商工作的重要内容之一。招商会议的主要类型及其特点如下。

1. 招商会

招商会是招商组织（一般为政府部门或大型机构团体）在国内外举办的规模较大的综合招商活动，由组织者组织本地区或本系统的有关部门和行业的招商单位和人员参加。其主要特点有：

（1）会议场面较大，社会综合效应强。

（2）通过政府或对外有影响力的机构等各种渠道，广泛邀请客商参会。

（3）对外公布招商的项目多，投资的区域和项目规模较大，行业涉及面广。

（4）会议组织形式为松散型，参加招商会的各个部门组织上受招商会组织者统一管理，业务上可独立开展对外业务洽谈，进行招商活动或贸易活动。

2. 投资研讨会

投资研讨会是招商组织（可为政府部门或企业、行业系统）在国内外举办的招商活动，由组织者组织本部门属下企业或本系统的招商单位和招商人员参加。其特点有：

（1）规模可大可小，由组织者视情况而定。

（2）会议除主办单位外，一般邀请当地（或国家）的政府、工商会、经济组织为协办单位，共同邀请所在国（或所在地）的商会和经济组织的会员等客商参会。

（3）会议目的明确，招商项目重点突出，收效较佳。

3. 项目介绍会

项目介绍会是招商组织（政府部门或企业）在国内外组织举办的小型专项招商活动。其特点是：

（1）规模较小，多是单个项目介绍或多个项目联合洽谈。

（2）邀请客商针对性较强，范围易于控制。

（3）项目的洽谈可较深入、细致。

4. 信息发布会

信息发布会是招商组织（一般为政府部门）在国内外举办的发布招商信息的招商活动。由当地政府根据本地区的情况向各界介绍本地区的投资政策和投资环境，推出招商项目，发布各种招商信息。信息发布会的主要特点是：

（1）邀请参加会议的对象主要是各国驻本地区的使、领馆代表，外国公司驻本地办事处代表，国内各种传媒机构，当地政府各行业主管部门的人员。

（2）会议目的旨在宣传、介绍、推广本地区的投资政策和环境，并针对投资有关问题进行说明和解答。易于组织，规模不大，具有一定的影响力。

（二）招商会议的礼仪事项

大型招商会议一般多在国（境）外举办，旨在通过招商会议的形式，吸引世界跨国公司、大财团到国内投资。因而在国（境）外举办的招商会议，具有时间长、空间跨度大、语言差别大等特点。一个成功的招商会议，与招商会组织者在会议筹备阶段、召开阶段和会后跟进阶段事无巨细的工作密切相关。

1. 预先筹划，制定方案

招商会议筹划方案作为会议组织的纲要，主要围绕如下三个环节进行。

(1) 确定会议目的、名称、规模。

招商会议由于有其独特的个性，因而不论以何种方式进行，其目的就是为了招商引资。围绕这个目的，招商组织根据掌握的各种信息，跨国公司、大财团的投资动态，以及世界经济发展的趋势，各国对外资本输出的流量等，来分析和选择举办招商会的所在国家，再根据邀请客商的人数多少等因素确定招商会的形式及规模。

(2) 确定会议时间、会场并邀请客商。

招商会议时间的确定，除需考虑会前准备时间外，还应对会场的准备、参会人员出入境手续的办理、国内外宾客的邀请、当地协作机构和新闻机构的联系等情况作通盘考虑。

与会议时间相关的会期安排，要根据紧凑、连续的原则进行，并制订详细的计划安排表，既要严格控制会议时间，力求高效，又必须使招商会议时间安排合理，让组织者有充足的时间介绍情况，参会客商有充裕时间提问、洽谈和进行投资探讨，达到预期目的。

招商会议地点（即会场）的选择，应依据会议的目的、规模及国内外合作机构的协助来确定。会场座位通常应以略多于到会人数为好。如果会场太小，人员拥挤，会影响会场秩序；会场过大，则显得稀疏，冲淡会议气氛，两者都会影响会议效果。

在确定会议时间、会期及会议地点时，还要综合考虑人的心理素质、人体生理活动、周围环境影响这 3 种因素。一般来说，会期可以安排在上午 8：00～11：00 时，下午 2：30～5：00 时，会场地点选择在金融、工商界活动较为集中，交通便利，停车方便的地域为宜。

参加会议的人员，需根据本次招商会的目的来确定。除主办单位有关领导和招商人员外，邀请的客商应包括当地政府要员，工商界知名人士，有关财团、公司或各商界组织负责人及其代表，新闻界人士，协办组织有关人员等。

(3) 编制会议费用预算。

通过编制会议费用预算，对于所需的总费用有一个大致的估算，并可有计划地分配会议的各项费用，防止超支和浪费。招商会议的费用通常包括场地租金、设计费用、工作人员费用、联络及交际费用、差旅费、住宿费、宣传费用、器材租金、运输和保险费用等，要根据会议所要达到的效果来考虑这些费用的标准。

筹划方案形成并取得主管领导批准后，下一步工作是尽快形成强有力的招商会务班子，以便形成具体细致的工作方案，分工协作并予以实施。

2. 会务工作组的组建、分工和训练

会务工作小组的职责，主要是为会议提供会员服务，负责策划、制定和落实方案，起到上传下达的枢纽作用。包括确定开会时间、地点、中心内容、人员，联络国内外合作单位，邀请客商和与会宾客及相关机构，组织和编制会务资料、招商项目资料，宣传签约项目，组织安排我方人员的出入境、行程、食宿、会场布置、会议主持、来宾主持、新闻发布等多项工作。

会务工作小组的组建，应由主管、带队领导负责统筹安排，并由具体相关经验的人员负责常务工作，配置大会现场译员，通过详细分工，明确职责范围和工作标准，保证各成员富有成效地开展工作。

三、展览会

展览会是通过现场展览和示范来传递信息，推荐产品的一种常规性公共关系活动。

（一）展览会的种类

1. 按性质分为贸易展览和消费展览两种

贸易性质的展览会是为产业即制造业、商业等行业举办的展览。展览的主要目的是交流信息、洽谈贸易。消费性质的展览是为公众举办的展览，消费性质的展览基本上都展出消费品，目的是直接销售。展览的性质由展览组织者决定，可以通过参观者来区分：对工商界开放的展览是贸易性质的展览，对公众开放的展览是消费性质的展览。

2. 按照内容可分为综合展览和专业展览两类

综合展览指包括全行业或数个行业的展览会，也被称作横向型展览会，如工业展、轻工业展。专业展览是指展示某一行业甚至某一项产品的展览会，如钟表展。专业展览会的突出特征之一是常常同时举办讨论会、报告会，用以介绍新产品、新技术。

3. 按照规模分为国际、国家、地区、地方展，以及单个公司的独家展

规模是指展出者和参观者所代表的区域规模而不是展览场地规模。不同规模的展览有不同的特色和优势，应根据企业自身条件和需要来选择。

4. 按时间划分标准比较多

大体可以按时间分为定期和不定期两种。定期的有一年四次、一年两次、一年一次、两年一次等。不定期展会则是视需要和条件举办，分长期和短期。长期展可以是3个月、半年，甚至常设，短期展一般不超过1个月。在发达国家，专业贸易展览会一般是3天。

5. 按会场特点可以分为室内和室外两种

大部分展览会是在专用展览场馆内举办的。室内场馆多用于展示常规展品的展览会，比如纺织展、电子展。室外场馆多用于展示超大超重展品，比如航空展、矿山设备展。在几个地方轮流举办的展览会被称作巡回展。

（二）展览会的筹备

1. 展览前的准备

（1）首先要了解展览会涉及哪些部门，并要考虑如何能合理地协调组织好这些部门，为展览会的成功举办铺路，如旅游业、餐饮娱乐业、交通运输业、租赁服务业、广告印刷业、海关验收业、邮电通讯业、银行保险业、酒店住宿业等。以上这些因素必须要充分考虑，才能使展览会获得圆满的结果。策划者应从现实出发，策划出面面俱到的展会。

（2）目前大多数展览公司实行的是项目经理制，即项目经理从展览会的组织确定到招展，及最后展出期间所遇到的问题实施全面负责。

2. 项目经理策划会议的前期工作

（1）市场调研。

市场调研对于策划者来说，尤其第一届展览会的策划特别重要。对于首届展览会的开展具有以下不足：没有成功召开的经验和现有模式；没有创造出品牌；没有与顾客建立稳定的关系及没有稳定的顾客群；不了解行业市场的发展动态等。

（2）可行性分析报告。

策划者在准备策划展会时，需要到实地考察，收集大量相关信息，找准展会定位。在进行实地考察、企业调查、相关资料整理后，做出展会的可行性书面报告，并呈报上级主管。

（3）项目场地的确定、规模及时间。

展会场馆选择要同时考虑硬环境和软环境。硬环境包括场馆的交通是否便利；场馆周围的酒店、娱乐设施是否齐全；场馆的交通运输方式的安排；场馆仓库的库容量、场馆的面积及场地的合理化分配（制定展位图做考察）与相关租用配套设备、研讨会的场地安排等。软环境包括场馆内部保卫设施是否到位；场馆的停车场及休息场所是否合理；场馆的水电供应情况；场馆的卫生清理工作；会议期间场馆提供的相应服务等。

场馆租赁方式有两种：其一，以场馆实际建筑面积计算，按平方米/元/天来整体计算场地租金，国际上专业会展的召开期为 6 天。布展为 2 天，展期为 4 天，也有安排 5～7 天的。其二，按场地实际搭建展位（标准 3 m×3 m），即按每个展位/天/元计算总体租金。根据具体的租赁方式，在确定场地后，场馆一般要求租用方支付定金，该定金支付根据场馆租赁的规模来算大约为整个租金的 30％左右。

3. 项目招展

展览会议的招展工作与展销会有很大的不同：

（1）展览的展即展示，由参展者构成，览即看，由观众构成。如果是专业的展览会，还需要邀请专业人士或同行业内人士参加，一般这种招展对象具有以下特点：

①实力比较雄厚，重视产品和品牌的宣传。

②技术力量雄厚，一般为技术领域领头羊或是生产者本身。

③规模和档次都比较高。

（2）展览会议工作的重点。

①重点突破几个知名的大型企业，以知名的大型企业带动小型企业的参展。要进行展位装修，把整个展览会场装饰起来。

②以先期参展的优惠方式吸引参展商参展，并尽快落实参展商的展位、费用。

③取得国内外行业协会的支持，通过行业协会邀请参展对象进行招商工作（因为在国外很多行业协会是由各个行业自身组成的，本身就是多行业领头羊的综合体现）。

④“以会带展，以展带会”，突破传统的思维模式。展览会特别是专业性很强的展览会，相应召开的研讨会才是展览会的实质。招展者在招商时可以利用自身的优势来通过会议的重要性带动企业参加展览会。把会议研讨与展览结合，是企业参展的积极性

所在。

（3）展览会的流程筹备。

①项目经理根据展会情况制订好招展计划，这样有利于安排展会进程，合理安排时间。

②分配具体招展对象公关工作，按照业务员的个人优势，充分地发挥其潜能，挖掘客源。

③资金到位，展览是以展位租赁的形式进行交易的。展位确定是以费用到位为前提的，因此在招展中最终确定的企业参展还是在于资金到位。

④广告宣传，一般分为前期招商宣传和后期的品牌宣传，也分为对不同观众的宣传，即针对普通大众的宣传与针对专业观众的宣传。

⑤展览会的服务，企业参展作为组织方必须为企业提供一个参展指南，介绍大会的具体安排，使参展商全面了解展览会的流程，合理安排时间。

4．展览会期间的组织协调工作

（1）展览会布展期的工作安排。

设立场地前台接待，负责参展企业报到登记；根据参展报名情况落实参展证的派发和展品进入场地确认；派发参展企业在参会期间的参会指南；进行一些相关企业的咨询活动，介绍展场的大体安排情况。

（2）酒店接待处。

设立前台接待处；进行参展商住宿登记，登记住宿表应包括企业名称、房间号码、酒店联系电话、房主姓名等。

（3）场馆现场协调工作。

监督现场施工，根据参展企业要求进行装修的展位施工；在现场工作中注意防火、防电、防盗等工作；为企业协调现场租赁业务；根据企业报名表，布置安排会场场外的广告宣传。

5．场馆的设计布置

（1）有关展台的规定。

高度限制，展览会对展架及展品都有限制规定，尤其对双层展台、楼梯、展台顶部向外延伸的结构等限制更严，限高往往不是禁止超高，如果办理有关手续并达到技术标准，有可能获准超高建展台、布置展品。

开面限制，很多展览会禁止全封闭展台，如果展台封闭，展览会就失去展示作用，参观者就会有抱怨，但是展出者需要封闭办公室、谈判室、仓库等，协调的办法一般是规定一定比例的面积朝外敞开。这个比例一般是70％，允许30％以下的面积封闭。

（2）有关展览用具的规定。

在很多国家，展览会规定必须使用经防火处理的材料，限制使用塑料，限制危险化学品。

绝大部分国家的展览会对电器都有严格的规定，所用电器的技术指标必须符合当地规定和要求。

（3）有关人员的规定。

走道限制主要是对走道宽度的规定和限制，为保证人流的畅通，展览会规定走道宽度，禁止展出者的展台、道具、作品占用走道；电视、零售商品往往造成堵塞，因此也有相应的要求，比如电视不得面向走道，柜台必须离走道一定距离等。

（4）有关消防的规定。

如果是大面积的展台，必须按展馆面积和预计的观众人数按比例设紧急通道或出口，并设标志。同时，必须配备消防器材。

有些展览会要求展台指定消防负责人，并要求全体展台人员知道消防规定和紧急出口等。

（5）有关展品的规定和限制。

主要是对异常展品，包括超高、超重展品的规定。只要采取适当措施一般都可以解决。比如限高，只要展馆高度足够，就可以与展馆商量解决；超重展品可以使用地托，分散单位负荷。比较常见、难解决的问题是展馆卸货大门的尺寸，这是自然限制。超高、超重展品一般需要先于其他展出者的展品进馆。

（6）有关环境的规定。

音量限制，背景音乐由展览会组织者安排，展出者声像设备的音量必须控制在不影响周围展出者的范围内。

色彩限制，展览会组织者往往会提出色彩要求以取得协调效果，即要求展出者使用某种基本色调或标题色调。展览会还可能会提出标题字型、大小，这方面的规定大多比较宽松。展出者只要遵守规定，并不干扰周围展台（比如噪音太大），展出者一般可以任意设计展台形状、摆置展品、使用颜色。

（7）有关劳工的规定。

很多国家（尤其是发达国家）规定，展场劳工必须是工会注册工人，不允许展出者自己动手。例如在美国纽约，如果展出者拿起锤子想钉钉子，当地工人就会夺下锤子阻止其干活，这听起来很荒唐，但是却是事实，还必须遵守。

（8）有关手续的规定。

展览会大多要求展出者将设计送审，并要求展出者施工前办理手续。

6. 交通运输安排及搬运工作

包括运输展品的接待及装卸和搬运工作协调，应按照参展者的运输方式抵达时间等妥善安排。

7. 展览会的开幕式组织工作

在开幕式前要求所有的室内、室外的布展工作完成，准备迎接参观者的参观。能否做好开幕式也是项目经理协调能力的体现。开幕式组织要注意以下事项：

（1）确定邀请开幕式来宾名单。

（2）确定邀请媒体名录。

（3）开幕式主持人的确定及发言嘉宾的内容审核。

（4）时间控制在 15～30 分钟。

（5）开幕式结束后，带领来宾参观。

8. 展览会召开期间的组织工作

展览会召开期间的所有工作进入最后结束的倒计时工作，前期大量的组织工作都最终体现在展览会效果上，参展商满意，参观者满意，才能说明展览会成功。在此期间应做好以下工作：

（1）做好大会的参观人数的统计、分类。

（2）发放大会的展览会刊（每天定时发放，要根据参观对象的身份发放）。

（3）协调展会期间研讨会的组织安排工作，做好研讨会与展览会的有机结合。

（4）做好最后的中间人形象，积极为企业牵线搭桥，为企业服务，如：

①提供企业洽谈间（休息室）。

②提供企业签订合同场所。

③及时将参观者的信息反馈给企业。

④积极与企业沟通，了解企业的想法及要求。

9. 统计

将大会的成交额做好记录，积极听取参会代表对大会的意见和建议，根据参会信息，再次邀请参会企业参加第二年的展会。

10. 撤展

展会的撤展工作一般安排在大会的最后一天下午，进行会场撤展登记情况工作，妥善安排，派送撤馆通知，要求做到：

（1）保持馆内秩序。

（2）要求每个参展商清理自己的展品，并各自保管好。

（3）先后有序地组织出馆工作。

（4）进行最后的清理工作。

11. 会后总结

展览会的会后总结，是以后展览会的延续，也是成功案例的表现，因此项目经理在结束整个展会后，要对整个展览会工作及整体情况进行一个整体分析，以便今后工作能合理开展。

第四节　实践指导

一、实践任务

通过本章学习，要求学生能够熟练运用所学，深入理解国际商务会议的筹备、开展以及会后相关礼仪，了解国际商务会议管理的实践操作，以此更好地指导和完成商务往来工作。

学生应多角度、多方式、多渠道地收集有关资料，运用讨论交流的方式，由老师组织学生进行课堂讨论和实训模拟，让学生加深对国际商务会议管理的理解，通过理论与实践相结合，让学生更好地掌握国际商务会议礼仪。

二、实践内容

分小组讨论和收集资料，包含以下实践内容：

1. 会议管理事项

(1) 会前筹备事项；

(2) 会议开展流程；

(3) 会后整理事项。

2. 会议礼仪

(1) 会场布置礼仪；

(2) 会议签到礼仪；

(3) 会议主持礼仪；

(4) 参会者礼仪；

(5) 会议发言人礼仪。

3. 会议文件

(1) 会议通知；

(2) 会议议程；

(3) 会议记录；

(4) 会议简报；

(5) 会议纪要。

三、实践步骤

(1) 分组收集与国际商务会议有关的资料，以备课堂交流。

(2) 组内讨论和交流，课下进行国际商务会议礼仪实战训练。

(3) 实训内容包括：会议筹备、会议管理和会后整理。

(4) 课堂展示成果。

(5) 小组之间互相点评。

(6) 编写实训笔记。

四、实践要求

(1) 实训内容必须与国际商务会议相关，内容丰富，形式多样。

(2) 小组内部头脑风暴，编写实训流程。

(3) 课堂展示必须体现所学礼仪知识。

(4) 小组互评须客观公正。

拓展阅读

广交会[①]

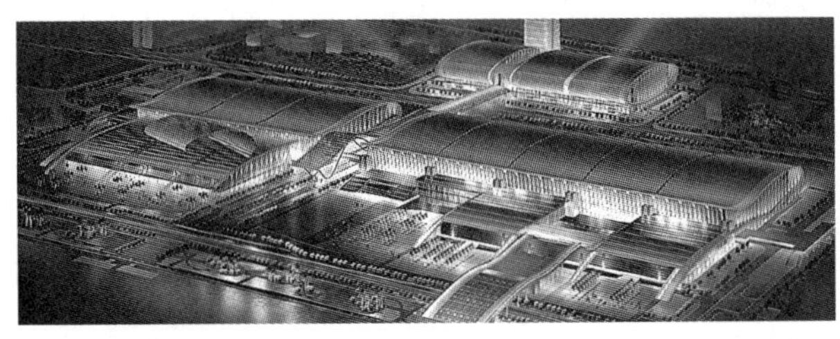

中国进出口商品交易会（The China Import and Export Fair）即广州交易会，简称广交会。其创办于1957年春季，每年春秋两季在广州举办，至2016年已有59年历史，是中国目前历史最长、层次最高、规模最大、商品种类最全、到会客商最多、成交效果最好的综合性国际贸易盛会。自2007年4月第101届起，广交会由中国出口商品交易会更名为中国进出口商品交易会，由单一出口平台变为进出口双向交易平台。

中国进出口商品交易会由48个交易团组成，有数千家资信良好、实力雄厚的外贸公司、生产企业、科研院所、外商投资/独资企业、私营企业参展。

中国进出口商品交易会贸易方式灵活多样，除传统的看样成交外，还举办网上交易会（Online Exhibition）。广交会以出口贸易为主，也做进口生意，还可以开展多种形式的经济技术合作与交流，以及商检、保险、运输、广告、咨询等业务活动。来自世界各地的客商云集广州，互通商情，增进友谊。

2015年（第118届）广交会数据

第118届广交会展位服务网已于2015年11月4日落下帷幕，相关信息如下：	
举办时间	第一期：2015年10月15日～19日 第二期：2015年10月23日～27日 第三期：2015年10月31日～11月4日
举办地点	广交会展位服务网展馆（广州市海珠区阅江中路380号）
主办单位	中华人民共和国商务部，广东省人民政府
承办单位	中国对外贸易中心
展出内容	电子及家电类；五金工具类；机械类；车辆及配件类；建材类；照明类；化工产品类；能源类；日用消费品类；礼品类；家居装饰品类；纺织服装类；鞋类；办公、箱包及休闲用品类；医药及医疗保健类；食品类
展览总面积	119万平方米
总展位数量	60228个
出口成交	280.56亿美元
境外采购商	184801人
参展商数量	24713家境内外企业

① 中国进出口商品交易会官方网站［EB/OL］. http://www.cantonfair.org.cn.

展会流程[①]

展会活动主要流程					
时期	序号	工作内容	工作细节	时间节点	协助部门
活动前期	1	策划	a. 主题、创意、卖点、形式（确定大展、小展或专场）	展前2～3个月	维护组、相关开拓组
			b. 预计商家数量、类型、活动内容、展会流程制定		维护组、相关开拓组
			c. 拟定展会时间、地点		维护组、相关开拓组
	2	场地	a. 实际了解场地条件（交通、面积、硬件、是否为会员所熟悉、是否能够提供车辆接送）	展前2个月	场地方
			b. 场地费用预算（场地租赁费、搭建管理费、保险费、场地）		场地方
			c. 场地合同（与场地方确认租借时间、使用物品和费用总额，出具场地租借合同，并签约支付场地租借费用）		场地方
			d. 主管部门备案：治安消防工商备案材料填写交至场地方	展前1个月	场地方
	3	搭建	a. 确定搭建内容（场地布置图、线路图、广告设计、制作、广告位等）	展前2个月	维护组、相关开拓组
			b. 确定场地搭建费用预算		维护组、相关开拓组
			c. 确定场地搭建合同（明确搭建方搭建要求与提供物品）		维护组、相关开拓组
			d. 展会资料提供给搭建方（例如：设计图样稿）		维护组、相关开拓组
	4	招商	a. 确定参展商参展费用（将活动信息告知论坛部、运营部、技术部等协助部门，设定参展商类别及参展商数量，确定光地、标展数量及参展费用（含管理费、电费等现场需要支出的费用））	展前2个月	维护组、相关开拓组
			b. 招商函印制，提供给采购		维护组、相关开拓组
			c. 采购招商（跟进招商进度，适时调整方案）		维护组、相关开拓组
			d. 制《收支营收表》确定收支营收情况		维护组、相关开拓组
			e. 确定赞助商，签署赞助商合同；礼品赞助商确定；奖品赞助商确定；其他赞助确定（现场跟拍、场地布置）	展前1个月	维护组、相关开拓组
	5	审批报备	a. 预算统计（制作《活动预算与预计营收表》，预算中还应包括媒体推广费用）	展前2个月	维护组、相关开拓组
			b. 合同上报审批（将“活动预算”“场地租借合同”和“搭建合同”送市场部、行政部等相关部门审批）		部门经理、市场部、行政部
			c. 经费申请（填写付款申请，频道经理签字交财务部：活动前1周需要填写费用预支单，预支部分费用用于现场特殊状况的支出，中小型活动约为3000～5000元，大型活动约为8000～10000元）	展前2周	部门经理、财务部
	6	信息发布	a. 报名页面（页面设计、活动信息、跟进报名人数）	展前1个月	维护组设计人员、技术部
			b. 论坛贴发布（活动详细信息、流程、奖品、商家名单、促销信息、停车情况）	展前1个月	论坛部
	7	设计宣传	a. 报名页面设计	展前1个月	维护组设计人员
			b. 邀请函设计（设计制作会员邀请函）	展前3周	维护组设计人员
			c. 场地宣传物品设计（查看场地确定宣传物品名录、设计宣传品）	展前3周	维护组设计人员
	8	传达信息	a. 公司内部信息传达（搭建相关信息、具体人员安排）	展前1周	维护2组、全体开拓组相关采购
			b. 商家信息传达（采购直接传达信息或召开展前准备会议）	展前1周	维护2组、喜宴组
			c. 会员短信息通知（邮寄邀请函、短信息通知）	展前1周	技术部
	9	准备环节	a. 物品准备：奖品、办公用品、文件（展会流程、人员安排表、订单统计表、商家名录、报名表、物品清单、通讯录等）	展前1周	维护组
			b. 人员准备：自愿报名人员统计、制作《人员工作安排表》	展前1周	维护组
			c. 召开工作准备会：工作安排告知、细节要求、着装要求；休息日须提前告知技术部申请加班，填写正式的加班申请	展前1～2周	维护组

① 百度文库［EB/OL］. http://wenku.baidu.com/view/697612e9172ded630b1cb6b1.html?re=view.

续表

展会活动主要流程					
搭建当天	1	准备物品运输	整理物品运输至场地，相关人员跟车（根据物品清单及奖品清单）	当天清晨	活动工作人员
	2	现场协调	a. 负责与场地方沟通、协调（确定搭建时间、确保场地提供物品到位、确保货运电梯空调等硬件设施正常使用、建立友好合作关系）	搭建全天	活动工作人员
			b. 负责与搭建方沟通、协调（监督搭建工程按时完成、协调布展中所出现的问题）		活动工作人员
			c. 负责与商家沟通、协调（监督按合同规定要求正常布展，及时解决商家违规操作）		活动工作人员
			d. 费用收取：采购向商家收取管理费用与额外电费		活动工作人员
	3	物品管理	a. 物品保管：负责奖品与其他公司物品保管	活动当天	活动工作人员
			b. 物品摆放：整理现场所有物品并进行正确位置摆放		活动工作人员
活动当天	1	现场协调	a. 总体控制：随时解决突发状况、监督现场秩序，协调现场		活动工作人员
			b. 商家协调：负责商家各项事宜、违规地为开调解、跟进当天活动效果、估算商家人流量、订单量、成交比、商家利润等数据		开拓组相关采购
	2	签到	a. 会员签到：负责指引会员签到，填写抽奖联并放入抽奖箱		活动工作人员
			b. 资料发放：赞助商宣传单及相关资料装入拎袋统一发放		活动工作人员
	3	奖品发放	a. 奖品管理：负责奖品保管、数量统计		活动工作人员
			b. 奖品发放：根据订单发放相应奖品，做好信息登记及抽奖工作		活动工作人员
	4	会员引导	a. 人流计数：工作人员入口处计数		活动工作人员
			b. 场外引导：例如地铁口、场馆入口处安排工作人员举牌指引		活动工作人员
	5	现场咨询处	设置咨询点、负责会员咨询、报名工作		活动工作人员
	6	秩序控制	会场内各点安排工作人员负责秩序控制工作，维持秩序		活动工作人员
	7	赞助商协调	确保赞助商到场，完成赞助任务（婚庆布置、摄影摄像）		活动工作人员
	8	后勤保障	负责安排工作人员午餐、饮水		活动工作人员
	9	现场播报	a. 播音报道：负责欢迎词、通知、奖品提示、感染气氛		活动工作人员
			b. 主持活动：讲座主持、抽奖主持		活动工作人员
	10	观察员	负责现场工作观察、拍照，发现问题与亮点		活动工作人员
	11	活动结束清场	a. 公司物品清点：负责将公司物品运回公司（根据物品清单整理，重点保管订单）		活动工作人员
			b. 商家清场：跟进商家撤展		开拓组相关采购
	12	订单跟踪	采购紧盯相应商家，防止飞单产生，及时通知订单会员领取奖品（喜宴组特别注意）		活动工作人员
活动后期	1	订单信息统计	整理统计全场所有订单	展后一周内	维护组
			整理会员信息（将签到信息、订单信息、报名信息交至客服部）		客服部
	2	资料收集	音频、视频收集，意见汇总		赞助商、相关负责采购
	3	总结分析报告	内部总结报告：用于内部归档及总结讨论		维护组
			对外宣传报告：用于采购对外开拓与宣传		维护组
	4	后期宣传	将活动资料、照片提供论坛部，进行活动贴后期宣传与讨论		论坛部
	5	安排领奖事宜	做好会员领奖工作		维护组
	6	业绩汇总	订单返利统计，根据当日工作情况公布奖惩分数，算入当月绩效评分		维护组、支持部
	7	资料归档	将本次活动全部文字资料进行整理归档		维护组

案例与思考

案例 1：

请柬发出之后[①]

某单位定于某月某日在单位礼堂召开总结表彰大会，发了请柬邀请有关部门的领导光临，在请柬上把开会的时间、地点写得一清二楚。

接到请柬的几位部门领导很积极，提前来到礼堂开会。一看会场布置不像是开表彰会的样子，经询问礼堂负责人才知道，今天上午礼堂开报告会，某机关的总结表彰会改换地点了。几位领导同志感到莫名其妙，最后拂袖而去。事后，会议主办机关的领导才解释说，因秘书人员工作粗心，在发请柬之前还没有与礼堂负责人取得联系，一厢情愿地认为不会有问题，便把会议地点写在了请柬上，等开会的前一天下午去联系，才知得礼堂早已租给别的单位用了，只好临时改换会议地点。但由于邀请单位和人员较多，来不及一一通知，结果造成了上述失误。尽管领导登门道歉，但造成的不良影响也难以消除。

思考：

这个案例告诉秘书在会议准备时应注意什么问题呢？

案例 2：

发放资料的学问[②]

某石化股份有限公司董事会召开会议讨论从国外引进化工生产设备的问题。秘书小李负责为与会董事准备会议所需文件资料。因有多家国外公司竞标，所以材料很多。小张由于时间仓促就为每位董事准备了一个文件夹，将所有材料放入文件夹。

有三位董事在会前回复说将有事不能参加会议，于是小张就未准备他们的资料。不想，正式开会时其中的两位又赶了回来，结果会上有的董事因没有资料可看而无法发表意见，有的董事面对一大摞资料不知如何找到想看的资料，从而影响了会议的进度。

思考：

你认为应如何发放资料才能避免此类事件的发生呢？

① 百度文库. 商务会议礼仪案例［EB/OL］. http://www.wenku.baidu.com.

② 百度文库. 国际会议礼仪案例分析［EB/OL］. http://wenku.baidu.com/view/d1363707e87101f69e319571.html?from=search.

第八章　国际商务仪式礼仪

第一节　签字仪式礼仪

一、签字仪式概述

在商务礼仪中，签字仪式是一项非常重要的内容。在商务政治活动中，有关国家的政府、组织或企业单位之间经过谈判，就政治、经济、文化、科技等领域内的某些重大问题达成协议时，一般需要举行签字仪式。签字仪式，通常是指订立合同、协议的各方在合同、协议正式签署时所正式举行的仪式。举行签字仪式，不仅是对谈判成果的一种公开化、固定化，而且也是有关各方对自己履行合同、协议所做出的一种正式承诺。在经济活动中，买卖双方为了严肃及约束起见，达成成交意向后都应签订合同。合同具有法律效力，受法律保护。任何一方违背合同都要受到法律制裁。

签字仪式虽不算是一种纯礼仪活动方式，但目前世界各国所举行的签字仪式，都有比较严格的程序及礼节规范。这不仅显示出签字仪式的正式、庄重、严肃，同时也表明双方对缔结条约的重视及对对方的尊重。合同和协议的签字仪式，不只是个礼仪程序，它表明双方已形成共识，应受法律约束和保护。仪式是在形式上向社会、公众及法律宣布对合同、协议的认可和承诺。即使不举行任何仪式，只要双方签字，同样有效，实质是一样的。签字是文件有效的重要标志。一般来说，签订合同必须本着平等互利、协商一致的原则，在严肃认真考虑和论证的基础上方可签写。一旦签字就不得违约。签订合同与协议，必须把双方的权利、义务写清，必要时还应加上附件说明。俗话说："先小人，后君子。"许多事提前写清楚了，即使将来不发生这些情况也没关系。相反，不写清楚，可能会给后续工作带来麻烦。签合同时，尤其要写清那些容易在将来产生歧义之处。合同或协议一经签订，就要认真履行。无论是签合同还是签协议，双方都必须衣着整洁、遵守约定时间并互相彬彬有礼。

二、签字仪式准备礼仪

一般而言，签字仪式可分为双边签字仪式与多边签字仪式两大类。双边签字仪式通常指参加签字仪式的主体是甲乙双方，而参加多边签字仪式的主体则通常是两个以上的组织。无论哪种形式的签字仪式都要求简短、隆重、热烈、节俭。签字文本要注意定稿、校对、印刷、装订、盖印各个环节，准备好文件夹、签字笔、席位卡、鲜花、话筒、会标、摄像、香槟酒等必备物品，并安排好礼仪小姐与助签人员。双方签字人员要大体相当，最好是出席会谈的全体人员。除主签人员以外，有时还可请更高级别的领导人员出席签字仪式，以示重视。签字桌的座位，面对正门，主左客右，签字时助签人员站立两侧，字签完后交换文本、相互握手，全体人员共同举杯庆贺。具体准备工作如下：

（一）做好文本的准备工作

（1）举行签字仪式前要准备好文本，文本的定稿、翻译、印刷、校对、装订、盖印等，均要确保无误；依照商界惯例，在正式签署合同之前，应由举行签字仪式的主方负责准备待签合同的正式文本。

（2）应会同有关各方一道指定专人，共同负责合同的定稿、校对、印刷与装订工作。

（3）应为在合同上正式签字的有关各方均提供一份待签的合同文本。必要时，还可再向各方提供一份副本。

（4）签署涉外商务合同，按照国际惯例，待签的合同文本，应同时使用有关各方的官方语言。此外，亦可同时并用有关各方的官方语言。

（5）待签的合同文本应以精美的白纸印制而成，按大八开的规格装订成册，并以高档质料如真皮、金属、软木等作为封面。

（二）布置好签字厅

签字厅要求庄重、整洁、清静，室内应铺地毯，正规的签字桌应为长桌，其上最好铺设深绿色的台布。签字桌应横放于室内，摆放适量的座椅，供签字人就座。如：签署双边性合同时，可放置两张座椅；签署多边性合同时，可以仅放置一张座椅，供各方签字人签字时轮流就座；也可以为每位签字人提供座椅，签字人就座时，一般应面对房间正门而坐。

（三）准备好签字用的文具、国旗等物品

在签字桌上，循例应事先安放好待签的合同文本以及签字笔、吸墨器等签字时所用的文具。签署涉外商务合同时，需在签字桌上摆放有关各方国旗。插放国旗时，在其位置与顺序上必须按照礼宾序列。例如：签署双边性涉外商务合同时，有关各方的国旗需插放在该方签字人座椅的正前方。

（四）选定人员

商定人员，并安排双方助签人员洽谈有关细节，选派好助签人员和若干礼仪小姐后应通知有关方面人员出席仪式。

三、参加人员形象礼仪

签字仪式是一个庄重、严肃的活动，因此要求参加签字仪式的人员注重个人形象。首先在仪表上应整洁大方，应着正装。男士着深色西装，穿衬衫打领带，女士着套装，可以略施淡妆。其次在仪态上，应落落大方，保持端正的姿态，如站姿、坐姿、走姿等；在指示和引导时，注意手势上的要求。另外，还要求参加人员面带微笑，学会用眼神交流。在签字厅保持安静，不得大声喧哗，将手机调至静音或振动模式。

签字仪式是签署合同或协议的高潮，它的时间不长，但程序规范，场面庄严、隆重而热烈。如果不注意签字仪式中的礼仪规范，准备工作没有做到位，在签字仪式上就容易出现这样那样的问题，现场会弄得手忙脚乱，或者不伦不类，结果适得其反。因此，在签字仪式中必须严格遵守有关的礼仪，以取得事半功倍的效果

在涉外交往中，有关国家的政府、组织或企业单位之间经过谈判，就政治、经济、文化科技等领域内的某些重大问题达成协议时，一般需举行签字仪式。不同的签字仪式各有特点，我方人员在外国参加签字仪式，应尊重该国举行签字仪式的传统习惯。有的国家可能会准备两张签字桌，有的国家可能要求参加签字仪式的人员坐在签字人对面，对此不必在意。关键是要不辱使命，对此我方人员不应忘记。

四、签字仪式位次礼仪

签字仪式上的位次排列尤为重要。位次是反映人与人之间关系，体现尊重与否的一个表现。从礼仪上来讲，举行签字仪式时，在力所能及的条件下，一定要郑重其事。其中最为引人注目者，当属举行签字仪式时座次的排列方式问题。一般而言，举行签字仪式时，座次排列的具体方式共有 3 种基本形式，它们分别适用于不同的具体情况。

（一）并列式

并列式排座，是举行双边签字仪式时最常见的形式。它的基本做法是：签字桌在室内面门横放。双方出席仪式的全体人员在签字桌之后并排排列，双方签字人员居中面门而坐，客方居右，主方居左，如图 8－1 所示。

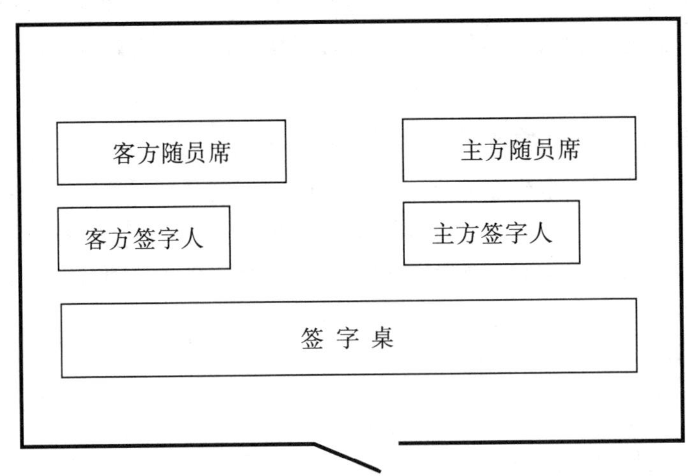

图 8－1　并列式

（二）相对式

相对式签字仪式的排座，与并列式签字仪式的排座基本相同。二者之间的主要差别，只是相对式排座将双边参加签字仪式的随员席移至签字人的对面，如图 8－2 所示。

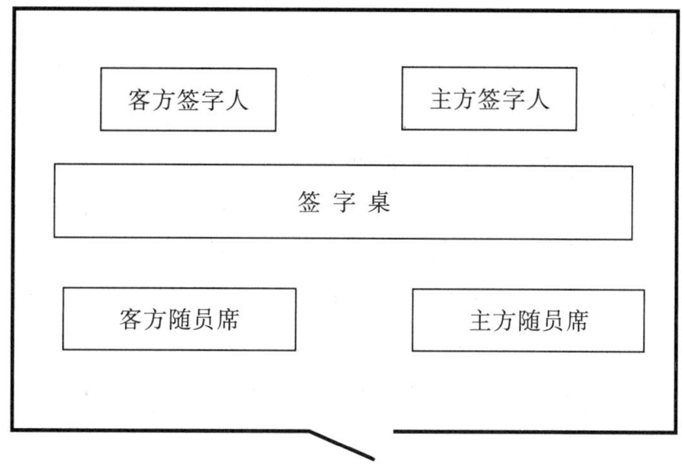

图 8－2　相对式

（3）主席式

主席式排座，主要适用于多边签字仪式。其操作特点是二签字桌仍须在室内横放，签字席仍须设在桌后面对正门，但只设一个，并且不固定其就座者。举行仪式时，所有各方人员，包括签字人在内，皆应背对正门、面向签字席就座。签字时，各方签字人应以规定的先后顺序依次走上签字席就座签字，然后退回原处就座，如图 8－3 所示。

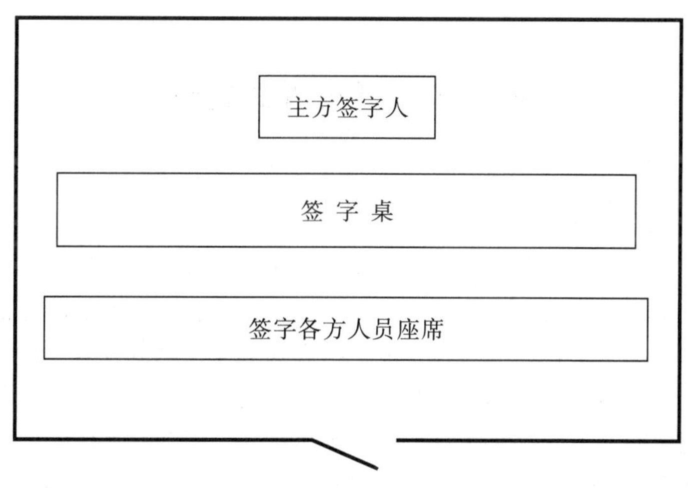

图 8－3　主席式

五、签字仪式流程

在具体操作签字仪式时，可以依据下述基本程序进行运作。

（一）宣布开始

此时，有关各方人员应先后步入签字厅，在各自既定的位置上正式就位，助签人员各自站立在一方代表签约人外侧，其余人排列站立在各自一方代表身后；助签人应随之一同行动。在助签时，依“右高左低”的规矩，助签人应站立于签字人的左侧。

（二）签署文件

助签人员协助签字人员打开文本，用手指明签字位置。双方代表签字后，助签员互相交换，代表再在对方文本上签字。通常的做法是，首先签署应由己方所保存的文本，然后再签署应由他方所保存的文本。依照礼仪规范，每一位签字人在己方所保留的文本上签字时，应当名列首位。因此，每一位签字人均须首先签署将由己方所保存的文本，然后再交由他方签字人签署。此种做法，通常称为“轮换制”。它的含义是：在文本签名的具体排列顺序上，应轮流使有关各方均有机会居于首位一次，以示各方完全平等。

（三）交换文本

各方签字人此时应热烈握手，互致祝贺，并互换方才用过的签字笔，以志纪念。全场人员应热烈鼓掌，以表示祝贺之意。

（四）饮酒庆贺

有关各方人员一般应在交换文本后当场饮上一杯香槟酒，并与其他方面的人士一一干杯。这是国际上所通行的增加签字仪式喜庆色彩的一种常规性做法。

（五）签约后还可安排合影留念

签字仪式结束，可安排参会人员集体进行合影留念。合影结束后，应让双方最高领导及宾客先退场。

第二节　开业仪式礼仪

一、开业仪式概述

开业仪式（开业典礼）是指在单位创建、开业，项目完工、落成，某一建筑正式启用，或是某项工程开始之际，为了表示庆贺或纪念，经过细心策划，按照一定的程序专门举行的一种庆祝仪式，以达到宣传企业、扩大知名度、塑造自身良好形象的目的。它体现出企业或企业领导的组织能力、社交水平及其文化素质，往往会成为社会公众取舍和亲疏企业的重要标准，是企业发展的第一个里程碑。而开业礼仪一般是指在开业仪式筹备与运作的具体过程中所应当遵从的礼仪规范。通常，它包括两项基本内容：其一，是开业仪式的筹备；其二，是开业仪式的运作。

二、开业仪式的筹备

筹备开业仪式，一般遵循“热烈”“节俭”与“缜密”三原则。所谓“热烈”，是指要想方设法在开业仪式的进行过程中营造出一种欢快、喜庆、隆重而令人激动的氛围，而不应令其过于沉闷、乏味。所谓“节俭”，是要求主办单位勤俭持家，在举办开业仪式以及为其进行筹备工作的整个过程中，在经费的支出方面量力而行，节制、俭省。所谓“缜密”，则是指主办单位在筹备开业仪式时，既要遵行礼仪惯例，又要具体情况具体分析，认真策划，注重细节，分工负责，一丝不苟，力求周密、细致，严防临场出错。

（一）开业仪式三原则

热烈：欢乐、喜庆、隆重。

节俭：量力、节制、俭省。

缜密：认真策划、分工负责、注重细节。

（二）开业仪式的筹备

（1）做好舆论宣传工作。

首先，选择有效的大众传播媒介，进行集中性的广告宣传。其内容多为：开业仪式举行的日期、开业仪式举行的地点、开业之际对顾客的优惠、开业单位的经营特色，等等。

其次，可邀请有关的大众传播界人士在开业仪式举行之时到场进行采访、报道，以便对本单位进行进一步的正面宣传。

（2）提前发送请柬。

精心拟定出典礼的宾客名单。邀请的宾客一般应包括政府有关部门负责人、社区负责人、知名人士、同行业代表、新闻记者、员工代表及公众代表等。对邀请出席典礼的宾客要提前将请柬送达其手中。开业仪式影响的大小，往往取决于来宾身份的高低与其数量的多少。在力所能及的条件下，要力争多邀请一些来宾参加开业仪式。地方领导、上级主管部门与地方职能管理部门的领导、合作单位与同行单位的领导、社会团体的负责人、社会贤达、媒体人员，都是邀请时应予优先考虑的重点人士。为慎重起见，邀请来宾的请柬应认真书写，并装入精美的信封，由专人提前送达对方手中，以便对方早作安排。

（3）确定典礼的规模和时间，并关注天气预报。

（4）确定致贺、答词人名单，并为本单位负责人拟写答词。

（5）确定剪彩人员。

参加剪彩的除本单位负责人外，还应请来宾中位份较高、有一定声望的人共同剪彩。

（6）作好接待服务。

在举行开业仪式的现场，一定要有专人负责来宾的接待服务工作。在接待贵宾时，需由本单位主要负责人亲自出面。在接待其他来宾时，则可由本单位的礼仪小姐负责此事。若来宾较多时，须为来宾准备好专用的停车场、休息室，并应为其安排饮食。应事先确定签到、接待、剪彩、摄影、录像等有关服务人员，这些人员要在典礼前到达指定岗位。

（7）布置现场环境。

开业仪式多在开业现场举行，其场地可以是正门之外的广场，也可以是正门之内的大厅。按惯例，举行开业仪式时宾主一律站立，一般不布置主席台或座椅。为显示隆重与敬客，可在来宾尤其是贵宾站立之处铺设红色地毯。为了烘托出热烈、隆重、喜庆的气氛，可在现场悬挂“×××开业典礼”或“×××隆重开业”的横幅，两侧布置一些来宾的贺匾、花篮，会场周围还可张灯结彩，悬挂彩灯、气球等。此外，还应当在醒目之处摆放来宾赠送的花篮、牌匾。来宾的签到簿、本单位的宣传材料、待客的饮料等，亦须提前备好。对于音响、照明设备，以及开业仪式举行之时所需使用的用具、设备，必须事先认真进行检查、调试，以防其在使用时出现差错。

（8）选择礼品馈赠。

根据常规，向来宾赠送的礼品，应具有以下三大特征：可选用本单位的产品，也可在礼品及其外包装上印制本单位的企业标志、广告用语、产品图案、开业日期等；礼品一般具有荣誉性和独特性，要使之具有一定的纪念意义，并且使拥有者对其珍惜、重视，并为之感到光荣和自豪；它应当与众不同，具有本单位的鲜明特色，使人一目了然，过目不忘。

（9）安排好仪式程序。

从总体上来看，开业仪式大都由开场、过程、结局三大基本程序所构成。开场，即奏乐，邀请来宾就位，宣布仪式正式开始，介绍主要来宾。过程，是开业仪式的核心内容，它通常包括本单位负责人讲话，来宾代表致辞，启动某项开业标志等。结局，则包括开业仪式结束后，宾主一道进行现场参观、联欢、座谈等。它是开业仪式必不可少的尾声。为使开业仪式顺利进行，在筹备之时，必须要认真草拟具体的程序，并选定称职的仪式主持人。

三、开业仪式常见的类型及流程

开业仪式常见的类型有：开幕仪式、开工仪式、奠基仪式、破土仪式、竣工仪式、新船下水仪式、通车仪式、通航仪式等。

（一）开幕仪式流程

（1）宣布开始，全体肃立，介绍来宾；

（2）邀请专人剪彩或揭幕；

（3）在主人领导下，全体进入幕门；

（4）主人致答谢词；

（5）来宾代表发言致贺；

（6）主人陪同来宾参观，对外正式接待顾客，对外营业或展览宣告开始。

（二）开工仪式流程

（1）仪式宣布开始，介绍来宾，奏乐；

（2）在司仪引导下，负责人陪同来宾行至开工现场；

（3）正式开工；

（4）全体职工就位，上岗操作；

（5）主人陪来宾参观生产现场。

（三）奠基仪式流程

（1）仪式开始，全体起立，介绍来宾；

（2）奏国歌；

(3) 主人对建筑物设计、功用进行简介；

(4) 来宾致辞；

(5) 正式奠基：奠基人双手持系有红绸的新锹为奠基石培土，主人与其他嘉宾依次培土，直至将其埋没。

(四) 破土仪式流程

破土仪式与奠基仪式在具体程序上大同小异，适用范围也大体相近。两种仪式不宜于一处同时举行。

(五) 竣工仪式流程

出席者的情绪应与具体仪式内容相适应：或欢快、喜悦，如庆祝工厂、大厦落成或新产品生产成功时；或庄严、肃穆，如纪念碑、纪念塔、纪念堂、纪念像、纪念雕塑建成时。

(1) 仪式宣布开始，介绍来宾，全体起立；

(2) 奏国歌，并演奏本单位标志性歌曲；

(3) 本单位负责人发言；

(4) 进行揭幕或剪彩；

(5) 全体人员向建筑物郑重其事地恭行注目礼；

(6) 来宾致辞；

(7) 进行参观。

(六) 新船下水仪式流程

(1) 仪式宣布开始，介绍来宾，全体起立，乐队奏乐或锣鼓齐奏；

(2) 奏国歌；

(3) 主人介绍新船基本情况；

(4) 特邀掷瓶人行掷瓶礼，砍断缆绳新船下水；

(5) 来宾代表致辞祝贺。

(七) 通车仪式流程

(1) 宣布开始，介绍来宾，全体起立；

(2) 奏国歌；

(3) 主人致辞；

(4) 来宾代表致辞；

(5) 正式剪彩；

(6) 首次正式通行车辆。

(八) 通航仪式

通航仪式是飞机或轮船在正式开通某一条新船线之际，所正式举行的庆祝性活动。在具体操作程序上与通车仪式大同小异，可参照通车仪式的具体方法进行。

综上所述，开业典礼的典礼程序是指典礼活动的进程。一般情况下，典礼程序由以下几项组成：

（1）典礼开始。主持人宣布开业典礼正式开始，全体起立，鸣放鞭炮，奏乐。

（2）宣读重要来宾名单。

（3）致贺词。由上级领导或来宾代表致贺词，主要表达对开业单位的祝贺，并寄予厚望。

（4）致答词。由本单位负责人致答词，其主要内容是向来宾及祝贺单位表示感谢，并简要介绍本单位的经营特色和经营目标等。

（5）揭幕或剪彩。揭幕就是由本单位负责人和上级领导或嘉宾揭去盖在牌匾上的红布。剪彩的彩带通常是用红绸制作的，剪彩前应事先准备好剪刀、托盘和彩带。剪彩时，由礼仪小姐拉好彩带，端好托盘，由剪彩者用剪刀将彩带上的花朵剪下，放在托盘内，这时，场内应以掌声表示祝贺。

（6）参观座谈。

（7）欢迎首批顾客光临。

（8）举行招待酒会或文艺演出等。

以上程序可视具体情况有所增减，无须生搬硬套。总之，开业典礼的整个过程要紧凑、简洁。

四、参加开业典礼的礼仪要求

（1）参加人员要注意仪容仪表，并准时参加典礼，为主办方捧场。

（2）宾客可在典礼前或典礼进行时，送些贺礼，并写上贺词。

（3）宾客见到主人应向其表示祝贺，并说一些祝兴旺、发财等吉利话语。

（4）宾客在致贺词时，要简短精练，注意文明用语，少用含义不明的手势。

（5）在典礼进行过程中，参加人员应有一些礼节性的附和，如鼓掌、跟随参观、写留言等。

（6）典礼结束后，宾客离开时应与主办单位领导、主持人、服务人员等握手告别，并致谢意。

第三节　剪彩仪式礼仪

一、剪彩仪式概述

剪彩仪式是指商界的有关单位，为了庆祝公司的成立、公司的周年庆典、企业的开工、宾馆的落成、商店的开张、银行的开业、大型建筑物的启用、道路或航道的开通、展销会或展览会的开幕等而举行的一项隆重的礼仪性程序。

在组织剪彩仪式时，没有必要一味地求新、求异、求轰动，而脱离了自己的实际能力。勤俭持家，无论何时何地都是商界人士所必须铭记在心的。

二、剪彩仪式的筹备

首先，剪彩的准备必须一丝不苟，举行时涉及场地的布置、环境的卫生、灯光与音响的准备、媒体的邀请、人员的培训等。在准备这些方面时，必须认真细致，精益求精。除此之外，尤其对剪彩仪式上所需使用的某些特殊用具，诸如红色缎带、新剪刀、白色薄纱手套、托盘以及红色地毯，应仔细地进行选择与准备。具体筹备工作如下：

（一）媒体邀请

剪彩仪式前，要运用各种媒介广泛宣传，造成轰动效应。目的也是为了使剪彩仪式能够引起社会上众多人士的注意，扩大宣传效果，提高企业的知名度。

（二）会场布置

会场一般选在展览会、展销会门口，如果是新建设施或新安装设备竣工、启用，剪彩会场一般安排在新设施、新设备前面空地处。会标上可写“××剪彩典礼”，或“×××剪彩大会”，或“×××剪彩仪式”等字样。会场四周可插彩旗，悬挂气球。座席一般只安排剪彩者和来宾座位，本企业主要领导和部门负责人陪坐。座席两旁可摆放花篮、花盆。座席前方由剪彩礼仪小姐扯起彩带。剪彩仪式开始，应敬请剪彩者及来宾入座。如果不是对号入座，可由服务人员引导到座位上。剪彩人员最好安排在前排，有多位剪彩者时，应按剪彩时的位置就座，以防宣布剪彩后位置相互交叉。全部剪彩者及来宾入座后，剪彩仪式即可开始举行。

（三）人员选定

除主持人之外，剪彩的人员主要是由剪彩者与助剪者等两部分的人员所构成的。

在剪彩仪式上担任剪彩者，是一种很高的荣誉。剪彩仪式档次的高低，往往也同剪彩者的身份密切相关。因此，在选定剪彩的人员时，最重要的是要把剪彩者选好。

剪彩者，即在剪彩仪式上持剪刀剪彩之人。根据惯例，剪彩者可以是一个人，也可以是几个人，但是一般不应多于 5 人。通常，剪彩者多由上级领导、合作伙伴、社会名流、员工代表或客户代表担任。

确定剪彩者名单，必须是在剪彩仪式正式举行之前。名单一经确定，即应尽早告知对方，使其有所准备。在一般情况下，确定剪彩者时，必须尊重对方个人意见，切勿勉强对方。需要由数人同时担任剪彩者时，应分别告知每位剪彩者届时其将与何人同担此任，这样是对剪彩者的一种尊重。千万不要“临阵磨枪”，在剪彩开始前才强拉硬拽，临时找人凑数。

必要之时，可在剪彩仪式举行前，将剪彩者集中在一起，告知对方有关的注意事项，并稍加训练。按照常规，剪彩者应着套装、套裙或制服，将头发梳理整齐。不允许戴帽子，或者戴墨镜，也不允许其穿着便装。

若剪彩者仅为一人，则其剪彩时居中而立即可。若剪彩者不止一人时，则其同时上场剪彩时位次的尊卑就必须予以重视。一般的规矩是：中间高于两侧，右侧高于左侧，距离中间站立者愈远位次便愈低，即主剪者应居于中央的位置。需要说明的是，之所以规定剪彩者的位次“右侧高于左侧”，主要是因为这是一项国际惯例，剪彩仪式理当遵守。其实，若剪彩仪式并无外宾参加时，可执行中国“左侧高于右侧”的传统做法。

助剪者，指的是剪彩者剪彩的一系列过程中从旁为其提供帮助的人员。一般而言，助剪者多由东道主一方的女职员担任。现在，人们对她们的常规称呼是礼仪小姐。

具体而言，在剪彩仪式上服务的礼仪小姐，又可以分为迎宾者、引导者、服务者、拉彩者、捧花者、托盘者。迎宾者的任务是在活动现场负责迎来送往。引导者的任务则是在进行剪彩时负责带领剪彩者登台或退场。服务者的任务是为来宾尤其是剪彩者提供饮料，安排休息之处。拉彩者的任务是在剪彩时展开、拉直红色缎带。捧花者的任务则是在剪彩时手托花团。托盘者的任务，则是为剪彩者提供剪刀、手套等剪彩用品。

在一般情况下，迎宾者与服务者应不止一人。引导者既可以是一个人，也可以为每位剪彩者各配一名。拉彩者通常应为两人。捧花者的人数则需要视花团的具体数目而定，一般应为一花一人。托盘者可以为一人，亦可以为每位剪彩者各配一人。有时，礼仪小姐亦可身兼数职。

礼仪小姐的基本条件是，相貌较好、身材颀长、年轻健康、气质高雅、音色甜美、反应敏捷、机智灵活、善于交际。

（四）人员培训

在剪彩仪式上，最为活跃的，当然是人而不是物，因此，对剪彩人员必须认真进行选择。人员选定后应事先进行必要的培训，通常情况下是指对助剪者的培训。助剪者，指的是剪彩者在剪彩的一系列过程中从旁为其提供帮助的人员。一般而言，助剪者多由东道主一方的礼仪小姐担任。

（五）物品准备

剪彩仪式上所需使用某些特殊用具，诸如红色缎带、新剪刀、白色薄纱手套、托盘以及红色地毯，仪式的主办方应仔细地进行选择与准备。

红色缎带，亦即剪彩仪式之中的“彩”。作为主角，它自然是万众瞩目之处。按照传统做法，它应当是一整匹未曾使用过的红色绸缎，中间结有数朵花团。目前，有些单位为了厉行节约，而代之以长度为两米左右的细窄的红色缎带，或者以红布条、红线绳、红纸条作为变通，也是可行的。一般来说，红色缎带上所结的花团，不仅要生动、硕大、醒目，而且其具体数目往往还同现场剪彩者的人数直接相关。循例，红色缎带上所结的花团的具体数目有两类模式可依：其一，是花团的数目较现场剪彩者的人数多 1 个；其二，是花团的数目较现场剪彩者的人数少 1 个。前者可使每位剪彩者总是处于两朵花团之间，尤显正式。后者则不同常规，亦有新意。

新剪刀，是专供剪彩者在剪彩仪式上正式剪彩时所使用的。它必须是每位现场剪彩者手一把，而且必须崭新、锋利且顺手。事先，一定要逐一检查一下将被用以剪彩的剪刀是否已经开刃，好不好用。务必要确保剪彩者在正式剪彩时，可以“手起刀落”，一举成功，而切勿一再补刀。在剪彩仪式结束后，主办方可将每位剪彩者所使用的剪刀经过包装之后，送给对方以资纪念。

白色薄纱手套，是专为剪彩者所准备的。在正式的剪彩仪式上，剪彩者剪彩时最好每人戴上一副白色薄纱手套，以示郑重其事。在准备白色薄纱手套时，除了要确保其数量充足之外，还须使之大小适度、崭新平整、洁白无瑕。有时，亦可不准备白色薄纱手套。

托盘在剪彩仪式上是托在礼仪小姐手中的，用作盛放红色缎带、剪刀、白色薄纱手套。在剪彩仪式上所使用的托盘，最好是崭新的、洁净的。它通常首选银色的不锈钢制品。为了显示正规，可在使用时上铺红色绒布或绸布。就其数量而论，在剪彩时，可以一只托盘依次向各位剪彩者提供剪刀与手套，并同时盛放红色缎带；也可以为每一位剪彩者配置一只专为其服务的托盘，同时使红色缎带专门用一只托盘盛放。后一种方法显得更加正式一些。

红色地毯，主要用于铺设在剪彩者正式剪彩时的站立之处。其长度可视剪彩人数的多少而定，其宽度则不超过 1 m。在剪彩现场铺设红色地毯，主要是为了提升其档次，并营造一种喜庆的气氛。有时，亦可不予铺设。

另外，可适当准备馈赠礼品，礼品一般具有荣誉性和独特性，要使之具有一定的纪念意义，并且使拥有者对其珍惜、重视。

三、剪彩仪式礼仪

下面分别来简介一下剪彩仪式主要的礼仪要求。

进行正式剪彩时，剪彩者与助剪者的具体做法必须合乎规范，否则就会使其效果大受影响。

当主持人宣告进行剪彩之后，礼仪小姐即应率先登场。在上场时，礼仪小姐应排成一行行进。从两侧同时登台，或是从右侧登台均可。登台之后，拉彩者与捧花者应当站成一行，拉彩者处于两端拉直红色缎带，捧花者各自双手手捧一朵花团。托盘者须站立在拉彩者与捧花者身后 1 m 左右，并且自成一行。

在剪彩者登台时，引导者应在其左前方进行引导，使之各就各位。剪彩者登台时，宜从右侧出场。当剪彩者均已到达既定位置之后，托盘者应前行一步，到达前者的右后侧，以便为其递上剪刀和手套。

剪彩者若不止一人，则其登台时亦应列成一行，并且使主剪者行进在前。在主持人向全体到场者介绍剪彩者时，后者应面含微笑向大家欠身或点头致意。

剪彩者行至既定位置之后，应向拉彩者、捧花者含笑致意。当托盘者递上剪刀、手套，亦应微笑着向对方道谢。

在正式剪彩前，剪彩者应首先向拉彩者、捧花者示意，待其有所准备后，集中精力，右手手持剪刀，表情庄重地将红色缎带一刀剪断。若多名剪彩者同时剪彩时，其他剪彩者应注意主剪者动作，与其主动协调一致，力争大家同时将红色缎带剪断。

按照惯例，剪彩以后，红色花团应准确无误地落入托盘者手中的托盘里，而切勿使之坠地。为此，需要捧花者与托盘者的合作。剪彩者在剪彩成功后，可以右手举起剪刀，面向全体到场者致意。然后放下剪刀、手套于托盘之内，举手鼓掌。接下来，可依次与主人握手道喜，并列队在引导者的引导下退场。退场时，一般宜从右侧下台。

待剪彩者退场后，其他礼仪小姐方可列队由右侧退场。

不管是剪彩者还是助剪者在上下场时，都要注意井然有序、步履稳健、神态自然。在剪彩过程中，更是要表现得不卑不亢、落落大方。

另外礼仪小姐的最佳装束应为：化淡妆、盘起头发，穿款式、面料、色彩统一的单色旗袍，配肉色连裤丝袜、黑色高跟皮鞋。除戒指、耳环或耳钉外，不佩戴其他任何首饰。有时，礼仪小姐身穿深色或单色的套裙亦可。但是，她们的穿着打扮必须尽可能地整齐划一。必要时，可向外单位临时聘请礼仪小姐。

四、剪彩仪式的程序

一般来说，剪彩仪式宜紧凑，忌拖沓，在所耗时间上愈短愈好。短则一刻钟即可，长则至多不宜超过 1 小时。

按照惯例，剪彩既可以是开业仪式中的一项具体程序，也可以独立出来，由其自身的一系列程序所组成。独立而行的剪彩仪式，通常应包含如下 6 项基本的程序。

（一）请来宾就位

在剪彩仪式上，通常只为剪彩者、来宾和本单位的负责人安排座席。在剪彩仪式开始时，即应敬请大家在已排好顺序的座位上就座。在一般情况下，剪彩者应就座于前排。若其不止一人时，则应使之按照剪彩时的具体顺序就座。

（二）宣布仪式正式开始

在主持人宣布仪式开始后，乐队应演奏音乐，现场可燃放鞭炮，全体到场者应热烈鼓掌。此后，主持人应向全体到场者介绍到场的重要来宾。

（三）奏国歌

此刻须全场起立。必要时，亦可随之演奏本单位标志性歌曲。

（四）进行发言

发言者依次应为东道主单位的代表、上级主管部门的代表、地方政府的代表、合作单位的代表，等等。其内容应言简意赅，每人不超过 3 分钟，重点分别应为介绍、道谢与致贺。

（五）进行剪彩

此刻，全体应热烈鼓掌，必要时还可奏乐或燃放鞭炮。在剪彩前，须向全体到场者介绍剪彩者。

（六）进行参观

剪彩之后，主人应陪同来宾参观被剪彩之物。仪式至此宣告结束。随后东道主单位可向来宾赠送纪念性礼品，并以自助餐款待全体来宾。

第四节　交接仪式礼仪

一、交接仪式概述

在激烈的环境，商务伙伴之间的合作是来之不易，因此，备受各方的高度重视。所以举行热烈而隆重的交接仪式，是在商务活动中通常用的以庆贺商务伙伴之间合作成功的一种常见的商务活动形式。

交接仪式，在商界一般是指施工单位依照合同将已经建设、安装完成的工程项目或大型设备，例如厂房、商厦、宾馆、办公楼、机场、码口、车站，或飞机、轮船、火车、机械、物资等，经验收合格后正式移交给使用单位之时，所专门举行的庆祝典礼。

交接礼仪是指举行交接仪式时必须遵守的有关规范。包括：交接仪式的准备、交接仪式的程序、交接仪式的参加。在商务交往之中，商务伙伴之间合作的成功，是值得有关各方庆幸与庆贺的一桩大事。实事求是地说，在激烈的竞争环境之中、泾渭分明的利益关系之下以及变幻叵测的商界风云之内，商务伙伴之间的合作的确来之不易，因此，它备受有关各方的高度重视。举行热烈而隆重的交接仪式，就是在商务往来中通常用以庆贺商务伙伴们彼此之间合作成功的一种常见的活动形式。

举行交接仪式的重要意义在于，它既是商务伙伴们对于所进行过的成功合作的庆贺，是对给予过自己关怀、支持、帮助和理解的社会各界的答谢，又是接收单位与施工、安装单位巧妙地利用时机，为双方各自提高知名度和美誉度而进行的一种公共宣传活动。

二、交接仪式的准备

（一）来宾的邀请

1. 一般由施工安装单位负责邀请

在具体拟定来宾名单时，施工、安装单位亦应主动征求自己的合作伙伴——接收单位的意见。接收单位对于施工、安装单位所草拟的名单不宜过于挑剔，但是可以对此酌情提出自己的一些合理建议。

2. 确定参加人员

一般情况下，参加交接仪式的人数越多越好。如果参加者太少，难免仪式会显得冷冷清清。但是，在宏观上确定参加者的总人数时，必须兼顾场地条件与接待能力，切忌贪多勿得。

从原则上来讲，交接仪式的出席人员应当包括：施工、安装单位的有关人员，接收单位的有关人员，上级主管部门的有关人员，当地政府的有关人员，行业组织、社会团体的有关人员，各界知名人士，新闻界人士，以及协作单位的有关人员等。

3. 邀请的注意事项

在上述人员之中，除施工、安装单位与接收单位的有关人员之外，对于其他所有的人员，均应提前送达或寄达正式的书面邀请，以示对对方的尊重。邀请上级主管部门、当地政府、行业组织的有关人员时，虽不必勉强对方，但却必须努力争取，并表现得心诚意切。因为利用举行交接仪式这一良机，使施工、安装单位、接收单位与上级主管部门、当地政府、行业组织进行多方接触，不仅可以宣传自己的工作成绩，而且也有助于相关各方之间进一步地实现相互理解和相互沟通。

若非涉密或暂且不宜广而告之的事宜，在举行交接仪式时，东道主既要争取多邀请新闻界的人士参加，又要为其尽可能地提供一切便利。对于不邀而至的新闻界人士，亦应尽量不刁难。至于邀请海外的媒体人员参加交接仪式的问题，则必须认真遵守有关的外事规则与外事纪律，事先履行必要的报批手续。

（二）现场的布置

举行交接仪式的现场，亦称交接仪式的会场。一般选择：

（1）工程项目或大型设备现场；

（2）东道主会议厅；

（3）宾馆、礼堂等其他场所。

在对其进行选择时，通常应视交接仪式的重要程度、全体出席者的具体人数、交接仪式的具体程序与内容，以及是否要求对其进行保密等几个方面的因素而定。

根据常规，一般可将交接仪式的举行地点安排在已经建设、安装完成并已验收合格的工程项目或大型设备所在地的现场。有时，亦可将其酌情安排在东道主单位本部的会议厅，或者由施工、安装单位与接收单位双方共同认可的其他场所。

将交接仪式安排在业已建设、安装完成并已验收合格的工程项目或大型设备所在地的现场举行，最大的优势是可使全体出席仪式的人员身临其境，获得对被交付使用的工程项目或大型设备的直观而形象的了解，掌握较为充分的第一手资料。倘若在交接仪式举行之后安排来宾进行参观，则更为方便可行。不过，若是在现场举行交接仪式，往往进行准备的工作量较大。另外，如果交付的工程项目或大型设备已经交接收单位，必须得到对方的首肯，需要取得对方的配合。

将交接仪式安排在东道主单位本部的会议厅举行，可免除大量的接待工作，会场的布置也十分便利。特别是在将被交付的工程项目、大型设备不宜为外人参观，或者暂时不方便外人参观的情况下，以东道主单位本部的会议厅作为举行交接仪式的现场，不失为一种较好的选择。此种选择的主要缺陷是：东道主单位往往需要付出更多的人力、财力和物力，全体来宾可能对将被交付的工程项目或大型设备缺乏身临其境的直观感受。

如果将被交付的工程项目或大型设备的现场条件欠佳，或是出于东道主单位的本部不在当地以及将要出席仪式的人员较多等其他原因，经施工、安装单位提议，并经接收单位同意之后，可安排交接仪式在其他场所举行。诸如宾馆的多功能厅、外单位出租的礼堂或大厅等处，都可用来举行交接仪式。在其他场所举行交接仪式，尽管开支较高，但可省去大量的安排、布置工作，而且还可以提升仪式的档次。

在交接仪式的现场，可临时搭建一处主席台。必要时，应在其上铺设一块红地毯，也要预备足量的桌椅。在主席台上方，应悬挂一条红色巨型横幅，书写交接仪式的具体名称，如“某某工程交接仪式”，或“热烈庆祝某某工程正式交付使用”。

在举行交接仪式的现场四周，尤其是在正门入口之处、干道两侧、交接物四周，可酌情悬挂一定数量的彩带、彩旗、彩球，并放置一些色泽艳丽、花朵硕大的盆花，用以美化环境。

若来宾所赠送的祝贺性花篮较多，可依照约定俗成的顺序，如“先来后到”“不排名次”等，将其呈一列摆放在主席台正前方，或是分成两行摆放在现场入口处门外的两侧。在此两处同时摆放，也是可以的。不过，若是来宾所赠的花篮甚少，则不必将其公开陈列在外。

同时，要做好对交接物的介绍工作，如设宣传板，用文字、图片介绍交接物的规格、开工日期、竣工日期及作用等。

（三）物品的预备

（1）必备物品；

（2）象征性物品；

（3）烘托喜庆气氛的物品；

（4）具有纪念意义的礼品。

在交接仪式上，有不少需要使用的物品，应由东道主一方提前准备好。首先，必不可少的是作为交接象征之物的有关物品。它们主要有：验收文件、一览表、钥匙等。验收文件，此处是指已经公证的由交接双方正式签署的接收证明性文件。一览表，是指交付给接收单位的全部物资、设备或其他物品的名称、数量明细表。钥匙，则是指用来开启被交接的建筑物或机械设备的钥匙。在一般情况下，因其具有象征性意味，故预备一把即可。

在交接仪式上用以赠送给来宾的礼品，应突出其纪念性、宣传性。被交接的工程项目、大型设备的微缩模型，或以其为主的画册、明信片、纪念章、领带针、钥匙扣等，皆为上佳之选。

除此之外，主办交接仪式的单位，还需为交接仪式的现场准备一些用以烘托喜庆气氛的物品。

三、交接仪式的程序

交接仪式的程序，具体指的是交接仪式进行时的各个步骤。不同内容的交接仪式，其具体程序往往各有不同。主办单位在拟定交接仪式的具体程序时，必须注意两个方面的重要问题：其一，必须在大的方面参照惯例执行，尽量不要标新立异，另搞一套；其二，必须实事求是、量力而行，在具体的细节方面不必事事贪大求全。一般说，交接仪式要邀请有关方面的人士参加，有些还要请新闻单位采访报道。交接仪式的一般程序有以下六项：

第一项，主持人宣布交接仪式正式开始。

第二项，奏国歌，还可演奏东道主单位的标志性歌曲。此前，全体与会者必须肃立。该项程序，有时亦可略去。不过若能安排这一程序，往往会使交接仪式显得更为庄严而隆重。

第三项，由施工、安装单位与接收单位正式进行有关工程项目或大型设备的交接。具体的作法，主要是由施工、安装单位的代表，将有关工程项目、大型设备的验收文件、一览表或者钥匙等物品，正式递交给接收单位的代表。此时，双方应面带微笑，双手递交、接收有关物品。在此之后，还应热烈握手。至此，标志着有关的工程项目或大型设备已经被正式地移交给了接收单位。假如条件允许，在该项程序进行的过程之中，可在现场演奏或播放节奏欢快的喜庆性歌曲。

在有些情况下，为了进一步营造出一种热烈而隆重的气氛，这一程序亦可由上级主管部门或地方政府的负责人为有关的工程项目、大型设备的启用而剪彩所取代。

第四项，各方代表发言。按惯例，在交接仪式上，须由有关各方的代表进行发言。他们依次应为：施工、安装单位的代表，接收单位的代表，来宾的代表，等等。这些发言一般均为礼节性的，并以喜气洋洋为主要特征。它们通常宜短忌长，只需要点到为止的寥寥数语即可。原则上来讲，每个人的此类发言应以3分钟为限。

第五项，宣告交接仪式正式结束。随后安排全体来宾进行参观或观看文娱表演。此时此刻，全体与会者应再次进行较长时间的热烈鼓掌。

第六项，宣告交接仪式正式结束。

随后安排全体来宾进行参观或观看文娱表演。此时此刻，全体与会者应再次进行较长时间的热烈鼓掌。按照仪式礼仪的总体要求，交接仪式同其他仪式一样，在所耗费的时间上也是贵短不贵长的。在正常情况下，每一次交接仪式从头至尾所用的时间，大体上不应当超过1个小时。为了做到这一点，就要求交接仪式在具体程序上讲究少而精。正因为如此，一些原本应当列入正式程序的内容，例如进行参观、观看文娱表演等，均被视为正式仪式结束之后所进行的辅助性活动而另行安排。

正式仪式一旦结束，东道主与接收单位即应邀请各方来宾一道参观有关的工程项目或大型设备。东道主一方应为此专门安排富有经验的陪同、解说人员，使各方来宾通过现场参观，可以进一步地深化对有关的工程项目或大型设备的认识。若是出于某种原因，不便邀请来宾进行现场参观，也可以通过组织其参观有关的图片展览或向其发放宣传资料的方式，以此适当地满足来宾的好奇之心。不论是布置图片展览，还是印制宣传资料，在不泄密的前提条件下，均应尽可能地使之内容翔实，资料充足，图文并茂。通常，它们应当包括有关工程项目或大型设备的建设背景，主要功能，具体规格，基本数据，开工与竣工的日期，施工、安装、设计、接收的单位的概况，与国内外同类项目、设备的比较等。为使之更具说服力，不妨多采用一些准确的数据来进行讨论，说明。

在仪式结束后，若不安排参观活动，还可为来宾安排一场综艺类的文娱表演，以助雅兴。表演者可以是东道主单位的员工，也可以邀请专业人士。表演的主要内容，则应为轻松、欢快、娱乐性强的节目。需要说明的是，有关的工程项目或大型设备的交接，自然是与其完工验收相互衔接的。对于交付接收单位验收的工程项目、大型设备，施工安装单位理当精心设计、精心施工、精心安装、保质保量地如期完成任务。而接收单位也应当公事公办，严把质量关，切不可为图一己之私利而手下留情，致使后患无穷。

由于验收工作极其严肃复杂，而且颇耗时日，所以不应为了赶时间、走过场、凑内容，而将其列为交接仪式上的一项正式程序。换而言之，验收工作与交接仪式由于性质不同，应有所区分，分别而论。正式的验收工作应当安排在交接仪式举行之前进行，而交接仪式则必须安排在验收工作全部完成之后举行。这主要是因为，交接仪式一旦举行，有关的工程项目或大型设备即被正式交付给接收单位。此后它们倘若出现了质量问题，当然就不如在验收过程之中解决起来那么容易。

四、交接仪式礼仪

在参加交接仪式时，不论是东道主一方还是来宾一方，都存在一个表现是否得体的问题。假如有人在仪式上表现失当，往往就会使之黯然失色。有时，甚至还会因此而影响到有关各方的相互关系。对东道主一方而言，需要注意的主要问题有：

一是要注意仪表整洁。东道主一方参加交接仪式的人员，不仅应当是“精兵强将”、

“有功之臣”，而且应当使之能够代表本单位的形象。为此，必须要求他们妆容规范、服饰得体、举止有方。

二是要注意保持风度。在交接仪式举行期间，不允许东道主一方的人员东游西逛、交头接耳、打打闹闹。在为发言者鼓掌时，不允许厚此薄彼。当来宾为自己道喜时，喜形于色无可厚非，但切勿嚣张放肆、得意忘形。

三是要注意待人友好。不管自己是否专门负责接待、陪同或解说工作，东道主一方的全体人员都应当自觉地树立起主人翁意识。一旦来宾提出问题或需要帮助时，都要鼎力相助。不允许一问三不知、借故推脱、拒绝帮忙，甚至胡言乱语、大说风凉话。即使自己力不能及，也要向对方说明原因，并及时向有关方面进行反映。

对于来宾一方而言，在应邀出席交接仪式时，主要应当重视如下4个方面的问题：

其一，应当致以祝贺。接到正式邀请后，被邀请者即应尽早以单位或个人的名义发出贺电或贺信，向东道主表示热烈祝贺。有时，被邀请者在出席交接仪式时，将贺电或贺信面交东道主，也是可行的。不仅如此，被邀请者在参加仪式时，还须郑重其事地与东道主一方的主要负责人一一握手，再次口头道贺。

其二，应当略备贺礼。为表示祝贺之意，可向东道主一方赠送一些贺礼，如花篮、牌匾、贺幛等等。时下，以赠送花篮最为流行。它一般需要在花店订制，用各色鲜花插装而成，并且应在其两侧悬挂特制的红色缎带，右书“恭贺某某交接仪式隆重举行”，左书本单位的画龙点睛式全称。它可由花店代为先其送达，亦可由来宾在抵达现场时面交主人。

其三，应当预备贺词。假若自己与东道主关系密切，则还须提前预备一份书面贺词，供被邀请代表来宾发言时之用。其内容应当简明扼要，主要是为了向东道主一方道喜祝贺。

其四，应当准点到场。若无特殊原因，接到邀请后，务必牢记在心，届时正点抵达。若不能出席，则应尽早通知东道主，以防在仪式举行时来宾甚少，使主人因“门前冷落鞍马稀”而难堪。

第五节　展览会礼仪

一、展览会礼仪概述

展览会，对商界而言，主要是特指有关方面为了介绍本单位的业绩，展示本单位的成果，推销本单位的产品、技术或专利，而以集中陈列实物、模型及文字、图表、影像资料供人参观了解的形式，所组织的宣传性聚会。有时，人们也将其简称为展览，或称之为展示会。

展览会，在商务交往中往往发挥着重大的作用。它不仅具有甚强的说服力、感染力，可以现身说法打动观众，为主办单位广交朋友，而且还可以借助于个体传播、群体传播、大众传播等各种传播形式，使有关主办单位的信息广为传播，提高其名气与声誉。正因为如此，几乎所有的商界单位都对展览会倍加重视，踊跃参加。

展览会礼仪亦称展会礼仪，通常是指商界单位在组织、参加展览会时，所应当遵循的规范与惯例。展览会礼仪规范为会展企业及其从业人员提供较为系统的、实用的现代礼仪规则、规范和技巧，通过介绍会展礼仪的基本原则、规范和知识技能，帮助人们树立良好的企业形象和个人形象，减少失误和误会，搞好各类会展活动，从而赢得更多的商机和信任，取得事业的更大成功。

展览会活动中要求掌握相关礼仪知识，主要内容包括会展人员的仪表礼仪、会展人员的着装礼仪、会展人员的见面礼仪、会展人员的言谈礼仪、会展人员的沟通礼仪、会议礼仪、会展仪式活动礼仪、宴请礼仪、社交活动礼仪、世界主要会展国与客源国的礼仪等。

二、展览会礼仪注意事项

在一般情况下，展会主要涉及展会的分类、展会的组织与展会的参加这三个方面的内容。现针对第三项内容作一些介绍：

参展单位在正式参加展览时，必须要求全部派出人员齐心协力、同心同德，为大获全胜而努力奋斗。在整体形象、待人礼貌、解说技巧等三个主要方面，参展单位尤其要予以特别的重视。以下，就分别对其作简要的介绍：

（一）要努力维护整体形象

在参与展览时，参展单位的整体形象直接映入观众的眼里，因此对自己参展的成败影响极大。参展单位的整体形象，主要由展示之物的形象与工作人员的形象两部分所构成。对于二者要给予同等的重视，不可偏废其一。

展示之物的形象主要由展品的外观、展品的质量、展品的陈列、展位的布置、发放的资料等构成。用以进行展览的展品，外观上要力求完美无缺，质量上要优中选优，陈列上要既整齐美观，又讲究主次，布置上要兼顾主题的突出与观众的注意力，而用以在展览会上向观众直接散发的有关资料，则要印刷精美、图文并茂、资讯丰富，并且注有参展单位的主要联络方式，如公关部门与销售部门的电话、电报、电传、传真以及电子邮箱的号码，等等。

工作人员的形象，则主要是指在展览会上直接代表参展单位露面的人员的穿着打扮问题。在一般情况下，要求在展位上工作的人员应当统一着装。最佳的选择，是身穿本单位的制服，或者是穿深色的西装、套裙。在大型的展览会上，参展单位若安排专人迎送宾客时，则最好请其身穿色彩鲜艳的单色旗袍，并胸披写有参展单位或其主打展品名称的大红色绶带。为了表明各自的身份，全体工作人员皆应在左胸佩戴标明本人单位、职务、姓名的胸卡，唯有礼仪小姐可以例外。按照惯例，工作人员不应佩戴首饰，男士应当剃须，女士则最好化淡妆。

（二）要时时注意待人礼貌

在展览会上，不管它是宣传型展览会还是销售型展览会，参展单位的工作人员都必须真正地意识到观众是自己的上帝，为其热情而竭诚地服务是自己的天职。为此，全体工作人员都要将礼貌待人放在心坎上，并且落实到行动上。

展览一旦正式开始，全体参展单位的工作人员即应各就各位，站立迎宾。不允许迟到、早退、无故脱岗、东游西逛、更不允许在观众到来之时坐、卧不起，怠慢对方。当观众走近自己的展位时，不管对方是否向自己打招呼，工作人员都要面含微笑，主动地向对方说："你好！欢迎光临！"随后，还应面向对方，稍许欠身，伸出右手，掌心向上，指尖直接展台，并告知对方："请您参观。"

当观众在本单位的展位上进行参观时，工作人员可随行于其后，以备对方随时向自己进行咨询；也可以请其自便，不加干扰。假如观众较多，尤其是在接待组团而来的观众时，工作人员亦可在左前方引导对方进行参观。对于观众所提出的问题，工作人员要认真回答。不允许置之不理，或以不礼貌的言行对待对方。

当观众离去时，工作人员应当真诚地向对方欠身施礼，并道以"谢谢光临"，或是"再见"。在任何情况下，工作人员均不得对观众恶语相加，或讥讽嘲弄。对于极个别不守展览会规则而乱摸乱动、乱拿展品的观众，仍须以礼相劝，必要时可请保安人员协助，但不许可对对方擅自动粗，进行打骂、扣留或者非法搜身。

（三）要善于运用解说技巧

解说技巧，此处主要是指参展单位的工作人员在向观众介绍或说明展品时，所应当掌握的基本方法和技能。具体而论，在宣传性展览会与销售性展览会上，其解说技巧既有共性可循，又有各自的不同之处。

在宣传性展览会与销售性展览会上，解说技巧的共性在于：要善于因人而异，使解说具有针对性。与此同时，要突出自己展品的特色。在实事求是的前提下，要注意对其扬长避短，强调"人无我有"之处。在必要时，还可邀请观众亲自动手操作，或由工作人员对其进行现场示范。此外，还可安排观众观看与展品相关的影视资料，并向其提供说明材料与单位名片。

说明材料与单位名片应常备于展台之上，由观众自取。进而言之，宣传型展览会与销售型展览会的解说技巧，又有一些不同之处。在宣传型展览会上，解说的重点应当放在推广参展单位的形象之上。要善于使解说围绕着参展单位与公众的双向沟通而进行，时时刻刻都应大力宣传本单位的成就和理念，以便让公众对参展单位更加认可。

而在销售型展览会上，解说的重点则必须放在主要展品的介绍与推销之上。工作人员在销售性展览会上向观众进行解说之时，要求其解说应当以客户利益为重，要在提供有利证据的前提之下，着重强调自己所介绍、推销的展品的主要特征与优点，以争取使客户觉得言之有理，乐于接受。不过，争抢、尾随观众兜售展品，弄虚作假，或是强行向观众推介展品，则不可取。

三、展览会礼仪

（一）迎接礼仪

迎来送往，是社会交往接待活动中最基本的形式和重要环节，是表达主人情谊、体现礼貌素养的重要方面。尤其是迎接，是给客人良好第一印象的最重要工作。给对方留下好的第一印象，就为下一步深入接触打下了基础。迎接客人要有周密的部署，应注意以下事项：

(1) 对前来访问、洽谈业务、参加会议的外国、外地客人，应首先了解对方到达的车次、航班，安排与客人身份、职务相当的人员前去迎接。若因某种原因，相应身份的主人不能前往，前去迎接的主人应向客人礼貌地解释。

(2) 主人到车站、机场去迎接客人，应提前到达，恭候客人的到来，决不能迟到让客人久等。客人看到有人来迎接，内心必定非常高兴，若迎接来迟，必定会在客人心中留下阴影，事后无论怎样解释，都无法消除这种失职和不守信誉的印象。

(3) 接到客人后，应首先问候“一路辛苦了”“欢迎您来到我们这个美丽的城市”“欢迎您来到我们公司”等。然后向对方作自我介绍，如果有名片，可送予对方。注意送名片的礼仪：当你与长者、尊者交换名片时，双手递上，身体可微微前倾，说一句“请多关照”。想得到对方名片时，可以用请求的口吻说：“如果您方便的话，能否留张名片给我?”作为接名片的人，双手接过名片后，应仔细地看一遍，千万不要看也不看就放入口袋，也不要顺手往桌上扔。

(4) 迎接客人应提前为客人准备好交通工具，不要等到客人到了才匆匆忙忙准备交通工具，那样会让客人久等而误事。

(5) 主人应提前为客人准备好住宿，帮客人办理好一切手续并将客人领进房间，同时向客人介绍住处的服务、设施，将活动的计划、日程安排交给客人，并把准备好的地图或旅游图、名胜古迹等介绍材料送给客人。

(6) 将客人送到住地后，主人不能立即离去，而应陪客人稍作停留，热情交谈。谈话内容要让客人感到满意，比如客人参与活动的背景材料，当地风土人情，有特点的自然景观、特产等。考虑到客人一路旅途劳累，主人不宜久留，让客人早些休息。分手时应将联系的方式、地点、时间等告诉客人。

(二) 接待礼仪

接待客人要注意以下几点：

(1) 客人要找的负责人不在时，要明确告诉对方负责人到何处去了，以及何时回本单位。请客人留下电话、地址，明确是由客人再次来单位，还是我方负责人到对方单位去。

(2) 客人到来时，主人方负责人由于种种原因不能马上接见，要向客人说明等待理由与等待时间。若客人愿意等待，应该向客人提供饮料、杂志，如果可能，应该时常为客人添加饮料。

(3) 接待人员带领客人到达目的地，应该有正确的引导方法和引导姿势。

① 在走廊的引导方法。接待人员在客人 2～3 步之前，配合步调，让客人走在内侧。

②在楼梯的引导方法。当引导客人上楼时，应该让客人走在前面，接待人员走在后面；若是下楼时，应该由接待人员走在前面，客人在后面。上下楼梯时，接待人员应该注意客人的安全。

③在电梯的引导方法。引导客人乘坐电梯时，接待人员应先进入电梯，等客人进入后关闭电梯门，到达时，接待人员按开的钮，让客人先走出电梯。

④ 客厅里的引导方法。当客人走入客厅，接待人员用手指示，请客人坐下，看到客人坐下后，才能行点头礼后离开。如客人错坐下座，应请客人改坐上座（一般靠近门的一方为下座）。

（4）诚心诚意地奉茶。中国人习惯以茶水招待客人。在招待尊贵客人时，茶具要特别讲究，倒茶有许多规矩，递茶也有许多讲究。

（三）合宜或严谨标准的服装和仪容

（1）合宜的仪态：日常生活动作。

（2）接待礼仪：适当间距和握手的礼仪。

（3）介绍礼仪：注意事项。

（4）引导礼仪：上下楼梯、搭乘电梯。

第六节　实践指导

一、实践任务

通过本章学习，要求学生能够熟练运用所学理论深入理解国际商务仪式礼仪的实施流程及注意事项，掌握仪式礼仪的实践操作。

学生应多角度、多方式、多渠道地收集国际商务仪式礼仪的相关资料，由老师组织学生进行课堂讨论、分小组进行各种仪式礼仪的方案策划、仪式模拟等活动，以此更好地提升学生对国际商务礼仪的理解和认识。

二、实践内容

以开业仪式礼仪为例，要求学生分组进行资料收集、物资准备、活动策划、流程模拟等实践内容，具体如下：

（1）拟定开业仪式实施时间、地点；

（2）拟定策划书；

（3）开业仪式礼仪注意事项；

（4）开业仪式流程。

三、实践步骤

（1）工作分组，分出策划组，执行组、保障组、礼仪组、宣传组等工作小组，并收集相关资料，进行交流沟通讨论。

（2）选出活动总指挥，组织各组进行讨论衔接，课下进行仪式排练。

（3）模拟仪式包括：接待礼仪、现场组织安排、馈赠礼仪等。

（4）课堂进行仪式模拟。

（5）由任课老师对模拟仪式进行效果评价。

（6）上交剧本。

四、实践要求

（1）老师讲解模拟仪式重点难点

（2）学生分小组完成方案策划。

（3）模拟策划书要求内容翔实、活动安排合理有序。

（4）表演要求仪态整洁大方，生动形象，符合开业仪式的各项要求。

拓展阅读

剪彩的由来[①]

有一种说法是，剪彩起源于西欧。

在古代，西欧造船业比较发达，新船下水往往吸引成千上万的观众。为了防止人群拥向新船而发生意外事故，人们往往在新船下水前，在离船体较远的地方，用绳索设置一道“防线”。等新船下水典礼就绪后，就剪断绳索让观众参观。后来绳索改为彩带，人们就给它起了“剪彩”的名称。

另一种说法是，剪彩起源于美国。

1912年，在美国的一个乡间小镇上，有家商店的商主慧眼独具，从一次偶然发生的事故中得到启迪，以它为模式开一代风气之先，为商家创立了一种崭新的庆贺仪式——剪彩仪式。

当时，这家商店即将开业，店主为了阻止闻讯之后蜂拥而至的顾客在正式营业前耐不住性子争先恐后地闯入店内，将用以优惠顾客的便宜货争购一空，而使守时而来的人们得不到公正的待遇，便随便找来一条布带子拴在门框上。谁曾料到这项临时性的措施竟然更加激发起了挤在店门之外的人们的好奇心，促使他们更想早一点进入店内，对行将出售的商品先睹为快。

事也凑巧，正当店门之外的人们的好奇心上升到极点，显得有些迫不及待的时候，店主的小女儿牵着一条小狗突然从店里跑了出来，那条“不谙世事”的可爱小狗若无其事地将拴在店门上的布带子碰落在地。店外不明真相的人们误以为这是该店为了开张志喜所搞的“新把戏”，于是立即一拥而入，大肆抢购。让店主转怒为喜的是，他的这家小店在开业之日的生意居然红火得令人难以想像。

向来有些迷信的他便追根溯源地对此进行了一番“反思”，最后他认定，自己的好运气全是由那条被小女儿的小狗碰落在地的布带子所带来的。因此，此后在他旗下的几家“连锁店”陆续开业时，他便将错就错地如法加以炮制。久而久之，他的小女儿和小狗无意之中的“发明创造”，经过他和后人不断地“提炼升华”，逐渐成为一整套的仪式。它先是在全美，后是在全世界广为流传开来。在流传的过程中，它自己也被人们赋

---

① 百度知道［EB/OL］. http://zhidao.baidu.com/link?url=ha－brwz6zY5i9VP85kznRkX0j9Ljc1cxYZSluLfwIPKdZcioFqT2wK_aOfZyoGOii2XNX0Ppa_T4X－tN02Wo0K.

予了一个极其响亮的名字——剪彩。沿袭下来，就成了今天盛行的“剪彩”仪式。

剪彩，从一次偶然的“事故”发展为一项重要的活动程序，再进而演化为一项隆重而热烈的仪式的过程之中，其自身也在不断发展，不断变化。例如，剪彩者先是由专人牵着一条小狗来充当，让小狗故意去碰落店门上所拴着的布带子。接下来，改由儿童担任，让他单独去撞断门上拴着的一条丝线。再后来，剪彩者又变成了妙龄少女，她的标准动作，是当众撞落拴在门口上的大红缎带。到了最后，剪彩则被定型为邀请社会贤达和当地官员，用剪刀剪断礼仪小姐手中所持的大红缎带，这一形式后来风靡了全世界。如今剪彩不仅是买卖开张时要搞的仪式，而且连工程开工、落成等许多事情也都要剪彩。近年来，隆重的剪彩仪式在我国也随处可见，许多知名人士、影视明星都当过剪彩人。

案例 1：

“女士优先”应如何体现[①]

在一个秋高气爽的日子里，迎宾员小贺，着一身剪裁得体的新制衣，第一次独立地走上了迎宾员的岗位。一辆白色高级轿车向饭店驶来，司机准确地将车停靠在饭店豪华大转门的雨棚下。小贺看到后排坐着两位男士、前排副驾驶座上坐着一位身材较高的外国女宾。小贺一步上前，以优雅姿态和职业性动作，先为后排客人打开车门，做好护顶关好车门后，迅速走向前门，准备以同样的礼仪迎接那位女宾下车，但那位女宾满脸不悦，使小贺茫然不知所措。通常后排座为上座，一般凡有身份者皆在此就座。优先为重要客人提供服务是饭店服务程序的常规。

思考：

(1) 这位女宾为何不悦？

(2) 小贺错在哪里？

(3) 小贺应该如何改进？

案例 2：

别开生面的开业典礼[②]

1998 年 8 月 8 日，是北方某市新建云海大酒店隆重开业的日子。这一天，酒店上空彩球高悬，四周彩旗飘扬。身着鲜艳旗袍的礼仪小姐站立在店门两侧，她们的身后是摆放整齐的鲜花、花篮，所有员工都服饰一新，精神焕发，整个酒店沉浸在喜庆的气氛中。开业典礼在店前广场举行。上午 11 时许，应邀前来参加庆典的有关领导、各界友人、新闻记者陆续到齐。正在举行剪彩之际，天空突然下起了倾盆大雨，典礼只好移至

---

① 陈刚平，周晓梅. 旅游社交礼仪［M］. 北京：旅游教育出版社，2000.

② 杨眉. 现代商务礼仪［M］. 大连：东北财经大学出版社，2000.

厅内，一时间，大厅内聚满了参加庆典人员和避雨的行人。仪式在音乐和雨声中隆重举行，整个厅内灯光齐亮，使得庆典别具一番特色。典礼完毕，雨仍在下着，厅内避雨的行人短时间内根本无法离去，许多人焦急地盯着厅外。于是，酒店经理当众宣布："今天能聚集到我们酒店的都是我们的嘉宾，这是天意，希望大家能与敝店共享今天的喜庆，我代表酒店真诚邀请诸位到餐厅共进午餐，当然一切全部免费。"霎时间，大厅内响起雷鸣般的掌声。虽然酒店额外花了一笔午餐费，但酒店的名字在新闻媒体及众多顾客的宣传下却迅速传播开来，使得酒店接下来的生意格外红火。

思考：

(1) 作为主办方，在现场环境发生变化时，应该如何启动应急预案?

(2) 作为主办方，在现场环境发生变化时，应该如何做好来宾接待工作?

第九章　国际商务宴请礼仪

俗话说，民以食为天。纵观古今中外，饮食都是生活中不可或缺的重要组成部分，在人际交往中，饮食也一直占据着非常重要的位置。设宴款待是亲友相聚、商务庆功的常用之道，在商务活动中，商务宴请往往是备受重视的环节，轻松愉快的商务宴请氛围有助于商务活动的进一步深入和成功。因此，在商务宴请中涉及的宴请礼仪十分值得重视。标准而得体的商务宴请礼仪可以营造自身和公司的良好形象，也有助于增进情感，达成合作。因此，每一位商务人士都应该重视商务宴请礼仪。

第一节　宴请与赴宴礼仪

伴随着市场经济的高度繁荣和商业社会的空前发达，商务宴请成为日益频繁的商务交往中非常重要的组成部分。宴请礼仪亦成为商务礼仪中的重要环节。研究宴请礼仪要从各个角度入手，既要从整体视角分析，又不能忽视细节问题。

一、宴会类型

宴会又称宴席、酒会，是以饮食为载体的常见社交方式。宴会的成功举行可使商务人士在饮食艺术的享受中增进彼此交往，为商务活动的顺利进行锦上添花。宴会历史悠久、种类繁多，依据不同的分类标准，宴会可分为以下几种不同的类型。

（1）按照宴会举行的时间，可分为早宴、午宴和晚宴。

（2）按照用餐类型的不同，可分为中餐宴会、西餐宴会和中西合璧式宴会。

（3）按照宴会举行的规格，可分为国宴、正宴、家宴和便宴。

此外，自助餐会、鸡尾酒会也属于常见的宴会类型。

①国宴。

国宴是指一国国家元首或政府首脑举行的正式宴会，旨在招待国宾、贵宾或各界人士。这是一种规格极高、形式盛大、礼仪严格的宴会。在国宴上，须在宴会厅悬挂国旗，举行大型乐队演奏，元首或首脑致祝酒词，设置印有国徽的菜单和席位卡，严格按照身份席位就座。

②自助餐会。

这是一种自西方兴起的宴会类型，时间可安排在早中晚，不排席位。热菜、冷菜、甜品、饮料连同餐具摆放在餐桌上供宾客享用，自助餐会中的宾客可根据自己的喜好选择菜品和座位。一般在室内或院子、花园里举行，来宴请不同人数的宾客。如果场地太小或是没有服务人员，同时需要招待比较多的客人，自助餐就是最好的选择。

③鸡尾酒会。

鸡尾酒会亦源自西方，是一种活泼简便的宴会形式。酒水为此宴会中的主要招待品，另外还常备一些甜品和点心，供客人随意挑选。在宴会中，客人可随意走动，轻松交谈。近几年鸡尾酒会已经逐渐成为各种大型活动后的必备环节。

二、宴请礼仪

（一）邀约礼仪

一般而言，商务宴请邀约有非正式邀约和正式邀约之分。非正式邀约则常采用口头形式，旨在方便快捷，如当面邀约、电话邀约和邮件邀约等。正式邀约多采用书面形式，既可以使被邀约者做备忘之用，亦可兼顾礼仪。常见的正式邀约形式有书信邀约、请柬邀约、传真邀约和电报邀约等。

在正式邀约的各种类型中，请柬邀约是商务宴请中最常用也是最正式的一种。请柬又名请帖，其封套和正文用纸都极为考究。于请柬上书写邀请内容之时，不宜采用彩色墨水，应当使用黑色或蓝色的钢笔、毛笔书写，方显庄重。

（二）应邀礼仪

在接到来自宴会主办方的邀请之后，无论该邀请是正式还是非正式，作为宾客，都应该尽快回复自己是否能够出席。一般来说，对注有“R. S. V. P.（请答复）”字样的请柬，无论出席与否，均应迅速答复。注有“Regretsonly（不能出席请复）”字样的，则不能出席时才回复，但也应及时回复。经口头约妥再发来的请柬，上面一般注有“To remind（备忘）”字样，只起提醒作用，可不必答复。答复对方，可打电话或复以便函。在接受邀请之后，不要随意改动。万一遇到不得已的特殊情况不能出席，尤其是主宾，应尽早向主人解释、道歉，甚至亲自登门表示歉意。应邀出席一项活动之前，要核实宴请的主人，活动举办的时间地点，是否邀请了配偶，以及主人对服装的要求。活动多时尤应注意，以免走错地方，或主人未请配偶却双双出席。

（三）座次礼仪

在商务宴请中，桌次和座位是一个非常考究的重要环节。在规模较大的商务宴请中，主桌一般为最前面或最居中，距离主桌的远近是决定其他桌次高低的主要标准，在桌数较多时还应设置桌次牌以便宾客就座，且桌子之间的距离要远近适度，每桌的各个座位间距亦应相仿。

按照习惯，商务宴请的礼宾次序一般以宾客的职务来排序以方便交谈。若宾客的夫人随同出席，则应当将主宾客安排在男主人的右上方，主宾客夫人则安排在女主人的右上方。规模较大的宴会中，其他各桌的第一主位则参考主桌的主人位置，亦可以将第一主位置于主桌的正对面。在布置宾客座位的时候，还应综合考虑各种因素，譬如尽量将身份职务大体相似或专业相同的宾客安排到一起，对于关系紧张的宾客则应避免座位紧挨。恰如其分的桌次和座位礼仪可为商务宴请达到锦上添花的良好效果。

（四）菜式礼仪

在商务宴请中，宴会菜式的相关礼仪亦是需要高度重视的问题。其中最应当注重的就是依据来宾的禁忌和偏好选择菜式的品种。

首先，在菜式安排上一定要排除掉宾客的饮食禁忌。概而言之，宾客的饮食禁忌大致可分为以下几种类型：

第一，要尊重宾客的宗教信仰，很多宗教都有其特有的饮食忌讳，对于信教者而言，这是应当严格遵守的信条；

第二，要尊重宾客的民族习惯，许多民族都有本族的饮食禁忌，这就要求布置菜式时对宾客的民族风俗背景熟悉掌握，以免造成不必要的麻烦；

第三，要考虑宾客的健康状况，对于个别身体情况欠佳的宾客，在菜式上要有所考量，如三高患者饮食清淡、糖尿病患者饮食忌糖等；

第四，要尊重宾客的职业习惯，不少职业对从业人员的饮食都有要求，如司机不能饮酒，公检法机关工作人员不能随意出席有碍正常公务的商务宴请；

第五，要事先掌握宾客的口味禁忌，要在菜式安排上注意宾客的口味喜恶，尽量避免宾客不喜欢的菜式。其次，在菜式安排上要尽量体现出宾客的饮食爱好。要依据宾客的口味偏好、文化习俗和地域特色选择菜式，可以有倾向地安排具有当地特色的菜式、具有民族特色的菜式或者宾客个人偏好的菜式。

第二节　中餐宴会礼仪

民以食为天，五千年的灿烂历史孕育了中国博大精深的饮食文化，中餐宴会礼仪是其重要的组成部分。中餐宴会礼仪据传始于周公，经过千百年来不断地演进和发展，在现代社会，以中华传统饮食文化为底蕴的中餐礼仪，已经逐渐形成了为大家所接受的一套饮食进餐礼仪。

一、座次礼仪

自古代起我国就有以右为尊的习俗，《史记·廉颇蔺相如列传》：“以相如功大，拜为上卿，位在廉颇之右。”唐人张守节《史记正义》注：“秦汉以前右为上。”《汉书·诸侯王表序》颜师古注：“汉时依上古法，朝廷之列以右为尊。”这种以右为尊的原则在餐饮宴会礼仪中同样适用。在正式的中餐宴会中，餐桌的形状往往以圆形为佳。除了主桌可略大些，其他餐桌的大小和形状应当基本一致。宴会中餐桌上的主次尊卑很有讲究。一般而言，主要有 4 种基本的座次排序礼仪。

（一）小型宴请座次排序（两桌）

两桌的小型宴会座次可分为横排和竖排两种情况，如图 9-1 所示。两桌横排时，以面对正门的位置确定左和右，遵循以右为尊原则；两桌竖排时，以距离正门的远近为准，遵循以远为上的原则。

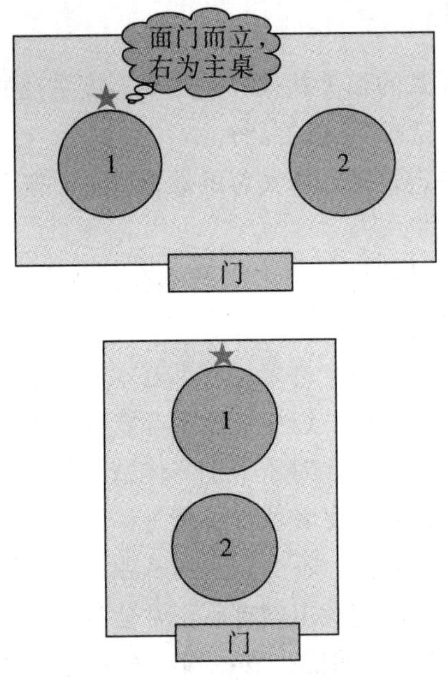

图 9-1　两桌宴请座次排序示意

（二）大中型宴请座次排序（多桌）

在大中型宴请中，在遵循以右为尊、以远为上等原则的基础上，还应当同时考虑其他桌与主桌的距离远近。主桌一般为最前面或最居中为准，距离主桌的远近是决定其他桌次高低的主要标准，在桌数较多时还应设置桌次牌以便宾客就座，且桌子之间的距离要远近适度，每桌的各个座位间距亦应相仿。常见的多桌宴请座次排序如图 9-2 所示。

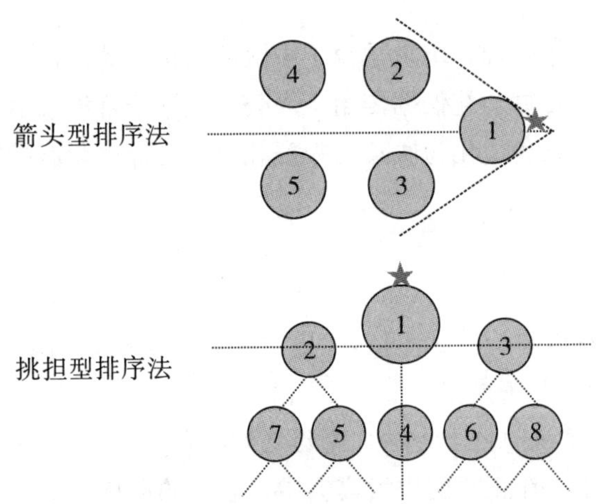

图 9-2　多桌宴请座次排序示意

（三）单桌宴请座次排序

如图 9-3 所示，在宴请的规模仅为单桌时，要以宴请主人为中心，其余座位遵循以右为尊，按照“之”字交叉排列主方人员和宾客，做到主客相间。

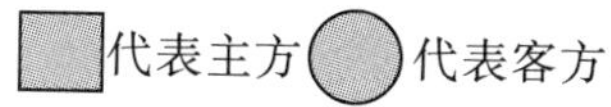

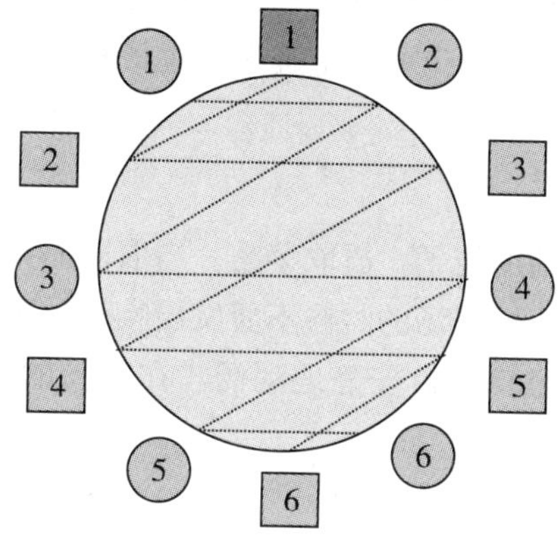

图 9-3　单桌宴请座次排序示意

（四）男女主人共同宴请时的座次排序

如图 9-4 所示，这种宴请模式仍遵循以右为尊，主宾相间。男主人位列主座上席，女主人要坐在其正对面。其他宾客按照以右为尊的原则依次排列。

代表主方　代表客方

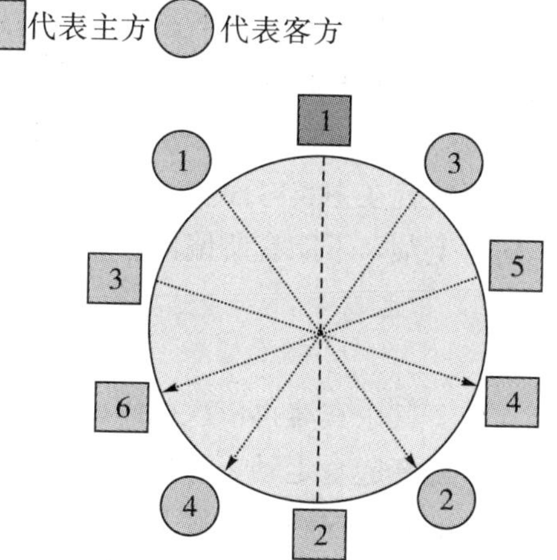

图 9-4　男女主人共同宴请座次排序示意

二、餐具礼仪

中餐宴会的常用餐具为盘、碗、筷、杯、碟和匙 6 种，在宴会中餐具的摆放和使用也有其相应的礼仪。

（一）筷子

中餐最主要的餐具就是筷子，在使用筷子时切记遵循如下原则：首先，无论筷子上是否有食物残留，都不要去品尝筷子或长时间将筷子放在口中；其次，在夹菜时，不要用筷子在菜盘里肆意乱翻，遇到别的宾客同时夹菜时要注意避让，为别人夹菜时请使用公筷；再次，在用餐时进行交谈，应暂时将筷子放在筷托上或自己的碗碟边缘，不要在餐桌上挥舞筷子；最后，切勿用筷子敲打碗盘，也万万不可把筷子竖插在食物上。

（二）碗碟

夹菜之后应将其放入碗中再慢慢进食，进食的时候切不可将碗端到嘴边。进食后出现的残渣、骨刺等不要放在桌上或者空碗中，应将其放入备好的骨碟里，骨碟装满后要提醒服务人员及时更换。

（三）汤匙

汤匙的主要作用是辅助筷子，舀取菜品。当取回的菜品温度较高时，不宜用汤匙搅拌菜品降温。注意在用汤匙喝汤的时候不要发出响动，不要一边吹凉一边喝，也不宜大口肆意地喝，应用汤匙小口小口安静地喝汤。在喝汤的时候，不应将汤匙整个塞入嘴中，也不要反复吮吸。

（四）水杯

中餐宴会中的水杯主要可用来盛放白水、果汁和其他软饮类，一般而言不应用水杯盛酒，在使用水杯时不要将喝进嘴里的东西吐回去，也不要反扣水杯。

三、上菜礼仪

标准的中餐宴会，无论规模和风味有何不同，上菜的顺序都是大致相同的。首先上冷盘，当冷盘食用过半后，便可以开始上热菜了，热菜之后是主菜，然后是点心、汤和最后的水果拼盘。中餐宴会上菜掌握的原则是：先冷后热，先菜后点，先咸后甜，先炒后烧，先清淡后肥厚，先优质后一般。在上第一道热菜的时候应将其放在主宾客面前，在上主菜的时候亦应将其正面放置在主宾客面前，其他菜式均可遵循该原则。规模较大的中餐宴会，应做到每桌同时上菜，不能有所偏倚。

四、用餐礼仪

在入座时应先请长者入座，其余宾客再依次就座。入座时动作幅度不宜过大，入座后不要发出大的响动，也不要随意起身走动。开始进餐后，不要随意打嗝，若不由自主地发出了咳嗽、打喷嚏等声音时，应向在座宾客简单致歉。进食过程中遇到骨刺较多的食物，不要做出夸张的吃相，要慢慢梳理骨刺并将其放置在骨碟中。进食的时候不要一味地埋头吃东西，忽略了左右两边的宾客，应当适时地与周围宾客寒暄交谈，营造和谐舒适的用餐氛围。在用餐接近尾声时，不要在餐桌上随意地剔牙，若确实需要，则应当用手或餐巾遮挡住嘴巴再行剔牙。最后离席时，应当向宴会主人致谢，并应在言语间体现礼尚往来的礼节。

五、饮酒礼仪

中国有着数千年的深厚酒文化底蕴，在中餐商务宴请中，饮酒礼仪占据着非常重要的位置。正式的中餐宴会在酒水的饮用方面极为讲究，具体体现在斟酒、敬酒和干杯等方面。

中餐宴会中的斟酒环节出现在酒水饮用之前，一般由服务人员斟入杯中，若为了表示对宾客的尊重，有时宴会主人也会为宾客斟酒。在斟酒的时候也需要注意优先长者、尊者，或者按照顺时针方向斟酒；在斟白酒时必须要斟满，而其他酒类则无须一定斟满。作为宾客，在服务人员斟酒时，不必将酒杯端起，勿忘道谢即可；然若宴会主人亲自斟酒，则必须将酒杯端起并致谢，在必要的时候甚至需要起身致谢。还要注意在斟酒这个环节，除了宴会主人和服务人员，宾客不宜擅自为大家斟酒。

敬酒又称祝酒，在正式的中餐宴请中，往往由宴会主人提议，就某种主题发表一些祝词或祝愿，以提升宴会气氛，因此敬酒为正式宴请中不可缺少的一个环节。敬酒的祝词在宾客及宴会主人入席之后，正式用餐之前发表最为适宜。在发表祝酒词的时候，不管是精心准备的正式祝词，还是为了烘托气氛的临时起意，都应该注意言简意赅、用词得当，切勿长篇大论影响宴会正常进程。作为宾客在他人发表祝词的时候，要暂停进食或饮用，端正坐姿面向致辞者认真聆听，切勿窃窃私语。

干杯是中餐宴请中一种常见的饮酒环节。在宴会中，一般由人先行提议干杯，提议者可以是祝酒词的发表者，也可以是在座的任何持酒之人。在本人提议干杯时，应端起酒杯站立起身，面带微笑望向干杯的对象，并同时说出祝福的吉祥如意致辞。在其他人提议干杯的时候，亦应起身站立，手举酒杯至双眼高度处，饮酒。在传统的中国酒文化中，干杯意味着将杯中酒一饮而尽，而现在则无须一定遵循该传统，可以饮掉一半，甚至沾沾酒即可作数。在干杯时，可以双方轻轻互碰酒杯，切勿用力过猛；与对方距离较远时，可用手中酒杯轻叩桌面以示敬意。在干杯后，还应适时回敬，在回敬时应当左手托住酒杯杯底，右手持住酒杯杯身，与回敬对象同时干杯。

第三节　西餐宴会礼仪

西餐是我国对西方国家菜点及其餐饮文化的一种统称。“西”在汉语中的惯用意思是西方，一般而言，指的是欧美发达国家；而“餐”主要指菜式佳肴。随着东西方各个领域交流的不断加深，西餐的范畴也在不断地扩展，现今所指的西餐将东欧和拉丁美洲等部分国家和地区的菜式也纳入其中。在西餐宴会中表现出得体优雅的用餐礼仪，可以促进商务活动更为顺利地进行，因此，了解西餐宴会礼仪显得尤为重要。

一、常见西餐种类

（一）法式西餐

法式西餐是众所公认的全球西餐之首，善于料理的法国人使法式大餐不断推陈出新，几百年来始终受到世界各国的推崇。法餐的特色在于选料极为广泛，烹饪精细考究，滋味浓淡相宜，餐具摆设华美，堪称美食的艺术。法餐在选料方面善用牛羊肉、家禽和海鲜，对于松露、鹅肝和鱼子酱等名贵食材也选用得较多；烹饪之时多佐以牛油、奶油、酒及各式香料。法式西餐的代表菜品有红酒炖牛肉、奶油蘑菇汤和法式煎鹅肝等。

（二）意式西餐

在历史上，意大利一度成为欧洲的政治经济文化中心，意大利民族被称为美食家民族。意式西餐源自于古罗马帝国时期，菜式繁多，讲究原汁原味，亦带有浓厚的文艺复兴时代佛罗伦萨的饮食风韵。如今风靡全球的法式西餐、美式西餐等，追本溯源都是由意大利菜发展而来的。意式西餐擅长使用海鲜作为烹饪主材，辅以猪牛羊肉、家禽和各色蔬菜，喜好加入干辣椒和蒜，风味浓郁。意式西餐的代表菜品有披萨、奶酪通心粉、意大利面和炖牛肚等。

（三）英式西餐

英国的饮食在历史上多次受到法国和意大利美食文化的影响，然而英国人并不像法国人和意大利人一样崇尚美食烹饪，因此英式西餐相对来说风格较为简单，主要的特色体现在少油、清淡。不过英国人重视早餐和下午茶，也由此贡献了风靡全球的英式早餐和英式下午茶。英式西餐的代表菜品有炸鱼薯条、布丁和烤牛肉等。

（四）美式西餐

美国是典型的移民国家，自美洲新大陆被发现后，欧洲国家开始源源不断地向美国输送移民，开拓殖民地，自然而然地也就将欧洲的饮食文化传到了美国。而到了近现代，来自亚洲、非洲和拉丁美洲的移民也纷纷带来了原住地的各色饮食文化。所以美式西餐的显著特色就是多元化，并且一直处于不断地变化和发展中。美国人在烹饪时对于饮食的要求在于营养和快捷，因此美式西餐菜式较为简单，代表菜品有美式牛扒、水果沙拉和烤火鸡等。

（五）俄式西餐

作为世界上国土面积最大的国家，虽然俄罗斯的大部分国土都在亚洲地区，但是其主要人口多分布在欧洲地区，因此俄式西餐受到了浓厚的欧洲饮食文化影响。但俄罗斯有着自身独特的人文地理环境，因此在吸收欧洲饮食文化精华的同时，俄式西餐也有着其独有的特色。俄式西餐善用热量高的食材进行烹饪，喜欢用各式海鱼进行熏腌或烤制，口味较重。俄式西餐的代表菜品有炖肉、红菜汤和鱼肉包子等。

二、座次礼仪

与中餐宴会常用圆桌不同，西餐宴会中多用方桌和长桌。桌次的高低取决于距离主桌的远近，仍遵循以右为尊原则。而同一桌上席位的高低取决于距离主人座位的远近。在西餐礼仪中讲究女士优先，因此在排定宾客座次时，应以女主人的座位为主，交叉安排男女座位，主宾客坐在女主人的右方而主宾客夫人坐在男主人的右方，如图 9－5 所示。

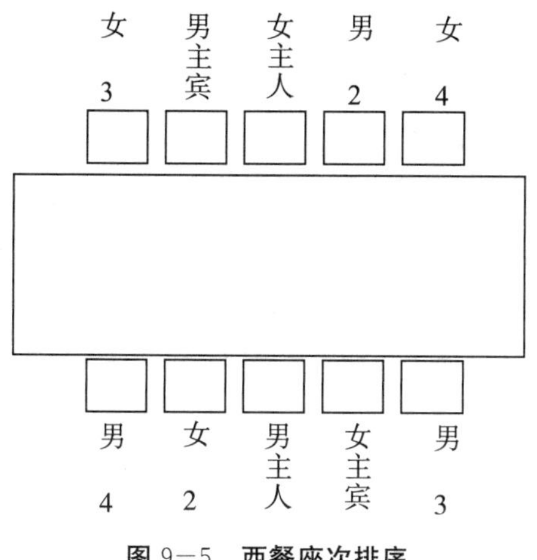

图 9—5　西餐座次排序

三、餐具礼仪

在西餐宴会中，西餐餐具的种类和数量的多少与宴会的正式程度成正比。西餐餐具主要包括刀、叉、匙、盘、杯和餐巾等，且每种餐具又有不同的细分，不同的菜品配以不同的刀叉，不同的酒水佐以不同的杯子，种类可谓繁多，如图 9—6 所示。下面就以西餐宴会中常见的餐具布置讲述西餐餐具的使用礼仪。

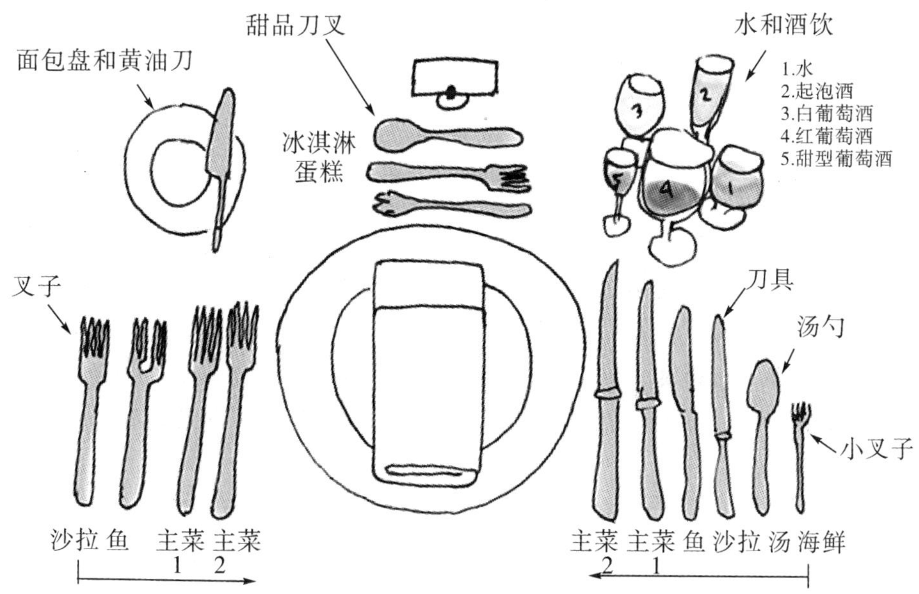

图 9—6　西餐餐具摆放示意

在宴会开始之前，餐具就已经由服务人员摆放至宾客就座的桌上了，一般来说会包含底盘、刀叉、餐匙、杯子、碟和餐巾。底盘的作用集托盘与装饰品于一身，不直接盛放食物。餐叉会放在底盘左边，餐巾可以放在餐叉左边，亦可以覆于底盘之上；餐刀则位于底盘右边，刀刃朝内，餐匙则放置在餐刀的右边。餐刀的右上方放置各种杯子，如水杯、红酒杯、白酒杯和雪莉酒杯等。

1. 刀叉匙的使用

在正式的西餐宴会中，每一道食物都会配以相应的刀叉匙，并按照上菜的顺序由外到内排列。进餐时则由外而内取用刀叉匙，切记左手拿叉，右手拿刀。正式开始进餐的时候，用左手拇指、食指和中指握住餐叉，用力将食物固定住，同时右手食指压在餐刀刀背上，其余手指握住刀把，使用餐刀切割食物，将切下的小块食物用餐叉放入口中。在切割的时候应注意不要在餐盘上划出声音，餐刀上若沾到食物上的酱料请勿舔食，餐刀的主要作用是切食物，所以请不要直接用餐刀将食物送入口中。在用餐中途暂时离开的话，应将刀叉呈八字形状摆放在餐盘内，刀口朝内；在用餐结束的时候，可将刀叉并排的放置在餐盘中，叉左刀右，或者是叉下刀上，如图 9－7 所示。在正式的场合中，匙勺的种类也比较多。较大的餐匙多用来喝汤或盛食物；小型的匙是用以吃甜品及搅拌咖啡的；而扁平匙则用于涂抹黄油和分食蛋糕。

图 9－7　刀叉摆放示意图

【阅读材料】

如是者七[①]

甲午海战之后，中国蒙受屈辱，清政府曾派一位高官赴日本谈判。此高官虽身居高位，然平时并未用过西餐，因此对西餐的餐饮礼仪也是一无所知。结果在就餐时，犯了西餐餐饮礼仪的忌讳。一般而论，西餐餐具的清理是通过蒸煮来消毒，无需专门擦拭。若是在主人面前擦拭西餐餐具，则意味着你觉得餐具不干净，要求更换。所以当这位高官在宴会中擦拭餐具的时候，主人便以为他想更换餐具，因此告知服务生予以更换。而在换了餐具之后，这位高官继续擦拭，历史记载"如是者七"，就是这位高官令服务生将餐具连换了 7 次。

思考：

结合生活经验，谈谈还有没有亦是因为文化差异造成的餐饮礼仪冲突？

2. 餐巾的使用

餐巾的主要用途是防止衣服在就餐时被弄脏。在正式西餐宴会中，餐巾一开始是放在盘中或盘侧的，开始就餐时将餐巾放在腿上。使用餐巾时要注意将餐巾平行叠成长方形或沿对角线叠成三角形，开口朝外放置于膝上。在用餐时若与同桌宾客交流，在交谈前应先

① 金正昆. 商务礼仪［M］. 北京：北京联合出版公司，2013.

用餐巾轻轻揩一下嘴角以示尊敬。在离开席位时，应取下餐巾随意叠成三角形或方形放在盘侧桌角或是自己的座位上，但切记勿将餐巾揉作一团随意放置或者是搭在椅背上。

【阅读材料】

ELBOWS①

西方关于餐桌仪态有这样一句谚语：elbows，elbows，if you're able—keep your elbows off the table！也就是说，正确的餐桌仪态是非常重要的，应该挺直腰背，让你的双臂靠近你的身体，而不是如中餐一样，可以把双肘张开较宽，以便于撕扯和切割食物。你既不能靠在椅背上，也不要身体向前倾，把双肘撑在桌子上来支撑你的重量。还记得在电影《泰坦尼克号》中有一幕：当Rose跟着母亲在餐厅里吃饭时，旁边的一张桌上坐着一对母女。女儿才七八岁，正是顽皮的年龄，就餐中稍不留意往椅背上靠了一下，母亲就伸手打了她一掌，女孩随即恢复了一本正经的仪态。而在电影《公主日记》里：平民家成长的安妮有一天发现自己是公主身份，于是就有了对她的一系列训练，其中就有就餐的仪态。老师把安妮绑在椅背上，只空出两手来拿食物。这样，安妮就算想往前弯一点儿腰也不能够了。

思考：

中餐礼仪中有没有类似的谚语呢？

四、上菜礼仪

不同于中餐的满桌菜肴百花齐放，西餐的上菜礼仪有着严格的先后顺序，颇为讲究。在正式西餐宴会中，一顿标准的西餐正餐需要1～2个小时才能吃完。

1. 头盘

西餐的第一道菜被称为头盘，也称开胃菜。主要是为促进就餐者的食欲，是前奏一般的存在。其内容有冷头盘和热头盘之分，以色拉类为主，常见的有鱼子酱、鹅肝酱、熏鲑鱼和焗蜗牛等，爽口清淡，味道以酸、咸为主。

2. 汤

中餐中，汤往往是最后才会上的菜品，而在西餐里，汤的顺序非常靠前。西餐里的汤主要有奶油汤、蔬菜汤、红汤和浓汤等品种，常见的汤有罗宋汤、蘑菇汤、牛尾汤和海鲜汤等。

3. 副菜

作为西餐的第三道菜，副菜主要包括淡水鱼类、海水鱼类、贝类、蛋类和面包类等。这些菜肴质地或鲜嫩、或松软，容易消化，非常适合放在肉类前食用。

4. 主菜

主菜是西餐菜肴中的重头戏，主要分肉类主菜和禽类主菜。肉类主菜的原料主要选

① 金正昆．商务礼仪［M］．北京：北京联合出版公司，2013．

自牛、羊、猪等各个部位的肉，在烹饪方法上也极为考究，主要有铁扒、烤和煎等，佐以各种精心调配的酱汁。禽类主菜其原料主要选自鸡、鸭、鹅，多以炸、烤、焖等手法加以烹饪，并配上酱汁。

5. 甜品

吃过主菜之后，便可上第五道菜品——甜品，诸如布丁、冰淇淋、奶酪、坚果、蛋糕、饼干和新鲜水果等都属于甜品范畴。

6. 热饮

热饮在餐后提供，多为红茶或者咖啡。其主要作用为助消化、醒神。

五、饮食礼仪

由于西餐在各个方面与中餐都有很大的区别，因此参加西餐宴会时应当对西餐的饮食礼仪加以了解和掌握。

1. 食用沙拉

若沙拉单独作为一道菜被端上来，应用沙拉叉进食；若沙拉作为主材的配菜，则可以用主菜餐叉进食。沙拉中如包含大片的菜叶，应用刀叉切为小块，一次只切一块；如与玉米片搭配，则应用餐叉食用沙拉，用手拿着玉米片进食；如与沙拉酱搭配，则应先浇适量沙拉酱在沙拉上，吃完此部分再继续适度加酱，循序渐进。

2. 食用汤菜

在正式的西餐宴会中食用汤时，切勿端起汤盘就口而饮，而应用左手扶住汤盘边缘，右手用匙舀起送入口中。若汤的温度较高，请勿用嘴吹凉，应使其自然降温或轻摇以降温。在喝汤时不要发出明显的声响，也不可频频舀动。

3. 食用副菜

副菜中，当属鱼、贝等海鲜食用起来较为麻烦。在食用全鱼的时候，应用刀叉先将鱼头、鱼尾和鱼鳍切掉并放在盘子旁边，再开始食用鱼肉。过程中应注意不要随意翻动鱼身，可用刀叉将鱼骨剔掉。在食用贝类时，可用左手捏住外壳，右手持相应餐叉将肉取出，佐上搭配的酱料进食。

4. 食用主菜

在食用肉类主菜时，要用刀叉配合切块食之。切的时候要注意肉块的大小以一口为宜，不能切得过大，边切边吃，无须一次就将整块肉切完。在食用带骨头的主菜时，以用刀叉切食为宜，吃到细碎的骨头时，不要随意的直接吐出，应用餐巾捂嘴，将其轻吐在餐叉上再放入盘内。若是盘内剩余少许主菜，不要用餐叉刮盘底，可用小块面包相助来进食。在食用面条时，应用餐叉轻轻将面条卷起送入口中，每次食用的面条要适量，不宜过多。若带有骨头的主菜与洗手水同时送上，则意味着可以用手进食主菜。只不过在食用之前要将手指放入洗手水中轻轻洗净，切勿将手全部浸入水中。

5. 食用甜品

冰淇淋通常用小勺轻舀入口，若为水果馅饼则宜用相应的叉子进食。在食用新鲜水果时，注意不要整只咬住，应用叉子将其固定住，并用水果刀切成小块，去皮去核，徐徐进食。

6. 食用热饮

在喝咖啡之前，可加糖和牛奶助饮。一般来说，宜用左手扶住咖啡杯耳，右手轻轻搅动咖啡勺。在搅动结束后将咖啡勺请放在咖啡杯碟旁边，不要将勺留在杯中，更不要用勺舀起咖啡饮用。喝红茶的方法大抵与咖啡相似。

7. 饮酒

在西餐宴会中，餐前多配以鸡尾酒或威士忌，而就餐时通常佐以白红两种葡萄酒。具体而言，红酒一般作为搭配肉类的佐餐酒，而白酒则为海鲜类的佐餐酒。在饮酒时还要注意举杯的手势，应用大拇指、中指和食指握住杯脚，这样可使避免手部的温度影响酒的口感。同时，还可轻轻摇动酒杯让醇香的酒味挥发得恰到好处，但切勿摇晃过猛。

【阅读材料】

请喝咖啡[①]

有些人知道西方客人普遍喜欢喝咖啡，在客人到来之前，都准备有咖啡。但是，当客人进门坐定后，喜欢按照中国礼节问一句："要不要为您泡一杯咖啡？"以为这样是客气。其实，那是很不礼貌的，等于说"不要喝咖啡了吧"。这时，客人一定会很不高兴地拒绝你的咖啡。正确的做法是，待客人坐定后，就将一杯热腾腾的咖啡双手送上，说："请喝咖啡！"那样，对方一定很高兴。

思考：

为什么客人会有这样的想法呢？

第四节　实践指导

一、实践任务

要求学生通过实践操作，对宴会筹划、组织和举行的流程有一定的认识和掌握，同时熟悉宴会的各项礼仪要求。通过模拟训练，要求学生知晓中西餐饮礼仪的差异和各自的特点，学习中西方餐饮礼仪。

二、实践内容

中餐宴会的筹备和组织；中餐餐具的正确使用；中餐宴会的礼仪规范。

西餐宴会的筹备和组织；西餐餐具的正确使用；西餐宴会的礼仪规范。

1. 中餐礼仪

（1）中餐座次：餐桌不同摆放方法时的座次安排。

（2）就餐礼仪：中餐就餐过程中的举止礼仪。

---

① 金正昆. 商务礼仪［M］. 北京：北京联合出版公司，2013.

2．西餐礼仪

（1）西餐餐具的摆放位置。

用餐前注意：刀刃对着盘子，叉齿向下。

中途休息注意："一"字形、"八"字形；不可一端在盘上，另一端在桌上。

用餐结束注意：刀叉并拢平放；叉子正面要向上，刀子的刀刃要侧向内。

（2）西餐餐具的用法：由外向内依次使用。

（3）切食物时的正确姿势。

将肩膀与腕放松，两臂贴着身体不要张开，刀与餐盘的角度保持在15°左右，手肘不要过高或低。切食物时，刀子拉回时不可用力，而是在往前压下时用力。

（4）西餐食法：喝汤；带骨食物；鱼；肉排；面包；沙拉。

（5）西餐的座次：以女主人为主。

三、实践步骤

（1）准备好西餐的基本餐具，演示如何摆放，让学生们仔细观看并实际演练。

（2）播放外国影片里西餐宴会的情景，使学生直观、生动地感受西餐宴会的格调和一些基本礼节，并提示重点注意的细节。

（3）音乐熏陶，用带有异域风情的抒情音乐营造一种浪漫气息，可将大家带入高雅格调的氛围中，使其自身注意和调整仪态仪表，与之相协调、融合，培养学生的美感。

（4）准备简单的西餐食物，如面包、沙拉、汤等，练习正确的吃法，采取同学提意见和老师点评相结合的方法来达到熟悉和感受进食西餐的乐趣。

（5）教师现场演示和讲解，向学生展示西餐宴会桌次、座次排列情况。

（6）组织学生分组练习，要求在设定的特定情景下分角色扮演，完成指定的实训内容，并达到考核标准。然后通过角色轮换，使每个学生对主客双方的礼仪要求都熟练掌握。

（7）对每个学生的实训结果进行评价。

拓展阅读

葡萄酒与食物的搭配①

搭配得当的葡萄酒可以让菜肴的美味发挥到极致。葡萄酒和食物并没有什么必须遵守的搭配原则，毕竟个人口味才是最重要的。但还是有一些品酒家和美食家认为有不错的搭配原则。

要记住有些葡萄酒可能会因为特定食物的味道而走味，但同时也能因为某些食物而增加美味。当你发现一种你一直很喜欢的进口葡萄酒突然没那么好喝了，别急着把它拉

① 百度文库. 葡萄酒与食物搭配知识大全［EB/OL］. http://wenku.baidu.com/view/4c0faf503c1ec5da50e27009.html?from=search.

进黑名单。先看看你搭配的是什么食物，先别吃那种食物，再尝尝葡萄酒。

在想学葡萄酒与食物的搭配之前要先学会如何品尝葡萄酒，详情可参考《如何品尝葡萄酒》。

了解在搭配葡萄酒和食物的时候要关注的是什么。在葡萄酒的成分（水果、酸、酒精、甜度和丹宁）与食物的构成（材料、做法和最终的味道）之间寻找到平衡点是很重要的。同时也要考虑葡萄酒与食物两者的口感、重量、结构和香气。比如，比较清淡的食物需要柔和的葡萄酒来配合，而味道比较强势的菜肴最好能搭配更浓烈一些的葡萄酒。

食物的做法会影响葡萄酒的搭配方案。根据做法的不同，比如烤、烘、煮、蒸、腌、拌、酱或者是生食，食物的性质都会有所改变。这就是搭配方案不能一概而论的原因——味道、口感、重量以及食物的构成都必须逐一考虑，而不能只看菜肴的主要材料。

性质相近的可以搭配，性质相反的搭配也不失为另一种办法。这样搭配的原则是葡萄酒能与食物的味道互补，食客的注意力能从葡萄酒转移到食物上，又能从食物上转回到葡萄酒。同时两者各自的味道还不会被忽视。

食物的味道尽量比较简单。如果食物味道太复杂、太占主导地位，就很难找到某一种葡萄酒来搭配。如果你面前摆的是味道相当复杂或者浓烈的食物，也许你应该考虑搭配从超市里买来的便宜点的现成葡萄酒，以免搭配不当浪费了你的高档葡萄酒。学会怎么品尝搭配好的食物和葡萄酒。想要让自己能从普通搭配中脱颖而出，懂得如何同时品味食物和葡萄酒很重要。因此我们有以下几点建议：含一口葡萄酒，在口中旋转一圈，然后喝下，感觉一下它的口感和味道。想想有没有相近的水果、浆果或者木头的味道。根据你的感觉，决定口味是轻还是重，估计这个葡萄酒的甜味和酸味。把对这个葡萄酒的所有感觉综合起来，然后在食物中寻找相似的品质。食物里至少要有一项品质和葡萄酒相符，比如甜度、味道、口感之类的。再来尝尝一小片食物，咀嚼然后吃掉。和品酒一样，感觉一下它的味道以及余韵。如果是一种美妙的体验，那么恭喜你；如果感觉不怎么样，那还是换种葡萄酒吧。

食物大体上有 5 种口味：咸、苦、酸、甜、鲜。记住你的品尝经历，它们是你要组合在一起的味道，就像画家在调色板上调色一样。

咸：这个是最容易辨别的味道，也是最持久的味道。咸味凸显甜味，隐藏丹宁的味道并且增强苦味。咸味的食物可以与甜一点的葡萄酒很好地搭配，或者和果味很浓的红葡萄酒搭配起来也不错。

酸：酸度很高的食物不适合与葡萄酒搭配，因为会盖过葡萄酒的味道。因此，在搭配食物和葡萄酒的时候，尽量减少使用醋、油醋和色拉调料。酸味也是一种持久的味道，还能掩盖丹宁和苦味，增强葡萄酒的甜味。酸葡萄酒要搭配不是那么酸的食物，不然就会丧失自己原有的味道。在食物里加点糖能削弱油醋的味道优势。

苦：苦味的食物包括菊苣、橄榄、芝麻菜等。苦味的持久性比其他任何味道都要久。它可以盖过葡萄酒中的酸味和丹宁味，凸显甜味。年代比较近的红葡萄酒和苦味的绿叶菜、野菜和橄榄搭配起来很美味。

甜：虽然随着年龄的增加，人们对甜味的敏感度在逐渐下降，甜味依然很容易被尝出来。甜味的持久性不好，但能减轻葡萄酒中的苦味和酸味。不要用太甜的食物搭配甜葡萄酒，不然葡萄酒的味道就尝不出来了。如果是吃巧克力味道的食物，比起搭配甜葡萄酒，不如试试托凯或者马斯喀特葡萄酒。

鲜：不管是特制美食还是自然食物都会有鲜的味道，比如汤、味增汤、汤料、肉汤、烤肉、蘑菇等。鲜味能减轻丹宁的味道还能增加甜味。因此鲜味的食物适合于搭配丹宁酸含量高的葡萄酒。

现在可以正式开始搭配葡萄酒和食物了。其实可以找到一些笼统性的搭配，并且葡萄酒商店里一般也会提供搭配意见。但是就像之前已经说过的，这些搭配意见太笼统，而且不能考虑到食物的做法，或者其他一起吃的东西，比如辣椒和油脂类调料。因此，下面虽然提供了一些概括性的指导意见，但更主要的是要根据自己的口味继续不断地探索：

牛肉和羊肉：用红葡萄酒搭配牛肉和羊肉。一般味道较浓的设拉子红酒或者解百纳/设拉子混合酒就不错。其他合适的葡萄酒还包括巴巴拉、桑娇维塞、卡伯纳—苏维翁、墨尔乐、西拉、黑比诺和仙芬黛葡萄酒。

鸡肉：一般搭配白葡萄酒。如果是烤鸡，可以尝试夏多内。如果是浓汁做出来的鸡肉，可以尝试设拉子或者味道中等的卡伯纳—苏维翁。

鱼和海鲜：一般搭配白葡萄酒。选择包括偶夏多内、雷司令、灰比诺、白苏维翁和琼瑶浆葡萄酒。比较紧实的烤鱼比较适合夏多内或者年份比较久的沙美龙。清淡的煮鱼可以与黑比诺完美搭配。与片状鱼搭配最好的是干雷司令或者夏多内。

辛辣：如果食物比较辛辣，可选择雷司令或者甜的琼瑶浆进行搭配。这些酒的甜味能迅速缓解食物的辛辣味。不要用夏多内搭配辛辣的食物，因为那样会变苦。

野味：搭配鹿肉、野猪肉或者袋鼠肉的时候，选择辛辣点的红葡萄酒比较好，例如桑娇维塞或者设拉子。

酸味为主的食物：以番茄为主的食物（如意大利面和披萨）最好搭配巴巴拉、桑娇维塞或者仙芬黛。

鸭肉、鹌鹑肉：试试黑比诺或者设拉子。

奶酪：味道浓烈的葡萄酒可以搭配干酪，比如浓设拉子搭配切达干酪。软奶酪适合与干雷司令、玛萨妮或者维欧尼搭配。甜葡萄酒和蓝纹奶酪也是不错的搭配。

甜点：甜葡萄酒是不错的选择，只要甜点不要比酒还甜就可以。

通过研究各种味道之间的差别加深对搭配的了解，同时也要知道最基本的搭配原则。虽然可以很容易地说鸡肉要搭配白葡萄酒，或者牛肉要搭配红葡萄酒，但具体是什么葡萄酒呢？而且就一定是某种酒吗？选择和食物搭配的葡萄酒在很大程度上要根据食物的做法而定。不是所有做法的鸡肉都适于搭配白葡萄酒的。如果是煮鸡肉，简单而清淡的鸡肉可以搭配年份短的沙美龙。如果是烤出来的，肉内的脂肪会让鸡肉味道更浓，所以就需要口味重一些的酒，比如年份久点的沙美龙。如果鸡肉被烧烤过，变得比较有熏肉的味道，更适合于年代久远的淡夏多内。如果用奶油做鸡肉，肉会变得更腻，口味重点的夏多内会更好。鸡肉如果要搭配其他的酱汁，比如酱油，就可以尝试搭配淡红葡萄酒，比如黑比诺。鸡肉如果在红酒汁里腌泡过，再搭配红酒就显得很合理了。

学会品尝每种葡萄酒之间不同的味道，并且根据不同的味道寻找相应的食物。比如，水果和保存办法都会对酒的味道产生影响，也是搭配食物时要考虑的重要问题。如果你能尝出来桃子、椰子、热带水果、烟熏、草木、青草等味道，就去寻找相对应的食物。

酒的味道对搭配也有影响。葡萄酒根据中段口感可分为清淡、中等和浓烈型。分辨每种酒的味道时，可以问问酒商，或者根据酒色来判断。除了黑比诺之外，其余葡萄酒都是颜色越深，口感越重。

嗅觉也可以帮助搭配葡萄酒和食物，嗅觉和味觉是一体的。葡萄酒的味道可以是花香、香精、矿物质味、果味（通常的果味是桃子、甜瓜、无花果味）、黄油、坚果、泥土、松露、蘑菇、肉味，甚至是化肥味。如果味道不怎么样，就避免使用它。一些有年头的葡萄酒会有吐司味或者汽油味。

根据菜品的发源地考虑使用哪里的葡萄酒。比如普罗旺斯迷迭香姜烤羊肉可以搭配红邦多勒或者教皇新堡。要注意的是同一种类的酒如果出自不同的产地，味道也可能会有很大差距。比如美国产的白苏维翁比新西兰产的白苏维翁尝起来有更重的青草味。这些区别只能靠不断地品尝和对比才能理解，要随时注意这些区别对搭配的影响。

计划要吃的食物和要喝的葡萄酒。考虑晚餐做什么的时候，很多人愿意先选好食物再决定搭配什么葡萄酒。当然，也可以反过来考虑这个问题。两种方法都可以，只是顺序会影响到选择的口味。但是先挑葡萄酒再搭配食物的顺序也许是一种新的体验。

中餐的上菜程序①

中餐上菜的程序自古就很讲究。清朝乾隆年间的才子袁枚，在其著名的《随园食单》上，就曾对上菜程序做过如下论述："上菜之法，咸者宜先，淡者宜后，浓者宜先，薄者宜后，无汤者宜先，有汤者宜后。度客食饱，则脾困矣，须用辛辣以振动之；虑客酒多，则胃疲矣，须用酸甘以提醒之。"袁枚的这段话，总结了中餐宴会上菜的一般程序。

目前中餐宴会上菜的顺序一般为：第一道凉菜，第二道主菜（较高贵的名菜），第三道热菜（菜数较多），第四道汤菜，第五道甜菜（随上点心），最后上水果。

由于中国的地方菜系很多，又有多种宴会种类，如著名的燕菜席、燕翅席、鱼翅席、鱼唇席、海参席、全羊席、全鸭席、全鳞席、全素席、满汉全席等。可见，地方菜系不同，宴会席面不同，其菜肴设计安排也就不同。在上菜程序上，也不会完全相同。例如，全鸭席的主菜——北京烤鸭，就不作为头菜上，而是作为最后一道大菜上的，人们称其为"千呼万唤始出来"。而谭家菜燕翅席，因为席上根本无炒菜，所以在主菜之

① 三联. 中餐的一些上菜程序［EB/OL］. http://www.3lian.com/zl/2014/11/254303.html.

后上的是烧、扒、蒸、烩一类的菜肴。又如上点心的时间，各地习惯亦有不同，有的是在宴会进行中上，有的是在宴会将结束时上；有的甜、咸点心一起上，有的则分别上。这都是根据宴席的类型、特点和需要，因人因事因时而定。基本原则是既不可千篇一律，又要按照中餐宴会相对稳定的上菜程序进行。

中餐宴会上菜掌握的原则是：先冷后热，先菜后点，先咸后甜，先炒后烧，先清淡后肥厚，先优质后一般。

(1) 上拔丝菜，如拔丝鱼条、拔丝苹果、拔丝山芋、拔丝荔枝肉等，要托热水上，即用汤碗盛装热水，将装有拔丝菜的盘子搁在汤碗上用托盘端送上席，并跟凉开水数碗。托热水上拔丝菜，可防止糖汁凝固，保持拔丝菜的风味。

(2) 如果有的热菜跟佐料、小料等，应同热菜一起上齐。如清蒸鱼配有姜醋汁，北京烤鸭配有葱、酱、饼等，在上菜时可略作说明。

(3) 上易变形的炸爆炒菜肴，如高丽虾仁、炸虾球、油爆肚仁等，一出锅即须立即端上餐桌。上菜时要轻稳，以保持菜肴的形状和风味。

(4) 上有声响的菜，如锅巴海参、锅巴肉片、锅巴什锦，这些菜一出锅就要以最快速度端上台，随即把汤汁浇在锅巴上，使之发出响声。这一系列动作要连贯，不能耽搁，否则此菜将失去应有效果。

(5) 上原盅炖品菜，如冬瓜盅，上台后要当着客人的面启盖，以保持炖品的原味，并使香气在席上散发。揭盖时要翻转移开，以免汤水滴落在客人身上。

(6) 上泥包、缅甸、荷叶包的菜，如叫花鸡、缅甸鸡、荷香鸡，要先上台让客人观赏后，再拿到操作台上当着客人的面打破或启封，以保持菜肴的香味和特色。

(7) 生煽火锅上席方法：

四生火锅、六生火锅、八生火锅、菊花火锅、毛肚火锅，均属生煽火锅一类。此类火锅现在一般燃固体酒精，其上席的操作方法和要求基本相同。

四生火锅上席的操作方法和要求是：将火锅拿到工作台后，在上席前掀开火锅盖，再检查一下菜肴质量和卫生，然后用大汤瓢舀出适量的汤，盛于大汤碗内，以防止上席后加主、配料时汤汁溅出。

在四生碟中，稍许放一点料酒，轻轻晃动一下，使酒浸润碟底，以避免原料因干燥而粘在碟子上。这样做，上席后可顺利将原料拨进火锅，将火锅盖好上桌。上桌时，火锅下要放一个盛水的盘子，以防止烤焦台布。上桌摆稳后，先点燃锅底的酒精炉，后将锅盖揭起来。揭盖时要轻轻掀起，在火锅上面将锅盖翻转，以防止锅盖的水珠滴到桌面上，并用另一只手接在锅盖下面拿出桌外。

上四生碟。如果四生碟子是花色拼盘，须在上火锅前摆在桌上展出。如果是一般的拼碟，在上桌时摆在火锅四周即可。

加入四生原料。待火锅里的汤烧开后，先把配料放进火锅。加入白菜、粉丝后，再按备主料烹熟所需时间长短，依次用筷拨进火锅。难熟的先拨入，易熟的后拨入，随即用筷子搅散煮熟。

摆菜即是将上台的菜按一定的格局摆放好，摆菜的基本要求是：要讲究造型艺术，注意礼貌，尊重主宾，方便食用。

摆菜的具体要求是：

(1) 摆菜的位置要适中。散坐摆菜要摆在小件餐具前面，间距要适当。一桌有几批散坐顾客的，各客的菜盘要相对集中，相互之间要留有一定间隔，以防出现差错。中餐酒席摆菜，一般从餐桌中间向四周摆放。

(2) 中餐酒席的大拼盘、大菜中的头菜，一般要摆在桌子中间。汤菜如品铺、砂锅、暖锅、烛盅等，一般也应摆在桌子中间。散坐的主菜、高档菜，一般也应摆在中间位置上。

(3) 比较高档的菜，有特殊风味的菜，或每上一道新菜，要先摆到主宾位置上，在上下一道菜后再顺势撤摆在其他地方，将桌上菜肴作为叠土的调整，使台面始终保持美观。

(4) 酒席中头菜的看面要对正主位，其他菜的看面要调向四周。散坐菜的看面要朝向顾客。

菜肴的所谓看面，就是最宜于观赏的一面。各类菜的看面是：整形的有头的菜看，如烤乳猪、冷碟孔雀开屏等，其头部为看面；而头部被隐藏的整形菜看，如烤鸭、八宝鸡、八宝鸭等，其丰满的身子为看面；冷碟中的独碟、双拼或三拼，如有巷缝的，其巷缝为看面，无巷缝的，其刀面为看面；盅菜类的花纹最精细的部分为看面；有“喜”字、“寿”字的造型菜，其字画的正面为看面；一般的菜看，其刀工精细、色调好看的部分为看面。

(5) 各种菜肴要对称摆放，要讲究造型艺术。菜盘的摆放形状一般是两个菜可并排摆成横一字形，一菜一汤可摆成竖一字形，汤在前，菜在后；两菜一汤或三个菜，可摆成“品”字形，汤在上，菜在下；三菜一汤可以汤为圆心，菜沿汤内边摆成半圆形；四菜一汤，汤放中间，菜摆在四周；五菜一汤，以汤为圆心摆成梅花形；五菜以上都以汤或头菜或大拼盘为圆心，摆成圆形。

菜肴对称摆放的方法：要以菜肴的原材料色彩、形状、盛具等几个方面讲究对称，如鸡可对鸭，鱼可对虾等。同形状、同颜色的菜看也可相间对称摆在餐台的上下或左右位置上；一般不要并排摆在一起，摆放时注意荤素、颜色、口味的搭配和间隔，盘与盘之间距离相等。

(6) 如果有的热菜使用长盘，其盘子应横向面朝主人。

如果热菜上整鸭、整鸡、整条鱼时，中国传统的礼貌习惯是“鸡不献头，鸭不献掌，鱼不献脊”。即上菜时将其头部一律向右，脯（腹）部朝主人，表示对客人的尊重。

关于“鱼不献脊”的习俗，据说来源于“鱼腹藏剑”的典故。春秋战国时，吴国的公子姬光为了除掉吴王僚，继承王位，请来猛士专诸相助。专诸善烤鱼，“尝者皆以为美”，姬光便请吴王僚来尝专诸的烤鱼。专诸在做好的鱼腹中暗藏锋利的鱼肠短剑，乘进鱼之机，从鱼腹中抽出短剑将吴王僚刺死。而当时专诸为了取剑方便，正是将鱼脊朝向吴王僚，鱼腹朝向自己的。从此，“鱼不献脊”的说法便流传于世。

较高级的酒席、宴会，往往需要两种以上酒水饮料品种，并配有冷、热、海鲜、汤、羹、甜、咸、炒、烩、扒、煎等不同的菜品。因此，在以下几种情况下，需要及时地更换小件餐具、用具。宴会前的准备工作应将所需物品备齐待用。

(1) 用餐中换骨碟。骨碟在西餐中叫餐碟。宾客在用餐过程中，遇有以下情况需要更换骨碟：凡是吃过冷菜换吃热菜时；凡装过鱼腥味食物的骨碟，再吃其他类型菜肴时；用汁芡勾异、味道有别的菜肴时；出现骨碟洒落酒水、饮料时；骨碟摆放好后，从客人的左侧将用过的骨碟撤下。撤碟时不可交叉叠撤。

(2) 用餐中换烟灰缸。客人用餐时，餐台上的烟灰缸内应始终保持清洁，顾客使用过的烟灰缸应及时撤换。撤换烟灰缸的方法是：用干净的烟灰缸压放在用过的烟灰缸上，并将两个烟灰缸同时撤下；然后再将干净的烟灰缸放回原处。这样可防止在取拿用过的烟灰缸时，飘落烟灰。

(3) 撤小毛巾与餐巾。客人用水果前，应将擦手毛巾（冬天用热的，夏天用温的）递与宾客，客人用过后应及时用毛巾夹取下餐台。如有毛巾碟应一同取走并撤下。客人用餐完毕离席后，应在撤餐具前先将餐巾撤离餐台。

(4) 撤骨碟、小汤碗。宴会进行到最后时，应是上水果及茶的阶段。在上水果碟前，应将餐台上的小件餐具进行清理，在清理过程中，将吃菜点用的骨碟、小汤碗撤掉，换摆水果吃碟及果刀、果叉。

(5) 撤菜盘。撤菜盘是在上水果前进行。上水果前，可将餐台上的残菜盘撤净，有必要时，可做简单的餐台清理，而后将水果摆放于餐台当中。

(6) 撤烟灰缸。收台时撤烟灰缸，应先做防火安全检查，看是否有未熄灭的烟蒂，如有，应进行灭火处理。撤烟灰缸应为一项单独的撤台程序。

(7) 收拾台布。收拾台布是撤台工作的最后一道程序。餐台的各种餐饮用具撤清后，首先应注意一下台布上是否有烟蒂、残菜等，如有，应先清理再撤台布。如台布上洒有大量的液体，应采取晾台的方法，待台布干后再卷叠，以免造成台布发霉。

思考：

试着举例中餐礼仪中还有哪些比较有趣的讲究呢？

参考文献

［1］金正昆．商务礼仪［M］．北京：北京大学出版社，2005．
［2］周岩，张达球，陈宜．会展礼仪与文化［M］．北京：化学工业出版社，2015．
［3］未来之舟．仪式礼仪手册［M］．北京：海洋出版社，2009．
［4］庄铭国．国际礼仪［M］．北京：中共中央党校出版社，2006．
［5］李嘉珊．国际商务礼仪［M］．北京：电子工业出版社，2011．
［6］吕彦云．国际商务礼仪［M］．北京：清华大学出版社，2012．
［7］蔡颖华．国际商务礼仪［M］．北京：中国人民大学出版社，2014．
［8］王慧敏等．商务礼仪教程［M］．北京：中国发展出版社，2008．
［9］匡玉梅．商务礼仪［M］．厦门：厦门大学出版社，2012．
［10］杨玉荣．国际商务礼仪［M］．北京：北京交通大学出版社，2012．
［11］文泉．国际商务礼仪［M］．北京：中国商务出版社，2003．
［12］宋源．国际商务礼仪与商务活动［J］．消费月刊，2010（1）．
［13］张霜．浅议国际商务活动中的礼品馈赠礼仪［J］．基础礼仪研讨，2007（8）．
［14］袁华．国际商务活动中的礼仪［J］．价格月刊，2000（7）．
［15］林丽．馈赠礼品的禁忌［J］．世界文化，1995（7）．
［16］崔普权，民以食为天［J］．北京周末社区大讲堂集萃：第一辑，2007（4）．
［17］蒋佩蓉，李佩仪．佩蓉谈商务礼仪与沟通［M］．北京：中华工商联合出版社，2012．
［18］王忠伟，蒲岸华等．商务礼仪［M］．大连：东北财经大学出版社，2014．
［19］李嘉珊，高凌云．国际商务礼仪［M］．北京：电子工业出版社，2011．
［20］施新．商务文书写作要领·技巧·最新例文［M］．北京：中国纺织出版社，2010．
［21］罗昌宏，徐艳兰．商务文书写作（第2版）［M］．武汉：武汉大学出版社，2011．
［22］程艳霞．管理沟通知识、思维与技能［M］．武汉：武汉理工大学出版社，2011．
［23］刘莉华．商务礼仪模拟教程［M］．上海：格致出版社，2011．
［24］万锦虹，李英．商务与社交礼仪［M］．北京：北京师范大学出版社，2008．
［25］张岩松．现代商务礼仪［M］．北京：清华大学出版社，2009．
［26］韩慧如．跨文化交际下中西商务礼仪比较研究［J］．新西部，2011（35）．
［27］王文丽．商务礼仪在国际商务活动中的应用分析［J］．中国商贸，2012（6）．
［28］张晓梅．小梅说礼仪［M］．北京：中国青年出版社，2008．
［29］赵景卓．商务礼仪［M］．北京：中国财经出版社，2008．

[30] 刘万斌. 企业形象策划与企业展示创新设计大全 [M]. 西宁：青海人民出版社，2004.
[31] 丁允朋. 现代展览与陈列 [M]. 南京：江苏美术出版社，1992.
[32] 王飞. 商务礼仪——商务宴请篇 [J]. 格调. 2007 (7).
[33] 金正昆. 商务交往中的餐饮礼仪 [J]. 视野. 2006 (6).
[34] 林子露，杜茂林等. 中餐礼仪——餐桌文化 [J]. 科技企业家，2012 (9).
[35] 李虹. 中西餐饮礼仪之对比 [J]. 魅力中国，2008 (01).
[36] 陈君. 宴会上的餐桌礼仪 [J]. 青年社交，2009 (01).
[37] 冀彦君. 中法宴请礼仪比较——餐桌禁忌 [J]. 中北大学学报，2014 (1).
[38] 邓晓娟. 中西礼仪文化之比较 [D]. 兰州：兰州大学，2012.
[39] 金正昆，商务礼仪 [M]. 北京：北京联合出版公司，2013.
[40] 姜红，侯新冬. 商务礼仪 [M]. 上海：复旦大学出版社，2013.
[41] 海原党校. 现代公务礼仪 [EB/OL]. http://www.360doc.cn/article/4705667_128656957.html.
[42] 励志一生. 影响办公室人际关系的五个方面 [EB/OL]. http://www.lz13.cn/weirenchushi/9046.html.
[43] 百度文库. 不可不知的“电梯礼仪” [EB/OL]. http://wenku.baidu.com/view/a4109f6527d3240c8447ef63.html?re=view.
[44] 百度百科. 商务公文 [EB/OL]. http://baike.baidu.com/link?url=wrBKDiC6imYCSSou6JBWgs_Ekc8ZgR_pQosmwRGO72qSRU1GMYuJ2X2Pn6hojAwPqb8 PHjTlOGfZiGTH-1RDFq.
[45] MBA 智库. 商务文书 [EB/OL]. http://wiki.mbalib.com/wiki/%E5%95%86%E5%8A%A1%E6%96%87%E4%B9%A6.
[46] 百度文库. 商务邮件格式注意事项 [EB/OL]. http://wenku.baidu.com/view/c4c039f271fe910ef02df81c.html?re=view.
[47] 百度百科. 请柬 [EB/OL]. http://baike.baidu.com/link?url=h81VMmkWABVM6vJZXChCn0Xw-I2bdjElfaSehgbEcKKdep-e9s_ffUNK9GVBAH1zFTKoxxDfs8NYA-bYoKbDlS6m0j0ZRHeX8hoP9W2puBy 请柬.
[48] 百度文库. 葡萄酒与食物搭配知识大全 [EB/OL]. http://wenku.baidu.com/view/4c0faf503c1ec5da50e27009.html?from=search.
[49] 三联. 中餐的一些上菜顺序 [EB/OL]. http://www.3lian.com/zl/2014/11/254303.html.
[50] 红酒世界. 7 种葡萄酒和 7 种美食的完美搭配 [EB/OL]. http://www.wine-world.com/culture/ms/20131107101520827.
[51] 中餐礼仪. 中餐餐具的使用 [EB/OL]. http://www.welcome.org.cn/zhongcanliyi/2008-3-16/ZhongCanLiYi-ZhongCanCanJuDeShiYong.html.
[52] 中国食品科技网. 西餐餐具的使用礼仪 [EB/OL]. http://www.tech-food.com/kndata/detail/k0098907.htm.

后 记

十里不同风，百里不同俗，世界各国的习俗各有不同，甚至有些风俗是相悖的，国际间交往常也可能会因不同习俗产生的误解而终止。随着经济发展，对外贸易成为国家经济增长的一大支柱，在长期的国际商贸往来中逐渐形成了一套各国普遍认可的、规范的礼仪程序。国际间交往通用这套礼仪以示对交易伙伴的尊重，甚至可以说，国际商务礼仪关系到贸易合作的成败，是我们迈出国门的第一件利器。进出口作为拉动经济的三驾马车之一，对我国经济发展的重要性不言而喻，国际贸易和国际金融活动的从业者必须熟练掌握国际商务礼仪规范，才能更好地促进交易。

经过数年的教学与实践，我们收集、积累了众多来自不同行业的数据、案例和经验，将这些宝贵的资料整理成书便成了我们最大的愿望，经过一年多挑灯伏案，数次重编，数次删减，终于定稿。本书的编写和出版，目的是为高等院校商贸、经管类专业的学生以及各行业从业人员介绍国际商务的基本礼仪规范，以便在全球化不断深化的经济环境下，我们能与各国的商务伙伴更好地开展交流与合作。

全书由陈薇薇、吴肇庆主编，魏旭辉、梁剑负责体系设计和后期修改。编写分工如下：第一章由龙欣编写，第二章由李艳编写，第三章由梁剑编写，第四章由陈薇薇编写，第五章由蒋月婷编写，第六章由薛寰编写，第七章由魏旭辉编写，第八章由向俊红编写，第九章由郑晓曦编写。肖慈方教授、郑焕刚教授、刘学锋老师和袁莉同学为本书提供了宝贵的建议和意见。陈仕娟、周昭旭、甘雅馨、李亚轩、蒋刘星、马子薇、彭怡、牟荟颖、周思尧、石雨松、丁艺雯、郑淋元、付昱文、孙笠等同学为本书拍摄和提供了示范图片。

本书参考了大量的报刊、杂志、书籍和网络文章，仅作为教学使用，由于篇幅有限，无法一一列出为源出处，在此对所有为我们提供了思路和启发的作者表示感谢。此外，全球化的趋势导致国际商务的形式和内容仍处于快速发展中，加之我们的能力、水平和时间有限，书中的不足之处还恳请各位读者和同行专家批评指正!

本书的出版得到了四川大学锦城学院和金融系各级领导的支持，得到了四川大学出版社宋绍峰书记和段悟吾编辑的大力帮助，在此一并表示衷心的感谢!

编者

2016 年 1 月